孙夏峰理学思想研究

张锦枝 著

武汉大学出版社
WUHAN UNIVERSITY PRESS

图书在版编目(CIP)数据

孙夏峰理学思想研究/张锦枝著．—武汉：武汉大学出版社，2019.3
ISBN 978-7-307-20755-4

Ⅰ.孙…　Ⅱ.张…　Ⅲ.孙奇逢(1584－1675)—理学—哲学思想—研究　Ⅳ.B248.995

中国版本图书馆 CIP 数据核字(2019)第 034479 号

责任编辑:胡国民　黄河清　　责任校对:汪欣怡　　版式设计:马　佳

出版发行：**武汉大学出版社**　(430072　武昌　珞珈山)
(电子邮箱：cbs22@ whu.edu.cn　网址：www.wdp.whu.edu.cn)
印刷:武汉中远印务有限公司
开本:720×1000　1/16　印张:19.25　字数:275 千字　插页:2
版次:2019 年 3 月第 1 版　2019 年 3 月第 1 次印刷
ISBN 978-7-307-20755-4　定价:52.00 元

——孙夏峰先生像

像赞：

当代儒者，谁称先觉？
允惟哲人，光辉孔倬。
敦行孝弟，修明礼乐。
由忠贯恕，既博归约。
日新又新，鸢鱼飞跃。
默契先天，声臭寂寞。
蕴涵元气，发越磅礴。
譬彼星汉，终古昭灼。
易传者像，难尽者学。
仰止夏峰，泰山乔岳！

睢阳门人汤斌熏沐拜题

目　录

第一章　绪　论

孙奇逢(1584—1675)，字启泰，号钟元，河北容城人。晚年定居河南省夏峰村，学者称夏峰先生(本书统一以夏峰称之)。夏峰居于明、清两世之交，亲历鼎革，其学对宋明以降的理学乃至整个儒学作一整体的回顾与反思，以期于中华文化能有一平和的继承和接续，其最为著名的作品《理学宗传》即这一反思和承继的结果。

一、研究综述

从来学术之研究与时代之精神相印证，或浅或深，总不至于无。好的作品往往能超越时代，或对于时代之风气有引领开先之效应，而大部分则被深深打上时代之烙印。据此，本节按照时代演进，以中国大陆地区对夏峰思想之研究为主线，对其研究的进展作一划分。大体上，20 世纪以来对于夏峰的研究可以按时代分为四个阶段：1900—1949 年、1949—1982 年、1983—2005 年和 2006 年至今。鉴于 1949—1982 年，中国大陆地区理学思想研究总体上陷入低谷，夏峰思想的研究几乎空白；港台地区理学研究的重点为程朱陆王等，夏峰思想研究成果亦极少。因而，实际上，对于其思想的研究大致只有三个阶段，即 1900—1949 年、1983—2005 年和 2006 年至今。

(一)早期以史学方法对夏峰思想的研究

20 世纪初，徐世昌先生主编的《大清畿辅先哲传》《清儒学案》，是继清代《中州名贤集》《中州先哲传》后研究夏峰及其后学的两种重要资料。《大清畿辅先哲传·师儒传》师儒一首列夏峰及其家学、交游，师儒二列夏峰弟子十八人，师儒三则涉及其私淑，大体以述生平学履为主。《清儒学案》案首亦列夏峰学案，仿《宋元学案》先述其生平，次选录《读易大旨》《晚年批定四书近指》《夏峰先生集》中的重要语录，再次家学、交游、弟子和私淑。对于比较重要的弟子和交游，除传以外，亦选录文集。相比之下，《清儒学案》更注重思想的呈现。不过，此两种著作只能是研究之史学资料，不构成严格意义上之研究。

1900—1949年，对夏峰思想的研究主要是从史学的角度阐述其思想的历史价值和意义。20世纪初期，因处在救国图存的特殊历史时期，史学界弥漫着一种提倡经世致用之学的风气。在西风东渐的思潮中，不少人开始反省清学，回溯理学，出现反对传统学术和发扬传统学术的不同呼声。在此背景下，夏峰的思想虽总体上不如颜元反理学的思想受到重视，但因其朴实醇笃以及其背景时代与20世纪初相似，也受到了一些关注。

在1907年、1908年、1909年的期刊中，不断发现《夏峰先生集》以外的夏峰佚文，并刊载了一些夏峰的画像和手书，这些都是珍贵的历史资料。同时也有一些研究成果出现，不少出自大史学家的手笔。

谢国桢先生的《孙夏峰李二曲学谱》(商务印书馆，1934年出版)以清初三大儒中之两位——孙夏峰和李二曲为传主，对其学术生平作了相当系统详尽的阐述。该书主要从传纂、著述、学侣的考证方面展开对夏峰的研究，是近代以来系统研究夏峰的最早著作，其通过搜集各方材料形成流畅的夏峰生平考证。在著述方面，该书录有夏峰的《读易大旨》《书经近指》《四书近指》《晚年批定四书近指》《中州人物考》《畿辅人物考》《理学宗传》《理学传心纂要》《岁寒居答问》《孙征君日谱录存》《孝友堂家规》《游谱》《乙丙纪事》《守容纪略》《扫盟余话》《高阳述闻》《甲申大难录》《取节录》《新安县志》《陆放翁诗选》《晦庵文钞》《两大案录》《苏门纪事》《圣学录》《家礼酌》《格物说》《五世一堂诗文》《征君孙先生年谱》，详者述其缘起、体例，略者记其大要，读者一目了然。学侣方面，除述其一般交往之外，还考及主要学友和门人。夏峰生平很重师友，常感叹学问受益师友夹助。该书重点介绍的学侣有三无道人李尉、饿夫彭了凡、理塈和、杨犹龙等，旧游崇岱、张果中、殷之纽等，弟子耿介、申涵光、赵御众、王余佑等。此外，该书还对影响夏峰最大的鹿善继作专章介绍，对善继的生平学问有一个大致清晰的勾勒。关于夏峰思想，在撰纂后部，谢先生对于夏峰的学术特色有一个简略的定位，认为“夏峰之调和程朱，惟欲其各是其是以取其长而已。非徒作混同无当之论也”。又说：“是夏峰之学，本欲由修养而应之于事功，盖取材于程朱陆王之中，而欲更进一步，成一家之学说。”诚斯言哉。所憾谢国桢先生并没有对夏峰的学术做一专门阐述，仅有关于夏峰学旨之流变过程和学术的实用特色，而在李二曲的学谱中却有学术述略一章列二十八条详谈二曲的理学思想。因而，此书虽名为学谱，涉及思想，而无其思想之专论。此外，所引夏峰语录文献均出自《夏峰先生集》《岁寒居答问》及汤斌著《征君孙先生年谱》，而无涉及《孙征君日谱录存》。《孙夏峰李二曲学谱》成书于1927年，是时谢国桢仅26岁，方就读于清华研究院国学门，该文在梁启超先生的指导下完成，想来应该是谢先生青年时期的一篇习作。

1937年，《新北辰》刊出段忱彦先生《清初大儒孙夏峰之学术思想》①，从夏峰所处时代背景、生平学履、思想渊源及个性以及性理研究等方面作了比较深入细致的分析。段忱彦先生乃夏峰乡里后学，对于夏峰生活环境之熟悉，乃至夏峰事迹自小耳濡目染，更比他人体会要深，所论充满激情，令人感同身受。《清》文据夏峰自述，分夏峰生平为三个阶段：少年、中年、老年，其学“言心即在事上见，言己即在人见；言高远即在卑迩见；而归于‘慎独’而已”②。他总结夏峰思想渊源“由家学作基础，而复得鹿江村之传，

① 段忱彦：《清初大儒孙夏峰之学术思想》，载《新北辰》1937年第3卷第8期，后出单行本《孙夏峰(奇逢)学术思想》，附汤斌编、方苞订正《孙夏峰先生年谱》，于1971年5月由香港存萃学社编集、崇文书店出版印行。

② 段忱彦：《孙夏峰(奇逢)学术思想》，香港崇文书店1971年版，第6页。

而家学及江村之学，皆渊源者也”①。并进一步得出“夏峰之学，宗旨出于姚江，而变以笃实，化以和平，兼采程朱之旨，以弥其缺”②。他指出夏峰对于程朱学和阳明学的阐述中，偏重儒释之辨的方面，更关注他们的工夫学说，强调阳明致良知说的“致”的重要性。夏峰调和朱王二者，被称为“所发之引喻，均有特殊见解，反复剖析，极为透彻”③，并以格物致知为例，说明其对朱王思想之沟通。接着就本体论和工夫论两方面说明，揭示夏峰以太极、理为根据，主性善是就理言，是本体性善论，工夫以慎独为宗，其他工夫无不以慎独为入手工夫。总之，在段先生看来，夏峰之生平学术虽经历三变，但始终有一贯之精神，最终能达至“行所无事”的境界。

这两篇论著是20世纪以来夏峰研究的奠基之作，至今看来其结论仍极为中肯。

梁启超先生的《中国近三百年学术史》和钱穆先生的《中国近三百年来学术史》也主要从思想史的角度对夏峰思想有所涉及。梁启超先生写于1923至1925年间的《中国近三百年学术史》一书中，第五章《阳明学派之余波及其修正》极为表彰夏峰高尚的人格、诚挚的性情和平实的学问，称他在五公山文行武备，是三国田子春后之第二人。对于其学，肯定其“王学出身”，并就其无程朱陆王之门户之见方面有简洁的论述，认为他是清初“北学重镇”。④ 钱穆先生《中国近三百年学术史》一书中略为提及，关于夏峰主要有三个重要的论断：一是夏峰与黎洲、二曲、船山等人虽时处清初，“靡不

① 段忱彦：《孙夏峰(奇逢)学术思想》，香港崇文书店1971年版，第8页。

② 段忱彦：《孙夏峰(奇逢)学术思想》，香港崇文书店1971年版，第8页。

③ 段忱彦：《孙夏峰(奇逢)学术思想》，香港崇文书店1971年版，第11页。

④ 梁启超：《中国近三百年学术史》，中国社会科学出版社2008年版，第45页。

寝馈于宋学”[①]，仍是宋学之矩镬；夏峰和桴亭学术各有偏重，但都受东林学人的影响，“仍是东林以来旧辙”[②]；习斋之学受夏峰影响，论曰：“习斋要不失为当时一北方之学者，其学风盖颇似孙夏峰，其讲学制行，盖有闻于夏峰之风声而起也。夏峰论学，朴朴无所奇，以视习斋傲睨千载，独步一世，若遥为不伦，然以夏峰人格之坚实，制行之朴茂，则习斋所论，正为近之。”[③]钱先生匆匆带过，未及详证，但仍透显出其敏锐的学术洞察力，至今仍可为夏峰思想研究的重要参考。钱穆先生之所以能在信笔之间准确勾出夏峰的学术特征和前后之渊源，并非偶然。他在避日寇、流寓成都时，曾写成一部《清儒学案》，意在说明宋明理学在清代仍有生命力，“还成一伏流”，即以专章《夏峰学案》位列案首，详细介绍其思想，只是在胜利以后回都时，稿件丢在江中，并没有底稿，只留有一篇《清儒学案》的大纲，现收录在《中国学术思想史论丛》的第八册。其中，他对于夏峰的基本态度也是夏峰属于王学。

此外，在 20 世纪三四十年代，专篇研究夏峰思想的论文还有 1934 年金絜如先生在《人民评论》中的《孙夏峰先生思想述略》一文和 1942 年丘陶常先生在《现代史学》中的《孙夏峰生平及其学术思想》一文。金絜如先生对清初北方学术有着相当的兴趣，1935 年商务印书馆出版其专著《颜元与李塨》。丘陶常先生则是明清史学研究专家，对于阳明学术有相当的研究。

此外，嵇文甫先生于 1947 年著《孙夏峰学派的后劲——马平泉的学术》[④]，最早关注了夏峰后学马时芳。据《中州先哲传》，马时芳，字诚之，号平泉，禹州人，乃夏峰弟子赵御众之曾外孙之孙。嵇先生对平泉的研究旨在加深对夏峰学术的了解，因而，他在此篇论文中不仅对平泉有深切的了解，对夏峰也不乏精辟的论断，他在

---

① 钱穆：《中国近三百年学术史》，商务印书馆 1997 年版，第 1 页。

② 钱穆：《中国近三百年学术史》，商务印书馆 1997 年版，第 16 页。

③ 钱穆：《中国近三百年学术史》，商务印书馆 1997 年版，第 198、199 页。

④ 嵇文甫：《孙夏峰学派的后劲——马平泉的学术》，《学原》1947 年第 10 期。

篇首即称夏峰“可以作为从陆王到颜李的桥梁”，称夏峰之学“专务躬行实践，不讲玄妙，不立崖岸，宽和平易，悃愊无华”。并对夏峰的后学作了一个分判：“大概由夏峰出发，矫激起来，则为习斋；曼衍下去，则为平泉。”如果说耿极、赵御众、申涵光等为夏峰的后学，那么，平泉、习斋则属后学脉络，嵇先生对于其后学的评价，至今仍具有重要的借鉴意义。可惜嵇先生以后，关于夏峰后学的研究，至今仍未真正展开。

其后 1949—1982 年，大陆学界对于理学整体上持批判态度，对于程朱陆王的研究稍多，而于其他理学家的研究没有重视也是很自然的。1971 年香港崇文书店出版段忱彦先生《孙夏峰(奇逢)学术思想》单行本，此应归于 20 世纪 30 年代的研究成果。台湾地区有黎正甫先生的《孙夏峰生平及其思想》①一文可谓是这一时期仅存的硕果。

(二)各种框架下的夏峰哲学思想研究

1983 年至今，以现代学术的研究方法对夏峰思想的研究总体上仍处于初步阶段。1983—2008 年二十余年间，夏峰思想研究大体上受唯心唯物论、实学思潮和明清启蒙论等研究径路的约束和影响，难以按照理学自身的脉络真正展开。这段时间的研究主要以前两种思潮为主，其代表分别为李之鉴先生的《孙奇逢哲学思想新探》②和张显清先生的《孙奇逢评传》两部专著。

李之鉴先生为夏峰学研究付出毕生心力，曾得到河南籍著名学者嵇文甫先生亲自指教。③ 其《孙奇逢哲学思想新探》一书是全面系统研究夏峰哲学思想的开山之作，代表这一时期夏峰研究真正起步。此外，李之鉴先生还撰写孙奇逢思想相关论文四十余篇。以李

---

① 黎正甫：《孙夏峰生平及其思想》，载大陆杂志社编《大陆杂志语文丛书》，台湾大陆杂志社 1963 年版。

② 李之鉴：《孙奇逢哲学思想新探》，河南大学出版社 1993 年版。

③ 姚瀛艇：《孙奇逢哲学思想新探序》，载李之鉴《孙奇逢哲学思想新探》，河南大学出版社 1993 年版，第 15 页。

之鉴为首的河南籍学者至今仍然是研究夏峰学的主要力量。

早期的李氏研究（1986—1993）主要从辩证唯物主义的意识形态出发，试图从对夏峰学的分析中找到符合辩证法思想和唯物主义萌芽的内容，这一时期的主要成果是《孙奇逢哲学思想新探》。该书章节结构代表着其对于夏峰思想的逻辑结构的划分，包括：心学辩证法、认识论、人性论、道德观、人生观、历史观、政治观、学术观、反对佛道之说、易学思想及其对后世的影响等来探讨和分析夏峰的思想。全书写作于20世纪八九十年代，总体上受辩证唯物主义的框架限制较多，比如以夏峰学为主观唯物主义思想，认为其是"封建专制主义的彝伦道德"，其结论主要认为夏峰的思想将主观唯心主义推向雏鸡破壳的程度，并在其思想中发现朴素唯物主义和辩证法的内容。总体上，以内在的理学思路对夏峰思想作一同情之了解确实不为该书所擅长，但借以反思夏峰思想的现代价值却不乏有益的见解。比如，对他躬行实践、以孝的思想振起纲常的方面有所肯定，并反思其歧视妇女、男尊女卑的思想等，确实是我们在接受夏峰思想的过程中应予以扬弃的。

1994—2005年，李氏的易学研究慢慢从第一阶段的唯心唯物的话语中走出来，思维方式和研究方法有所转变，不过仍然注重辩证法方面的分析和运用，研究内容的重心转向《易》学。李氏以研究夏峰《读易大旨》带动自身的易学学习，发表关于《读易大旨》的易学札记及论文二十篇之多。这些论文大体上从象数、卦象、经解几个方面阐发了夏峰的易说，指出夏峰易学总结时中、心易、尽人以合天的几个方面。其解释的思路主要依据唯物辩证法，认为人应该发挥主观以符合客观。从夏峰易学衍生的辩证法研究是李氏阐发夏峰思想的一个方向。他力图从宇宙论中的阴阳、动静思想，人生哲学及天理学说中发掘或者验证辩证法哲学中的合理性。然而，原本不以阐发唯物辩证法思想为目的的夏峰理学自然不能以此见长，更遑论对于辩证法学说本身有何推进之处，最多成为辩证法思想在中国的一个注脚。同时，以唯物辩证法为标准阐发夏峰理学的意蕴实难贴切，其局限也是明显的。此外，从夏峰思想的本身而言，文中所举阴阳相际、两两相对等思想来自《周易》、周敦颐和朱熹等，且不论其本来义为何，全部将之作为夏峰学的精义是不妥的。

这一时期，从唯物唯心视角探讨夏峰思想的学者多有潜在的挣脱此框架的自觉，并力图重新评价理学家。如杨向奎先生的《清儒学案新编》认为夏峰有“向唯物主义转化的倾向”①。《清儒学案新编》首列夏峰学案，对于夏峰学的定位，他认为是“以朱注王”②、“本体上属于程朱，而在工夫上又属阳明”③。他引夏峰弟子申涵光语录“朱语有近陆者，阳明择出以为晚年定论；陆语亦有近朱者，但无人择出耳”，其实说明夏峰也有以阳明学证朱子学的面向，夏峰确实比较注重阳明对朱子继承的一面。而“本体上属于程朱，而在工夫上又属阳明”则可能只是表象，因为强调性理乃朱王所同，只是阳明更强调心为本体。夏峰强调性理是为了纠正阳明学，说其属于程朱亦无不可，但不准确；而工夫上属于阳明，可能指夏峰工夫圆融一贯的方面，以心学解释穷理，但实际上他非常强调居敬谨慎且很接近朱子，因而很难断言其工夫上就是属于阳明的。此外，杨先生发挥夏峰“乾坤浑是一个礼”之说，认为其是戴东原哲学的先驱。他还分析了夏峰虽排斥佛老，但于顿、渐的工夫理论却有一番调停。他认为夏峰是“开眼界、大心胸的好汉”④。学案后选编《晚年批定四书近指》《读易大旨》《夏峰集》的部分亦大体呈现了夏峰学的轮廓。

还有一种视角从实学的角度评价夏峰学。张显清先生在20世纪80年代撰写《孙奇逢评传》，后收入他所主编的《孙奇逢集》一并出版。《孙奇逢评传》全面概述夏峰的生平、交游、讲学、著述和弟子，并侧重从实学的角度评价夏峰思想，认为夏峰之学在讲求实用，对于其重职掌、事功的一面有重点阐述。20世纪80年代中期，张显清先生的《孙奇逢的“以实补虚”论》⑤一文亦是从实学的

① 杨向奎：《清儒学案新编》，齐鲁书社1985年版，第6页。
② 杨向奎：《清儒学案新编》，齐鲁书社1985年版，第2页。
③ 杨向奎：《清儒学案新编》，齐鲁书社1985年版，第8页。
④ 杨向奎：《清儒学案新编》，齐鲁书社1985年版，第11页。
⑤ 张显清：《孙奇逢的“以实补虚”论》，《中州学刊》1986年第6期。

视角讨论夏峰思想，认为夏峰所谓以朱子之实补阳明之虚是实学思想的表现。其实，夏峰认为朱子、阳明的思想互补，还说过以阳明之虚泄朱子之实，夏峰这里所谓的“实”并不完全等同于后世的经世致用之“实”。然而，夏峰确实重实务、实行。陈德述先生援引梁启超先生的评论说夏峰“不象晚明人空谈心性，他是很切实办事的人”，认为夏峰扬弃了朱子和阳明空虚、支离的学风，不谈空说玄，在这个意义上讲他“已向‘实学’转化”。[①]

此外，正如梁启超先生曾批评孙奇逢是“为理学守残垒者”[②]，从明清启蒙论的角度分析夏峰思想偏于阶级和历史的视角，由启蒙论回溯，夏峰的思想无疑属于旧的途辙。然而，20 世纪 90 年代的学者多能肯定这种思想“旧辙”的意义。陈祖武先生认为夏峰、李二曲等合会朱陆是谋求学术发展的新路。[③] 王俊才先生划分明末清初理学三大流派为理学创新派、理学正统派和理学末流派。他认为夏峰学术所属的理学正统派，具有以复兴理学为己任，以身心性命持守之学为第一，继承中发展大于发展中创新，处则泽民修己、出则泽民淑世的特点，充分肯定了正统派在清初理学官化中的作用。[④] 他认为，作为正统派的夏峰致力梳理学宗，结束末流颓废、弘扬正统精华，最终发展成为正统派中有力的一支学派。[⑤] 这一评价已经越来越回归到理学本位了。由此展开的经世致用的维度，也越来越受到学者的关注。孙聚友先生主张夏峰理学思想的两个方面为理学宗本阳明、兼采程朱，重视尽心知性、强调躬行践履经世致用的实用实行，推动了清初崇实致用的学风。[⑥]

---

① 陈德述：《论清初思想家对王阳明心学的改造》，《社会科学研究》1988 年第 5 期。

② 梁启超：《中国近三百年学术史》，中国书店出版社 1985 年版，第 41 页。

③ 陈祖武：《关于清初学术的几点认识》，《文史知识》1993 年第 10 期。

④ 王俊才：《论明末清初的社会矛盾与理学三大流派》，《河北师院学报》1995 年第 1 期。

⑤ 王俊才：《试论孙奇逢的理学思想》，《河北学刊》1995 年第 5 期。

⑥ 孙聚友：《论孙奇逢的学术思想》，《齐鲁学刊》2000 年第 1 期。

20世纪90年代初，一些摆脱范式依赖的夏峰学研究成果逐渐面世。王茂、蒋国保等先生主编的《清代哲学》中王茂撰写的“北方心学代表孙奇逢”一节对夏峰的文本和思想进行了细致分析，对于其本于王学和重实行的特点也有非常准确的把握，实为难能可贵，不过有一些论断可能需要再作商榷。他认为夏峰学以王学为体。“孙奇逢说朱王无异，实际是扬王而抑朱。显然在根本上他不是调停朱王，而是恪守王学。”王茂先生引《四书近指》大学之道章朱子“亦是求理于心，非就事物而求其理也。岂如后人向一草一木而求其理乎”，认为其是“对朱子的批评”。夏峰恪守王学，是不错的，但据此认为其暗抑朱学，恐怕并不客观。王茂可能过于尊信《四库总目提要》的论断，而推衍过度。夏峰将朱子穷理归于阳明求理于心，是援朱子学入王学的一种表现，并非就是对朱子学的批评，用夏峰的话来说是“以阳明之虚泄朱子之实”，同时，似也应注意到，夏峰也强调“以朱子之实补阳明之虚”。且夏峰多次提倡真实遵照阳明或者朱子的做法，为真阳明或者真朱子。王茂认为，夏峰的学术渊源出于罗念庵，其言戒慎恐惧，不睹不闻，未见形而见心等均本自罗念庵“工夫即本体”、“内外为一，心物两忘”之说。他指出，夏峰学说之新意在讲“天”，心性天命合一，亦是从江右发展而来。夏峰学源自罗念庵，确实中肯，不过要注意的是罗念庵只是夏峰学的渊源之一。王茂还认为，汤斌对夏峰“以慎独为宗，以体认天理为要，以日用伦常为实际”的评价，“只能是他自己或者自己的追求，离孙奇逢真实面目甚远”，他比较赞同《四库总目提要》及傅山的评价。《四库总目提要》和傅山等语固然不错，但汤斌乃夏峰亲炙的主要弟子之一，其所言亦是就夏峰理学指出要点，为夏峰晚年所亲认的，并非无源之杜撰。究其因，可能是王茂只依据《夏峰集》与《四书近指》两种材料，而遗《日谱》，因而未能反映夏峰学全貌。

靳大成《成圣之道——清初孙奇逢理学思想述评》一文辨析了以“节义”还是“豪杰”来评价夏峰之间的区别，进而定位夏峰为儒而非侠。他指出，夏峰对于朱、陆之折衷是将两家回归到孔孟之下，通过解释孔孟思想反证程朱陆王言有歧而义归于一。他认为夏峰学有本源，自成一家，是对于夏峰学行有深刻洞察而得出的结论。史革新从理气充实心说、顿从渐来和行足以兼知三个方面说明夏峰“援朱入王”的思想，并解释《理学宗传》体现夏峰兼容并蓄各家的道统观念。① 陈先宝通过分析各家对于夏峰学的评价，从宏观上提出夏峰思想中理学和儒学的两个层次，认为夏峰所谓回归孔孟，并非真正回归儒学经典，而是儒学的另一种新建构。②

王永灿从夏峰思想1995—2005这十年间的研究现状、夏峰的思想渊源、学术宗旨及特征、夏峰的天理学说、夏峰的心性论和工夫论等几个方面呈现中国大陆地区夏峰哲学思想研究的具体情况③，其文较为详尽，本书不再赘述。王永灿文所忽视的这十年中海外夏峰学研究，主要涉及夏峰学的思想史研究，包括中国台湾“中研院”近代史研究所吕妙芬先生通过夏峰后学及当地四所书院的研究，探讨清初河南地区理学圈中孝弟礼法思想在其学术传统和理学家生命情操中的价值。④ 日本学者石田和夫先生《孙夏峰小论》⑤比较详细地介绍了夏峰之理学及其《理学宗传》。荒木见悟先生《道统论的衰退与新儒林的展开》⑥亦专门对《理学宗传》的编撰要旨作了讨论。北海道大学大学院文学研究科佐藤鍊太郎先生的《明末清初三学派与王学左派》(据笔者所见手稿)将周汝登《圣学宗传》、夏峰《理学宗传》和黄宗羲《明儒学案》三学案关于王学左派王畿和王艮的态度做出比较，肯定《理学宗传》注意到王学左派中王

① 史革新：《孙奇逢理学思想综论》，《郑州大学学报》(哲社版)2007年第4期。

② 陈先宝：《论孙奇逢思想的两个层次及其价值》，《新乡学院学报》(社会科学版)2008年第3期。

③ 王永灿：《近十余年来孙奇逢哲学思想研究综述》，《社科纵横》(新理论版)2009年第1期。

④ 吕妙芬：《清初河南的理学复兴与孝弟礼法教育》，载高明士编《东亚传统教育与学礼学规》，华东师范大学出版社2008年版。

⑤ 石田和夫：《孙夏峰小论》，《香椎潟》2003年6月30日版，第49，61~73页。

⑥ 荒木见悟：《道统论的衰退与新儒林的展开》，载吴震、吾妻重二主编《思想与文献》，华东师范大学出版社2010年版。

畿、王艮的不同，批评黄宗羲在学界普遍谴责王学的情况下，为保护王学的发展，树立修正派，以王学左派为替罪羊的做法。

这一时期香港地区学者的夏峰学研究较少受到意识形态的影响，对于夏峰思想的内在脉络的把握也比较完整。1989 年香港大学陈振和先生(Chan Chun-wo)的硕士学位论文《孙奇逢研究》对于夏峰如何调和程朱、陆王两家的思想有着深入细致的分析，引人启迪。他认为夏峰早年服膺程朱，后主要受邹守益、鹿善继和王守仁的影响。邹守益之子熟识夏峰祖父孙臣，夏峰家学间接得到邹学的影响。他指出夏峰调和朱陆，以孔子为的，确立程朱陆王在《理学宗传》中的大宗地位，为陆王别于佛老辩护，朱陆的尊德性和道问学一实一虚，正好互补。通过分析，他发现夏峰的性、理、气方面的思想大部分来自程朱，心、性、情方面的思想则尤其反映他的调合精神，他的"心"既有陆王的超越一面，又可划分为道心、人心。工夫论上，他释"格物"为知之明、处之当，连接朱、王的穷理和正物；知行合一说，与阳明知行合一之说名同实异，他是以朱子之知为知行合一之知，其内容接近于朱子的知行相须。文章认为："在思想的层面上，孙奇逢虽然努力调和程、朱与陆、王两派理学，却'只能在个别观念上疏通双方'(劳思光：《中国哲学史》)，实未能提出一套真能综合程、朱与陆、王两派的理论，所以'后世儒者罕宗其说'(劳思光：《中国哲学史》)。"①对于夏峰思想中不能真正会通二者的问题，陈总结为"在'心'的问题上，他既采纳了陆九渊超越的本心的说法，但同时又接受朱熹'心'、'性'、'情'三分的架局以及'人心'与'道心'之别。至于超越的本心如何可以于朱熹的说法并存而不矛盾，孙奇逢则没有处理。在'格物'的问题上，孙奇逢以'知之明、处之当'作为'格物'的解释，将朱熹的'穷理'与王守仁的'正物'二说合并起来解释'格物'。至于这样解释'格物'，如何与他承认的超越本心配合，他也没有理会。在'知'、'行'的问题上，孙奇逢更将朱熹知觉之'知'与王守仁良知之'知'

① 陈振和(Chan Chun-wo)：《孙奇逢研究》，香港大学硕士学位论文，1989 年，第 75 页。

等同起来，以王守仁‘知行合一’说之名提出知行并重，而没有处理知觉之‘知’与良知之‘知’的分别，以及这样说‘知’是否会与他所理解的‘心’发生矛盾。”①夏峰融合程朱陆王两家有其自己的主脑，本体论上朱子的心之灵觉与阳明的心之虚灵明觉并非不可沟通，工夫论方面，夏峰主要以慎独统括各家，对于其各思想之间可融合的矛盾也有一清晰的解决。因此，仅仅承认夏峰的调和只有放在孔子之学的高度上才是可能的，这不免有失公允。对于夏峰学说的研究意义，陈振和先生的评价是“在理学层次上的成就不高，但我们却可以从他的调和思想观察到明清学术思想转变的过程”②。进而分析整个明末清初思想中的调和风气。只是陈振和先生可能没有注意谢国桢先生的《孙夏峰李二曲学谱》，因而对夏峰生平、著作重新考证，考辨上于谢似乎稍逊一筹。

张克伟先生认为夏峰学说有三个特色：对格物致知说的调和与融合；对王学合会儒释的争辩与批驳；对阳明知行合一说精神的吸取与调摄。其撰文对于夏峰思想的梳理有着相当公允且贴切的评价，揭示夏峰学统合朱王二家，严儒释之辨及重力行的方面。其中，如“就朱、王二子在修养工夫方面而论，阳明所提的‘致知’工夫与朱子的‘格物’工夫同是在心上做明善工夫，二子均以‘心’为工夫枢纽。若就涵养工夫下手处而论，二子亦有迹近之处”③的评价等都是经过深入细致的学理分析而得。

香港中文大学郑宗义先生以明清儒学转型的立场，认为夏峰学可以上接宋明儒学，将天理作为通澈宇宙的本源、清澈人的心体性体、道德创造可能的超越根据。夏峰学明显是心学一路，其救弊于强调工夫，保持本心，并吸收朱学的后天修养摄归到心学的系统。

---

① 陈振和(Chan Chun-wo)：《孙奇逢研究》，香港大学硕士学位论文，1989年，第76~77页。

② 陈振和(Chan Chun-wo)：《孙奇逢研究》，香港大学硕士学位论文，1989年，第79页。

③ 张克伟：《清初大儒孙奇逢学术思想探析》，《江西社会科学》1992年5期。

因此，他总结夏峰学的特点是"自证自得，自信得及，笃行践履"①，且以"统宗会元"总结夏峰学术，都较为中肯贴切。不足处在于他着眼于夏峰在心学体系内对王学做一纠正而作说明，未能对夏峰思想作细致分疏。关于海外夏峰学研究，美国学者 Thomas A. Wilson（Hamilton College）②论及道统的部分涉及夏峰的《理学宗传》一书中所立程朱陆王的立场，说明夏峰的道统观念据此形成。

2003 年中州古籍出版社出版张显清主编的《孙奇逢集》和 2004 年中华书局整理出版朱茂汉点校的《夏峰先生集》，推动了夏峰学的研究。尽管张显清主编的《孙奇逢集》整理本讹误较多，不够精审，但为夏峰思想研究提供了较为完整的资料。这一时期，有数篇硕、博士论文以夏峰学为选题，如宋宜林的《孙奇逢研究：历史地位、理学思想、学术史建树》（山西大学中国古代史硕士论文，2005）、王坚的《无声的北方——夏峰北学及其历史命运》（华中师范大学历史文献学硕士论文，2006）、王永灿的《孙奇逢心性论思想研究》（陕西师范大学中国哲学硕士论文，2007）、张枫林的《孙奇逢〈理学宗传〉研究》（河南大学中国哲学硕士论文，2007）、刘紫云的《孙奇逢〈读易大旨〉研究》（高雄师范大学国文系硕士论文，2008）等。其中，淡江大学陈严坤的博士论文《明清之际北方儒学发展研究》（淡江大学中国文学学系博士论文，2008）对于清初北方大儒夏峰、李二曲和颜元等的儒家思想进行了探讨。但陈严坤侧重通过梳理夏峰、二曲和习斋学派之间的交流互动，呈现他们真诚以内、实践于外的实学体系和北方儒学的独特传统，重点在寻绎夏峰的行止而少义理的阐发。

这批硕、博士学位论文对夏峰的思想义理有着较为深入的探讨。王永灿在《孙奇逢心性论思想研究》一文中认为夏峰心性论对

---

① 郑宗义：《明清儒学转型探析——从刘蕺山到戴东原》，香港中文大学出版社 2000 年版，第 103 页。

② Thomas A. Wilson：Genealogy and History in Neo-Confucian Sectarian Uses of the Confucian Past，*Modern China*，Vol. 20，No. 1，1994. Thomas A. Wilson：Genealogy of the Way，California：Stanford University Press，1995.

宋明“道心人心”“本心习心”“天命之性与气质之性”等概念有所继承和发展，指出夏峰“道心人心非一非二”是承认道心的形上性，又坚持形上和形下的统一；他在未发已发方面，形式上吸取阳明的“体用一源”思想，内容上吸取朱子的“性体情用”，将念前心与天命之性结合起来，使未发已发的思想更加具体化；工夫论上，他结合敬与天理、良知，深化了程朱的主敬工夫论；人性论方面，解释夏峰“心性岂容混一”与“心性必不容分”二者并非矛盾，进一步澄清夏峰的心、性论关系。在此基础上，他进一步指出夏峰以心著性，圆融心、性、理，以此补救王学末流的玄虚和荡越之流弊。该文结合理学史的背景，全面深入地分析夏峰的心性论，所憾其结合夏峰整体思想来观照其心性论的方面有所不足。

刘紫云的《孙奇逢〈读易大旨〉研究》则着重探讨夏峰易学特色，进而肯定其在易学史上的地位。该文通过追溯夏峰易学思想渊源为义理派和心学派，指出其承继“宋明理学”而开展，其认为易道在于明人事之理。并从经传、经旨、义理、人事和他论五个方面掘发夏峰易学之特色。在论述的性质上，确定其义理言易的性质。在内容上，夏峰尊程朱治《易》家法，也结合心体易，发而为用，是其思想的价值所在。夏峰撰写《读易大旨》也是其传三代之道统的体现，如果作者可以点出这一点，对于夏峰明体达用之易说可能会有更进一层的理解。

张枫林的《孙奇逢〈理学宗传〉研究》总结《理学宗传》主要有四个特点：以天为本的学统论、循环前进的学术史观、下学上达的写作目的和主辅内外相成的体例。在夏峰理学方面，该文从本体论、人性论、认识论和道德论几个方面展开，恰恰忽视了夏峰最为重要的工夫论，不过其在人性论中涉及了复性，在认识论中提到收放心、随时随处体认天理，以及道德论中的寡欲，都是夏峰的工夫学说。其不足在于不了解夏峰之宗旨为慎独，终归不能得其要领。在具体的论述上，他认为夏峰的理非理一分殊，理气是一回事等，也误读了夏峰理气不离不杂的本意。

这一时期，学界关于夏峰研究的史学著作也有初步的发展，主要集中在夏峰编撰的《理学宗传》。大体上，研究的路向分为义理研究和学史研究。刘紫云的《孙奇逢〈读易大旨〉研究》(2008)即属于前者；而陈祖武的《孙奇逢与〈理学宗传〉》属于后者。陈祖武主要从《理学宗传》的结撰过程、夏峰在《理学宗传》中会合朱王这两个方面来论述。他在《中国学案史》①中，称《理学宗传》为学案体著作继往开来，后绍《明儒学案》。Thomas A. Wilson 也是从夏峰缝合朱王的方面来论述其《理学宗传》的思想，指出夏峰认为阳明学为尽朱子学者。② 荒木见悟先生的《道统论的衰退与新儒林的展开》③详细分析了夏峰在《理学宗传》中区分十一子、汉唐宋元明诸儒以及六位收入补遗的学者所体现出来的折中态度，并论述了这样抬高王学的做法在当时学术界产生的影响。反对者站在程朱学的立场上加以批评，这种批评一直延续到刘廷诏的《理学宗传辨正》。

关于交游，张显清《孙奇逢评传》中已经简略介绍了夏峰同当时的学者傅山、刁包、黄宗羲、顾炎武、魏裔介、魏象枢、张沐、张镜心、张凤翔、颜元等的交往。④ 洪宇⑤和李之鉴⑥更深入地探讨了傅山和夏峰的交往过程。洪宇考察了夏峰为傅山的母亲撰写墓志铭一事，乃由傅山口述，夏峰写成，又经后人修改。他认为傅山和夏峰的政治思想一致。通过分析傅山对夏峰的评价，洪宇认为这位以反理学著称的理学家访问了夏峰这位大理学家是"一件很有意味的事"。由此，我们或可以反思所谓"反理学"的思潮是否为回溯式的评价而合乎历史之真实。李之鉴则揭示夏峰和傅山友谊的关键在于以气节相砥砺。李之鉴说明北方颜习斋之学乃从夏峰之学中走

① 陈祖武：《中国学案史》，东方出版中心 2008 年版。

② Thomas A. Wilson：Genealogy of the Way，California：Stanford University Press，1995，pp. 173-176.

③ 荒木见悟：《道统论的衰退与新儒林的展开》，载吴震、吾妻重二《思想与文献》，华东师范大学出版社 2010 年版，第 26~30 页。

④ 张显清：《孙奇逢评传》，载《孙奇逢集》中册，中州古籍出版社 2003 年版，第 1143 页。

⑤ 洪宇：《两位经学大师的友谊佳话——傅青主拜访孙奇逢》，《沧桑》1997 年第 2 期。

⑥ 李之鉴：《傅山和孙夏峰》，《周口师范学院学报》1997 年第 4 期。

出，并最终超越夏峰，体现在气质之性和朱王调和之说两方面。不足的是，全文对夏峰的"调和"论有颇多论述，但于习斋之学具体如何从夏峰之学中转出，则语焉不详。① 刘仲华通过对夏峰《畿辅人物考》和孙承泽《畿辅人物志》在编撰过程和内容上的比较，揭示夏峰在编撰中通过二人共同的友人刁包而受到孙承泽著作的影响，并进而说明清初遗民出处的不同取向及其态度的变化，反映当时思想世界中士人的生活和交往情况。②

（三）近十年来夏峰学研究及其问题

2008 年以来，近十年的夏峰学研究彻底走出唯物唯心论的理论框架，其他如实学思潮、明清启蒙思潮的评价也逐渐淡出。夏峰学研究呈现出两条主要的脉络：一是思想史研究的路径，一是义理学方面的研究。近年来清史研究兴盛。在史学研究的推助下，夏峰学的研究以明清思想转型为宏观背景，被纳入不同的思想史线索中，包括清初北方士绅的兴起、遗民出处与心态、社会伦理秩序重建、家族与礼学实践和社会政治思想等方面。

从学术形态上，王坚提出在明代理学和清代理学、考据学等之间存在着"清初新理学"的形态，肩负坚守理学基本价值和致力于缓解 17 世纪社会危机的双重责任。③ 他认为，作为北方大儒的孙夏峰开创北学学派，其思想在河南地区承先启后，表现为：有主峰可指，有大脉络可寻；长于教化，短于实务；注重团体优势，与清代皇权主义建构积极互动；注重礼理合一，兼容并包。④ 而其启发来者的方面，以弟子薛凤祚为例，晚明宽松的政治环境使他能以孙夏峰重构天人关系及"主于实用"思想为指导，在"本之于天"与"主

---

① 李之鉴：《从孙奇逢到颜习斋》，《商丘师范学院学报》1997 年第 1 期。

② 刘仲华：《孙奇逢与孙承泽撰写畿辅人物的学术异同和交往始末》，《石家庄学院学报》2010 年第 4 期。

③ 王坚：《明清学术转换的桥梁与清初学术主流：论清初新理学》，《文史哲》2017 年第 6 期。

④ 王坚：《中州夏峰北学浅论》，《中原文化研究》2013 年第 6 期。

于实用”之间兼采中西知识资源，以《易》为蓝本，以传统的“天”的观念意识为依托，以实用为归宿，会通中西。而这种会通最终却又不得不在清政权的重新整治中草草收场。[①] 夏峰的另一位弟子费密则通过对其道统的展开与重构，建构其“中实之道”，从而走向“王道政治”和汉唐儒学，体现了清初儒生建设新社会和重构儒学体系的一幅蓝图。[②] 夏峰后学的这几种转向勾勒出夏峰学派在政治环境的影响下于明清之际发展的处境和趋势。王坚将颜李学派纳入北学的系统加以重新定位，得出颜李学派之后并未消失，而是回归北学传统的结论。[③] 王坚立足突破 20 世纪以来几种清史研究模式的局限，尤其是反思以考据学为清代学术的主线，对其他学术形态的消解，力图澄清以夏峰为首的北方学人及学派的历史影响。他认为夏峰合朱陆，平汉宋，重礼理合一、治道合一的思想开当时风气。夏峰主实用对弟子影响不小，弟子中有擅西学的薛凤祚，重考据学的费密，河北后学中有兵学王余佑，转出颜李学，中州后学有马时芳等。王坚所撰《无声的北方：清代夏峰北学研究》[④]是目前比较系统地介绍夏峰学派的一部力作。不足在于，该书偏重史学，对夏峰思想展开不详，夏峰北学作为学派的合法性，及夏峰后学的脉络细节还有待进一步说明。

社会影响方面，夏峰及其家族对当时的社会秩序起着重要的范导作用。张佐良认为夏峰深厚的学术素养和高尚的品格德行，及其日常生活中的躬行实践，力图以儒家传统模式恢复和重建中国社会

---

① 王坚：《“本之于天”与“主于实用”：论薛凤祚的思想转向及其价值》，《清华大学学报》(社会科学版) 2014 年第 1 期。

② 王坚：《走向“王道政治”与汉唐儒学：费密对孙奇逢“道统论”的展开与重构——兼论清学形成的制度因素和思想基础》，《清史论丛》2016 年第 1 期。

③ 王坚：《离异与回归：论颜李学派与夏峰北学的分与合——以孙奇逢与颜元“圣人论”为中心》，《人文中国》2012 年。

④ 王坚：《无声的北方：清代夏峰北学研究》，商务印书馆 2018 年版。

秩序，对清初社会伦理秩序的恢复和重建产生了深刻的影响。① 刘万华认为，夏峰身体力行，重建儒家礼秩，引发了实践礼学思潮。这一思潮在改良风俗、改造理学、保存与发扬传统文化等方面有积极意义，并最终使儒家文化获得新政权的认可。② 申红星认为，以孙奇逢为首的北方士绅群体成为地方维护礼仪秩序的中坚，并带动当地的士绅群体也不断地进行着本宗族的构建与完善。③

同样从政治环境的角度出发，王桢认为夏峰通过立足于理学与政治层面，对元代理学谱系进行书写，深入剖析易代之际的历史语境与士人心态，找到了道统与政统之间的平衡与调和，并取得自我心态上的突破。④ 作为遗民的夏峰虽然屡拒征召，却以讲学等方式，推动了汉族士大夫与异族新王朝的合作。⑤ 而作为晚明王学修证派中的一员，夏峰摆脱门户之见，还原担负着沉重现实使命的文化符号，为对其权力合法性的质疑从内部、从正面打开了缺口。王学修证派以保守的姿态应对现实的困境，宣布了一个传统的谢幕，也预示了一个时代的开始。⑥ 可以说，思想史的研究打开了夏峰作为王学后学、明末遗民、民间学者和北方士绅等各个面向的身份，使得他的学说和实践得到更加丰富的呈现和解释。

夏峰的文献研究也是这一时期夏峰学研究中的一个热点，尤其是《畿辅人物考》《中州人物考》《北学编》《洛学编》《乙丙纪事》等史学著作的编纂原则和价值有初步的研究成果。最为集中的仍然是

---

① 张佐良：《孙奇逢与清初社会伦理秩序重建》，《中州学刊》2015年第10期。

② 刘万华：《明末清初实践礼学发微》，《商丘师范学院学报》2014年第8期。

③ 申红星：《明清北方士绅群体的兴起与宗族的构建》，《河南师范大学学报》（哲学与社会科学版）2016年第1期。

④ 王桢：《地缘、学统与士人心态——论孙奇逢与元代理学之互动》，《河南科技学院学报》2016年第3期。

⑤ 王胜军：《清初民间理学：以孙奇逢与张履祥为对象的考察》，《中州学刊》2012年第2期。

⑥ 李宪堂：《明末清初王学修正派社会政治思想述要》，《史学集刊》2014年第2期。

《理学宗传》，研究涵盖了成书过程、编纂特点、道统建构、政治理念和著作性质等。2015年，万红以《续修四库全书》影印康熙六年本为底本，参校光绪六年本等对《理学宗传》加以重新整理和点校。桂涛和李春燕等考辨《理学宗传》成书过程与版本源流，① 张枫林总结《理学宗传》的编撰特点是"以天为本"的学统论，"循环前进"的学术史观，"下学上达"的写作目的和"主辅内外相成"的体例。② 周振华通过比较《明儒学案》《理学宗传》《圣学宗传》三部著作对阳明后学谱系的建构，说明《明儒学案》标准的固化以及强烈的江右为宗的立场影响了其客观性，而《理学宗传》所展现的理学途径相对于周汝登来说可能更加全面真实。③

关于《理学宗传》的性质，从20世纪90年代陈祖武先生提出的"学案体"，到后来逐渐提出的"道统著作"、"理学源流著作"等不一而足，没有定论。笔者曾认为《理学宗传》作为申明道统的著作，应与纯粹的学术史著作《儒林宗派》等相区分，二者存在着道与术的分野，《明儒学案》处于由道统著作向学术史著作过渡的阶段，介于道统与学术二者之间。④ 然而，这一结论并没有得到多少关注，不少学者仍然将学术史著作和道统建构的著作混为一谈。

目前，夏峰研究的主体主要为河南学者，研究方法偏从文献、历史或者思想史角度去探讨。义理的研究主要有两个问题：一是理学义理研究的范式没有真正确立，夏峰学的个案研究亦是如此；二是义理研究在夏峰学研究中的比重越来越低。事实上，这一时期义理研究主要反映在博硕士论文中，有三篇博士论文均讨论夏峰理学思想，五篇硕士论文也集中在夏峰的理学和经学研究方面。陈瑞波

---

① 桂涛：《从〈诸儒语录〉到〈理学宗传〉——试论孙奇逢〈理学宗传〉之成书过程》，《理论界》2013年第3期。李春燕：《孙奇逢〈理学宗传〉源流考》，《兰台世界》2015第27期。

② 张枫林：《孙奇逢〈理学宗传〉的编纂特点》，《南阳师范学院学报》2011年第5期。

③ 周振华：《论阳明后学谱系的建构》，《江西社会科学》2017年第7期。

④ 张锦枝：《论孙奇逢〈理学宗传〉的性质》，《武汉大学学报》(人文科学版)2009年第6期。

突出夏峰思想的渊源和流衍，以心性本体、修养工夫、人生境界和学术定位等方面作为研究的框架，大致呈现夏峰思想的原貌，然而在工夫论方面没有把握夏峰一以贯之的宗旨慎独学说。① 张枫林从理学、认识论、工夫论和致用思想来探讨夏峰的思想，认为夏峰思想的核心概念是天，其理学思想围绕着道统、天理、理气、动静、宇宙、善恶、理欲等展开，心论作为认识论加以讨论，工夫论分为处事、处己、处人之道，对夏峰思想有着颇为细致的把握。② 但从结构上看，该文沿用了20世纪80年代以来认识论和概念分析等方法，理学固有的心性思想和修养工夫被置入认识论和处事处人等泛化的生活哲学之下。其他围绕《读易大旨》《四书近指》《晚年批定四书近指》等夏峰著作为核心的理学和经学思想亦有深入的讨论，③ 但能通贯理解夏峰思想，再做个案的呈现则比较难得。

近十年来，夏峰学的研究正走出原有范式，迈向以文本为第一要义的独立研究阶段，反映学术研究的进步过程。同时，我们需要注意夏峰学研究的几个问题：首先，目前夏峰学的研究中，学者对研究前史重视不够，导致低水平重复现象较为严重；其次，虽近年来研究方法上能逐渐“自说自话”，相对独立，但理学研究的范式没有真正建立，深入研究夏峰理学中的义理仍然不足，亟须深入挖掘。期待更多的研究能基于文献本身的意义，将夏峰学的思想研究加以拓展，结合明清学术、理学史的研究乃至思想史研究的成果，为充实丰富思想史发展阐发出更多历史内涵和现实意义。

二、研究方法

本书将依据夏峰崇古、笃实、宽容的思想特点，具体展现他如何

① 陈瑞波：《孙奇逢理学思想研究》，山东大学博士论文，2012年。

② 张枫林：《孙奇逢理学思想研究》，南开大学博士论文，2013年。

③ 陶英娜：《孙奇逢理学视域下的易学思想研究》，山东大学硕士论文，2012年。杨爱姣：《孙奇逢〈四书学〉思想研究》，陕西师范大学硕士论文，2013年。刘新：《孙奇逢理学思想探究——以调和朱学和王学为中心》，复旦大学硕士论文，2014年。

对程朱、陆王两种思想进行融合会通，并解决思想系统融合中所遇到的问题。夏峰的思想早年依归程朱，三十岁以后转入王学，并进一步融合朱学，从而奠定了其学说的基础。夏峰晚年的思想以王学为本，愈发精益圆融，每十年便有进境。本书力图对这一过程有所展现。

就研究方法而言，首先，本书基于哲学史的研究，以对夏峰理学思想，尤其是慎独思想的分析为主，并根据需要在必要时结合若干思想史的分析，以便对其思想有一完整的呈现。这首先是由夏峰思想的性质所决定。夏峰虽然身处明末清初，一般被视为清儒，然而就其学问的内容和思想的特质而言，因处于明代理学的末期，其问题意识的来源及其概念架构都源于理学。夏峰对于朱子学和阳明学的融合立场，也要求我们必然将其置于宋明理学的整体脉络之中考察。此外，他向来以理学自我期许，表现在他以醇儒为目标，明确排斥佛教，对于"非杨非墨，非禅非元"①的西学天主教也无丝毫的兴趣。② 因而，本书旨在对其理学思想作一还原性的研究，将其置身于宋明理学的整体脉络中的总结地位，以宋元明清理学连续性观之则顺理成章。③

同时，由于其思想与时代的关联性，又有必要结合思想史的考察方法。此外，以哲学史为中心，兼顾思想史的研究方法，也是反思夏峰思想研究现状后的一种选择。正如上文所说，目前学界对于夏峰思想的研究，多侧重从思想史的角度，将其作为其他思想家研

① 孙奇逢：《日谱》卷八之四月二十二日条。

② 不过，夏峰对于打着本天的圣学旗号的天主教及西方其他学术的引入，既不提倡，也不反对。他还没有意识到天主教会产生气候，像佛教一样于儒学的文化构成几分天下的局面。夏峰弟子中薛凤祚就是当时著名的西学天文历算家。

③ 关于宋明清时期哲学的研究范式，学者总结出三种关联宋明理学和明清哲学的视角：一是从学术、思想的连续性与继承性的角度看宋明理学和明清哲学的关系；一是从学术思想发展的断裂性与发展性的角度看明清哲学对宋明理学思想的部分突破；一是胡适提出的"近世思想"的通观研究之路。(参阅吴根友：《关于宋元明清哲学研究范式及其方法诸问题的思考》，载氏著《明清哲学与中国现代哲学诸问题》，中华书局 2008 年版)

究的参照，而对其本身的哲学思想研究则不足，尤其是深入哲学史的脉络中探讨其对于宋明理学之继承与反思，进而阐明其理学思想的内容和特色方面，还远远不够。

所谓深入宋明理学的脉络，具体而言，即在宋明理学传统的程朱、陆王两系的划分框架下探讨其思想。此亦是由夏峰学的特点所决定。目前学界关于宋明理学的分系，除传统的两系划分之外，还有“一系”说、“三系”说和“四系”说等几种观点。“一系”说主要有两种：一者以劳思光先生为代表，将各“学说的差异皆视为整体过程中之阶段特征”，[①] 一者为侯外庐先生主编的《宋明理学史》，以理学为一个同质的构成，将之分为六个阶段，宋、明及清初期理学各分为三个阶段。[②] “三系”说也有两种代表性的观点：其一是冯友兰、张岱年、张立文等先生受马克思主义影响划分的理学、气学和心学的三分法，[③] 其二是以牟宗三先生为代表，分为“五峰—蕺

① 劳思光：《新编中国哲学史》(三卷上)，广西师范大学出版社 2005 年版，第 35 页。

② 侯外庐等主编：《宋明理学史》(上卷)，人民出版社 1984 年版，第 15~19 页。

③ 向世陵：《理气性心之间——宋明理学的分系与四系》第五章《当代流行的宋明理学分系》(人民出版社 2008 年版)总结以往关于宋明理学的分系说，介绍夏君虞、吴康、黄公伟先生按照传统的程朱为正统，其他为别系的分系方法；大陆 20 世纪 50—80 年代冯友兰、张岱年、张立文先生受马克思主义影响划分的理学、气学和心学的三分法；牟宗三先生在程朱、陆王之外，另提出胡五峰-刘蕺山一系，成为与大陆学者不同的三系说；劳思光先生以为“‘理学’、‘心学’二词，原非宋人所用”(《新编中国哲学史》三上，第 31 页)，因而“‘理学’与‘心学’视为对峙之二系，乃后世逐渐形成之说法”(第 32 页)。按：劳先生以“理学”“心学”为元、明之说法可以商榷。实际上，早在朱熹的弟子冯椅就有“大抵《易》者，理学之宗，而乾坤者，又易学之宗也”(冯椅：《厚斋易学》卷四十八)。朱子后学黄震说：“本朝讲明理学，脱去训诂，其说虽远过汉唐，而不善学者求之过高，从而增衍新说，不持意味反浅而失之远者，或有矣。”(黄震：《黄氏日钞》卷二)是为宋季有“理学”之二例。关于大陆的宋明理学研究进展，参见郑宗义：《大陆学者的宋明理学研究》，载刘述先主编《儒家思想在现代东亚(中国大陆与台湾篇)》，2000 年。

山”、“象山—阳明”和“伊川—朱子”三系。① “四系”说有三种代表性的观点：其一，主性学、道学、心学和气学四系，以向世陵先生为代表；② 其二，主知、志、情、用的划分法，以冯达文先生为代表，“取史学的眼光审视历史发展过程中的各个人物与思潮”；③ 其三，主气、数、理、心的划分法，以陈来先生为代表，认为“历史地、逻辑地展现了宋明理学的逐步深入的发展过程”。④

虽然传统的“两系”说存在着某种局限，但回到夏峰所处的历史情境，程朱、陆王后学的对立乃是一种共识，是夏峰所要面对和解决的重要问题，也恰恰历史地构成研究夏峰思想的前提。他正是在此二分的历史现实面前，一方面，融合两家思想，以便相互取资为用，解决两者理论落实到现实时所存在的问题；另一方面，努力寻求二者会合的可能性，试图将二者打并为一，视之为中国文化史上同质同源的两个阶段，前后有异变，但总体上不妨碍其为同者，这和劳思光先生的一系说的观点有契合处。本书的研究顺此“两系”的划分方法，分析夏峰何以走向统合的“一系”。

此外，本书还试图探索一种研究夏峰思想的独特方法，即于无中观其有的方法。这个方法是逐步由对夏峰之为人与为学的独特性中所反思总结出来的。夏峰生平不道人短，善道人长，亦不喜论辩，因而，乍看他的著作，常给人无所不是，似乎拾人涕唾，于哲学无所创造的印象。然而，其同情之理解本身便意味着回避、择取和判断。通过深入阅读夏峰的著作，可以发现其思想的包容性。他往往出于克己的严谨和对前贤的尊重，并不直接批驳自己不赞同的观点，而是选择性地道出自己所赞同的观点。是其所是，而不非其所非，是他为人的一向风格。

这只是由于他对于前贤的尊重和克己的严谨，于不能赞同的观

① 牟宗三：《心体与性体》(上)，上海古籍出版社 1999 年版，第 42～43 页。

② 向世陵：《理气性心之间：宋明理学的分系与四系》，人民出版社 2008 年版，第 265 页。

③ 冯达文：《宋明新儒学略论》，广东人民出版社 1997 年版，第 4 页。

④ 陈来：《宋明理学》，华东师范大学出版社 2003 年版，第 10 页。

点并不直接点出，仅仅正面道出自己所赞同的观点而已。如果将他“是其所是而不非其所非”的为学特点上升到方法论的层面并运用于对其思想的理解之中，夏峰的各种提法及其缘由便有了更加清晰的呈现。虽然他会直接批驳儒学以外的学术，如佛老之学，但对于儒学之内的学说，无论怎样林林总总、备受争议，他皆予以同情之理解，视之为“小德之川流”，这是他与其他一些理学家不同的地方。因而，对于现代的研究者而言，他的表述或者论断就没有表现得很鲜明。所谓“于无中观其有”的方法，即采取比较研究法，或背景研究法，一方面通过对理学史的总结，了解理学史上对于同一问题的不同意见和解决，另一方面，比较夏峰阅读史中的见解和他自身的表述，那些在理学史和其阅读史中都出现过但没有被选择的提法或意见，大体因其不能契会或者不能赞同而舍弃的，即所谓“无”。将之与被选择的观点反复比较，庶几可以看出思想家之所以选择性地表述或者不表述某一提法或者意见的深层原因，进而可以判断出他的真正态度所在。就夏峰而言，夏峰所给予的解答，被他舍弃的部分，也就是他所不赞成的部分，两相比较，则可探出夏峰对于某一问题给出如此提法的原因，进而了解其理学的真正态度。他的《理学宗传》，结合《日谱》中所记，基本可以涵括夏峰的阅读史，于其中所有，于其结论所无的就是夏峰所不能赞同的观点，在此基础上分析夏峰的哲学庶几是一条行之有效的方法。当然，这一方法本身依赖于思想家深厚的哲学史背景和准确的推断，因而它未必适用于对所有思想家的研究。对于那些所是所非一概于其著作有所体现的理学家而言，并不需要这样迂回的考察，对于那些无法判定其阅读史的思想家，这一方法显然也不适用。同时，即便笔者认为夏峰的为人为学及其著作提供了运用这一方法的可能性和有效性，但笔者仍然需要提醒自己，在运用这一方法的过程中，必须以可靠的文献证据和严密的思想论证来推进文本的研究。

还需要说明的是，本书的研究也始终面临着理学研究中的一个普遍难点，即中国古代哲学，尤其是宋明理学特重体知，理学家往往以具体、真实的生命实践而非单纯抽象的逻辑推衍来建构自己的思想系统，这与现代受西方思维影响而尤重理性思辨的思路相当不同。然而，在既定的现代思维习惯中，我们尽量去摆脱先见、返回到理学的思路中，去发现理学家所建构的意义乃至其思想的创造性，无疑是困难的。因而，这需要我们不断反省自己的先见，克服时空的语境隔阂，最大限度上寻找那些本然于历史中的意义，以免因为我们简单的取舍，或者对某种范式的迁就而丢失了许多其中的意义。另外，中国古代思想家多在“述而不作”、“立德、立功、立言”三不朽的传统影响下，重力行而轻著述，当学者通过既定的个体气质和经历的差异性去证明普遍性时，或多或少都存在偏差，这也导致理学概念及其内涵的复杂多样，无疑增加了研究的难度。

第二章　生平学履

一、夏峰生平

孙奇逢(1584—1675)，字启泰，号钟元，容城人，晚年定居讲学河南夏峰村，人称夏峰先生，或称夏峰。夏峰年轻时即好行侠仗义，闻名天下；中年虽淡泊仕进，但热心乡里公务；晚年究研理学，发潜德幽光，可谓矻矻穷年，寻道一生。尝言："吾之学与年俱进而有三变焉。天启、乙丑、丙寅则陈太丘、郭林宗，癸未甲申则管幼安、田子春，今老矣，岂卫武公乎？"[①]乃夫子自道也。这三个阶段看似截然不同，但与时婉转，非骤进，可以一"学"字贯穿其间。

夏峰祖世耕种，至其先祖孙臣(字敬所)始入乡贤列辈，为嘉靖辛酉举人，官至河东盐运司判官，为官清介。孙臣共生六子，夏峰的父亲孙丕振(字肯轩)排第三，以孝友著生平。夏峰的母亲陈氏，共生四子，分别是奇儒(字国重)、奇遇(字启运)、奇逢和奇彦(字启美)。四兄弟均承其父肯轩公性情，以孝友立世。夏峰出生于其祖父运判公定居之所，位于距容城县三里的北城村南。他幼年能言甚迟，方能言，便能识字。夏峰七岁小学，十一岁学文，十四岁入邑庠。一日，随父拜见杨椒山之子杨补庭[②]，补庭因问："设使我在围城中，外无救兵，内无粮草，应如之何？"夏峰答曰，

---

① 耿介：《中州道学编》卷二。

② 孙奇逢祖母杨安人为杨椒山再从侄女。杨继盛，字椒山，直隶容城(今河北容城)人。嘉靖登第，官至兵部武选郎，赠太常少卿，谥忠愍。

"效死勿去"，补庭甚为惊喜，称贺其父说："此子足卜终身矣。"四十年后，风云变幻，夏峰幼时透露出的勇气和节义果真应验沙场，此乃后话。

同年，夏峰与鹿善继①订交。鹿善继是夏峰一生最为重要的挚友，他不仅在节义上能与夏峰相互砥砺，而且对夏峰理学思想的形成影响至大，是夏峰初由程朱的笃守者转变为王学者的关键人物。夏峰自谓"余荫长承兄若弟之友爱，兼师友之提诲"②，此言不虚。

夏峰十七岁，举顺天乡试。后辛丑、甲辰两试都下第，又接连遭父母弃养，更百念俱灰，从此绝意功名，两朝征聘十一次，都无所动心。

夏峰二十二岁，父亲偶因心痛逝世，其祖母因痛失爱子于次年逝世，其母两年后因恸去世。夏峰兄弟接连失养，举家陷入哀痛之中。夏峰兄弟四人，合构一亭，庐居墓侧六载，时时思念，岁时与众乡亲恸哭，按照肯轩公生前裁定的基址规度，举行族祭。汤斌《征君孙先生年谱》记云："先生居肯轩公丧，一准古礼。"明清之际的葬礼习俗中融入了佛教的仪式，并成为民间普遍遵行的仪则。③汤斌所谓"古礼"，即区别于佛教习俗的儒家传统丧礼礼仪，具体而言，指朱子家礼。④ 时人贾钶《庐居纪事略》记夏峰四兄弟"就墓前横构一室，陈公之冠履、图书，颜曰'栖神堂'。东南隅又结草屋如斗，南北对向，四壁茅篱涂以泥土。西向者二，一待唁客，一贮家礼、子、史诸经典；北向者二，一设苫席、长枕、大被，四昆夜寝一具，突而黔供饘粥。嗣君早暮焚香楮，奠椒浆，盥濯巾栉无

---

① 鹿善继(1575—1636)，字伯顺，号乾岳，定兴人，少以节义自期。

② 孙奇逢撰、魏一鳌编：《岁寒居年谱》，见周和平：《北京图书馆藏珍本年谱丛刊》第65册，北京图书出版社1999年版。

③ Timothy Brook：Funerary Ritual and The Building of Lineages in Late Imperial China，*Harvard Journal of Asiatic Studies*，Vol. 49，No. 2，1989，pp. 465-499.

④ 周启荣先生已指出夏峰是将程朱礼学纳入其思想，并参酌东林学者，重申礼在规范行为方面的作用。

不备，每饭跽设。遇佳辰令节，更罗列哭踊，历三年如一日”①。杨安人和陈孺人逝后，四君日夜聚栖神堂读礼，读罢对泣，泣罢再读，寒来暑往六载，其景象之萧凄令人肝肠寸断，视者听者无不为之动容。亲戚、友人与当时之名士多有题庐诗。夏峰从此落下夏秋之交耳目昏聩、不能饮食的病根，每以讲习代替医药，至六十岁竟然痊愈。②

经历此番哀恸，夏峰方真正志学，自云：“少年妄意功名，自两亲见背，此念顿灰。与鹿伯顺为友，初以名节相砥砺，未免走入气质之偏处。黯然一念，自证生人面目，其实从哀恸、穷苦中得来。”③

自万历四十年到四十五年，夏峰寓居京师，与鹿善继、范一泉两位先生相伴，并开始与鹿善继读阳明《传习录》。《征君孙先生年谱》云：“先生初守程朱甚笃，鹿先生讲次，每举姚江语，先生因读《传习录》‘知行合一’，跃然有得，自是寝食其中焉。”④可见，夏峰此时于王学已有心得，这对于夏峰学术的转变是一次明显的契机。此间得晤曹贞予先生，先生以“仁体”相告，但当时夏峰刚刚入门，并没有很好地领悟。他回忆起“万历壬子晤先生于京师。时以吏垣请告，束装临路，接引从容。迄今五十余年矣。始读其遗文，就中论议多昔年语次及之。所惜少年寡昧，伊时不知领略”⑤。其时尚不能如汤斌所言“当下恍然，觉此心与天地万物相通”⑥。

万历四十一年，因鹿善继引见，夏峰于京师与周顺昌⑦论交。周顺昌与鹿善继为同年进士，崇敬杨椒山，因与夏峰借《杨忠愍

① 汤斌：《征君孙先生年谱》万历三十八年庚戌二十七岁条。

② 鹿善继有诗《新秋邀启泰，启泰素不宜夏》：“病骨今来渐有瘳，聊将旧习任悠游。问奇殊愧云亭字，折简专迟雪夜舟。花迳逢迎方气色，草堂独坐不风流。也知入夏怜同病，昨日梧桐已报秋。”（鹿善继：《无欲斋诗钞》）

③ 汤斌：《征君孙先生年谱》万历三十九年辛亥二十八岁条。

④ 汤斌：《征君孙先生年谱》万历四十一年癸丑三十岁条。

⑤ 孙奇逢：《理学宗传》卷二十四。

⑥ 汤斌：《征君孙先生年谱》万历四十年壬子二十九岁条。

⑦ 周顺昌（1584—1626），直隶吴县人。官至吏部员外郎赠太常寺卿。

集》，夏峰赠言曰“忠愍为世庙忠谏第一，君定不作第二人”①。七年后，魏大中出使江右，过访北城，与夏峰于杨忠愍公祠订交。次年，夏峰至京师，恰逢左光斗回京师，二人得以一晤。天启二年，高阳孙承宗相国欲请督师，鹿善继为参赞军务，邀夏峰过山海关，本意延留夏峰，夏峰辞归。这时夏峰虽不到不惑之年，却声闻海内，即全祖望所说：“自明时已与杨、左诸公称石交，其后高阳相国折节致敬，易代而后声名益大。”②

左光斗、魏大中、周顺昌诸公皆为东林人士，好行正义，能不顾个人安危与阉党魏忠贤斗争。天启五年，杨涟因疏劾魏忠贤二十四罪，劾奏不成，反被魏污为贿赂罪下狱，魏忠贤并构汪文言案以网织东林党人，左光斗、魏大中等一齐被逮。事发以后，左公遗书夏峰与鹿太公③云：“二公道义之雅，须得到一人亲诣，关门知秦庭之哭不同于泛泛。”④以求助二公。夏峰一面遣使季弟奇彦上书高阳孙承宗代为营救。高阳当即疏请入朝面陈军事，将为诸公申命左、魏公，魏忠贤惧，夜绕御床泣称高阳兴晋阳之甲，熹宗于是诏止面陈。左公坐赃两万，魏廓园三千，夏峰与伯顺父鹿太公正奔走联络义士输金，数日之内筹得数百金，张果中、王拱极接替驰送，左、魏诸公已殆命杖下。各家族尽破，时人多不愿受此牵连，“一时知交，削迹远遁，捧头鼠窜，惟恐蔓引波连”⑤，左、魏公子弟、仆从时皆由夏峰与鹿太公庇护。次年，周顺昌被逮，其友朱完天携其手书至，夏峰说：“前番已历情形，一切可省。”唯访王莅民一着。不料王莅民此时不在京都。朱完天只能回江村与鹿善继、鹿善继商计，再筹得赎金，由夏峰季弟启美、鹿家仆从赵顺送至京师，

① 汤斌：《征君孙先生年谱》万历四十一年癸丑三十岁条。

② 全祖望：《二曲先生窆石文》，载《鲒埼亭集》卷十二碑铭。

③ 鹿正，字以道，御史鹿久征之子，赠大理卿，谥号忠节。鹿善继之父，时人称鹿太公。

④ 汤斌：《征君孙先生年谱》天启五年乙丑四十二岁条。

⑤ 魏裔介：《孙征君先生传》，载《孙奇逢集》中册，中州古籍出版社2003年版，第1331页。

周已毙命杖下。[1] 夏峰于此场劫难中不避祸，竟也无祸。究其因，其平常质行，深为人敬重，魏忠贤左右又多为同乡畿辅人士，无不暗地保护，可见他能于厂狱的网罗中脱险并不是偶然。[2] 北方学风素来高行义，竟然在明末出现魏忠贤这样的阉党，世风不能不为之丕变，所幸有鹿善继、夏峰与张果中力挽狂澜，虽最终未能挽救义士生命，但维风教于一线，也是有功。茅止生因此作《范阳三烈士咏》，所称“范阳三烈士”者即鹿善继、夏峰和张果中三人。

崇祯元年，督学御史李蕃奉旨建坊，表彰夏峰之孝行，以敦进世风。官绅乡族亦欲跟进建坊，被夏峰劝止。夏峰自谦：“每愧以虚名，缪叨褒奖，其如实之不副。”[3]特表元末乡贤魏敬益之墓，将其还田千亩于乡民的义举广为传播。

崇祯二年十月，由于明王朝没有充分防备，后金军队分三路分别攻克龙井关、洪山口和大安口，遵化、迁安等地攻陷，清军直逼京城，畿辅闻警。百余户亲友前来依附，夏峰与容城县令共为城守，因而举家携乡都入容城，终年所储粮草十余日用尽。此时明廷重新起用孙承宗[4]，复原官职，兼兵部尚书守通州。茅元仪[5]为其参赞军务，临行前来请益，夏峰说：“君文士之雄耳。所与朝夕共事者，二三大帅也，倘有一见寸之心，便不能容人，宁有为我用者。”[6]后承宗力保祖大寿一事，便是止生承此教诲之一见。孙承宗上任后，经数月艰苦鏖战，终于次年五月将后金军队驱逐出山海关，取得暂时的平定。

---

① 夏峰有《乙丙纪事》记载。

② 方苞：《孙征君传》，载《望溪集》卷八，清咸丰元年戴钧衡刻本。

③ 孙奇逢撰、魏一鳌编：《岁寒居年谱》，见周和平：《北京图书馆藏珍本年谱丛刊》第65册，北京图书出版社1999年版。

④ 孙承宗(1563—1638)，字稚绳，号恺阳，官至礼部侍郎，拜兵部尚书兼东阁大学士，谥文正、忠定。有《高阳集》。

⑤ 茅元仪(1594—1640)，字止生，归安(今浙江吴兴)人。崇祯初年以荐授翰林院待诏寻参，孙承泽军务改授副总兵官。

⑥ 魏裔介：《孙征君先生传》，载《孙奇逢集》中册，中州古籍出版社2003年版，第1328页。

期间，夏峰再得征聘，终以病婉拒。崇祯四年，夏峰与鹿善继暨同乡绅士建立刘静修先生祠。夏峰以刘静修无后嗣，在沟市村有墓无祠，静修祠旧址不存，力请县令建祠，并以李希直、张希古二公为静修功臣配享。沟市村人皆为先生后辈，于维护静修墓有劳有功，为便于今后静修祠祭祀修筑，建议免除沟市村的徭役，约清明前两日同人扫墓，形成村俗。夏峰此时重修静修祠，可以看做他重申静修之志，一意平居的表现，故崇祯五年，孙承宗大凌河一着失守，茅元仪再赴北城，请夏峰出而代鹿善继，夏峰以无才无志辞。

崇祯九年，清兵再次从西线入关，掠夺畿辅人口财物。夏峰守容城得全，四周乡邑则无一幸免。鹿善继在定兴的守卫战中牺牲，年六十二岁。所幸清兵至定兴当日，鹿善继与其孙鹿化麟阖家迁容城，虽行李被掠，狼狈不堪，但性命终保。夏峰虽在这次的守容战争中万分不易，取得胜利，但容城之惨状也实在惊人。[①] 鉴于明廷朝有宦官专权，结党营私，野有起义军，外有后金部队的内忧外扰的局面，鹿善继之保卫抗衡不能幸免，包括承宗两年后的牺牲，则属意料中事。《明季北略》有云："定兴之守，是犹捧一篑以塞溃川，挽杯水以浇烈焰。"[②]诚斯言哉！

崇祯十年，温体仁指使钱谦益常熟老家的衙门师爷张汉儒指控钱谦益种种"恶行"，罪状达五十八条，已告老还乡的钱谦益无辜下狱，钱谦益连上两疏不果。张汉儒有借司礼震慑朝绅之语，于是，钱谦益委托其师孙承宗之子孙钤向司礼监太监曹化淳求救，孙钤、孙含兄弟二人前来与夏峰商议，夏峰说："司礼必不欲居此名。"果然，曹化淳在温体仁欲进一步一同打击自己时，主动出面请命，清查钱谦益一案，使张汉儒受命捏造的事实浮出水面，温体仁被清除。钱谦益曾是东林党的领袖人物，夏峰不是东林党的一分子，但其祖母是杨继盛的后代，大概因此对东林平生亲切。夏峰虽一介书生，但每在危急关头，都是东林党的忠实盟友。他记起弱冠在京师，东林名盛，褒贬都有其人，"予询学士年长者：'东林人

① 夏峰有《守容纪略》记载。

② 计六奇编：《明季北略》卷十二。

果如何？'长者云：'东林，君子也。未必人尽君子，而主盟者则真君子也。'然则摘君子者之人可知已。嗣后五十年，文章节气，大约皆东林之人也"。[1] 对于东林人之节义，夏峰甚感钦佩，因而常能尽己之力，奋不顾身。

崇祯十一年，多尔衮再犯畿南，孙承宗正退老在乡，携全家御敌，阖门遇难。夏峰携诸亲友入西山讲习避乱，筑居双峰村。双峰村靠近五峰山，北八里为洪源宫，是当年刘静修避王莽之乱定居之地，东八里为清凉寺。夏峰避居于此，文行武备，秩序井然。茅元仪、杜越诸家皆跟从，亦各有纪略。茅元仪在《扫盟余话序》中认为夏峰率亲友入双峰，与田子春率宗族乡党入徐无山相媲美，梁启超因此称夏峰为田子春后第一人。《征君孙先生年谱》曰："戊寅乃率领其宗族乡党入双峰，及兵入，从之者数县累数千百人，多衣冠礼乐之士，乃所以整齐约束之者，一如子春。不半岁难平，未及为移风易俗之事，而筑险肄战之暇，神闲气整，倡和为诗歌。"[2]陶渊明的《桃花源记》描述了一个没有战乱课税的桃花源，陈寅恪考证其历史原型出自田子春入徐无山，[3] 陶渊明诗云"闻有田子春，节士为世雄"。[4] 夏峰此时也正是以田子春自励，晚年尝云"癸未甲申则管幼安、田子春"[5]，并在《岁寒居年谱》中赞双峰"静雅荒落，险峻敞豁，别是天地，诚哉武陵桃源"。[6] 一时礼让弦诵让人忘记身处患难。后顺治十五年，夏峰门弟子王五公、魏一鳌即在其双峰

---

① 孙奇逢：《理学宗传》卷十一。

② 汤斌：《征君孙先生年谱》崇祯十一年戊寅五十五岁条。

③ 陈寅恪：《桃花源记旁证》，载《金明馆丛稿初编》，生活·读书·新知三联书店2001年版，第198页。唐长孺先生《读"桃花源记旁证"质疑》(载《魏晋南北朝史论丛续编》，生活·读书·新知三联书店1959年版)提出相反的意见，认为桃花源记依据南方荆、湘、蜀等地流传的传说结合而成。张伟然《学问中的证与悟——陈寅恪、唐长孺先生对〈桃花源记〉的解读》一文推测唐先生混淆了"五溪蛮"与"五水蛮"两地，因而发生论证的偏差。

④ 陶渊明：《拟古九首》，《陶渊明集》卷四。

⑤ 耿介：《中州道学编》卷二。

⑥ 孙奇逢撰、魏一鳌编：《岁寒居年谱》，见周和平：《北京图书馆藏珍本年谱丛刊》第65册，北京图书出版社1999年版。

旧居建双峰书院。次年回乡，经百楼，耿氏叔侄辟云鹤堂挽留，令子弟从学，客居四年。崇祯十三年，全国持续的旱灾达到最高点，为五百年不遇。饥民啸聚，夏峰在百楼组织修筑备御，使百楼在邻邑皆遭洗劫时独享安宁。鹿氏子弟杜越、陈鋐、张果中、贾三槐等举家依归。

崇祯十五年十月，清兵攻破大同，再次劫掠京城。夏峰与众亲友再次避入双峰山。夏峰仿晋人庾衮与同族庶姓于禹山誓“勿樵采人所植”，告诫同人：“我同志既避居于此，势必令人樵牧，或仆人无知，戕伐人树株，践踏人种蓄，令士人饮恨，便是我辈之不德也。”①订山居五约：一严同心，一戒胜气，一备器具，一肃行止，一储米豆。因而，崇祯十五年、十七年几入双峰都能不犯山民。山中有警，则与门弟子部署分守，谋略、兵器各行所长。夏峰弟子中有耿权者，不仅尽出家中米粟以飧同人，而且在抵御土匪的劫掠中表现出奇智，与夏峰次子奏雅编造李自成传檄文至的流言，致使土匪惧而不犯。夏峰季弟就在这样颠沛流离的生活中病逝，夏峰夜伴其吟诗遣疾，也积劳成患，几乎丧命。至崇祯十七年五月，明王朝彻底覆灭，清顺治纪元，避地双峰的生活终于结束。

鼎革之悲是夏峰的人生继弱冠之殇后经历的一次更大的伤痛，带给他的人生又一次巨大的转折。从魏一鳌据夏峰自谱所编的《岁寒居年谱》来看，这一段的转折是很明显的。鼎革以后，同人相继返家。首先，对于在患难中给予援手的耿氏家族，他表示感谢，对于举家归依的亲友族里，能在这场患难中同生死，他更觉得无比珍惜和留恋，女婿张果中、好友鹿善继的子孙侄婿及门人陈国镇各家都是世交，能相处朝夕，切磋琢磨，文人雅士过地，能倡和应答，虽患难亦觉乐地。接着，是一番道统之议论，追悼已覆的明王朝，也暗示他后半生的思考重点是如何在治统覆灭时维挽道统不失。

夏峰身为豪杰的生活暂告结束，但颠沛流离的生活并没有告终。清政府建立初，对于各地的镇压持续了二十年，劳动力严重丧

① 孙奇逢撰、魏一鳌编：《岁寒居年谱》，见周和平：《北京图书馆藏珍本年谱丛刊》第65册，北京图书出版社1999年版。

失，生产几近停废，经济凋敝。为了保证八旗军的供给，清政府实行大面积的圈占土地和投充劳动力，顺治元年、二年、四年三次圈占民地，整个直隶地区几乎都被囊括。夏峰的田园当然不能幸免，在顺治三年二月一日被占，夏峰当夜携全家逃往新安，三月抵达，暂居薛锦轩“云宿舍”，期间订《高阳孙文正公年谱》，纂《理学宗传》，修《新安县志》。顺治六年，夏峰仲兄相我公卒。丧事完，长子立雅留守墓祠，夏峰携全家南迁祁州。祁州好友刁包扫别墅挽留。顺治七年二月，留博雅、尚雅在祁州侍奉其母，其余继续南迁，四月会合于淇县西岗，五月至苏门，七月迁共城，十二月，全家会合，旅居共城。一路颠沛，夏峰仍不忘学，见宦劝善，见士劝学。时读《朱子晚年定论》《罗念庵集》，晚年学《易》便自此始。

顺治九年春，卫河使马玉笋赠夏峰田庐，夏峰率家族、子弟负薪挂角，终于有了一方安土。与各家约分田地数亩，丰歉有无共之。此后直至终年，安心讲学，进入潜心理学的阶段。

晚年的夏峰以课弟子和著述为业，远近闻风来贽者络绎不绝，从田野竖夫到朝廷重臣，夏峰有教无类。北方学人非出于门下，即受声气熏染，其中杰出者有汤斌、崔蔚林、魏裔介、耿极、赵御众等，夏峰有《怀友诗》①咏之。汤斌以监司乞养，归而受学夏峰，十年复出佐政，这段往事在整个清代被传为美谈。汤斌为官吴地，也为夏峰学南播起到了重要的作用，以后其学又传到徽州等地。如婺源学者潘竹铭喜读性理书，“手写孙夏峰先生《理学宗传》《书经近指》《四书近指》《读易大指》以自敦敕于礼经，治之尤勤”。② 一直到清代中后期，南方仍不断有读夏峰著作而兴起者。四川学者费密受父命不远千里前来从学，夏峰寄予厚望，以为北学南传；不能亲炙者亦有像嘉兴施静这样的庠生千里外驰书叩答。③ 弟子中耿极、赵御众等人虽多不为人知，但也成为夏峰学传承的重要一支，后学

① 孙奇逢：《日谱》卷三十三之四月二十九日条。

② 贺涛：《婺源潘竹铭墓表》，载《贺先生文集》卷二。

③ 嵇曾筠：《(雍正)浙江通志》卷一百七十五。

禹州马时芳即赵御众之外曾孙之孙。[①] 其后窦克勤、李礼山等，清中期倭仁，清末王少白，民国嵇文甫无不属于夏峰后学。钱仪吉叹曰："先生之教沛然大行，达于朝而上为道，揆施于野而下为善俗，其在近世，讲学诸子，风声所被，教泽所加，未有及先生者也。"[②]

夏峰晚年常以卫武公自警，学问每十年便有进境，尝言"七十岁工夫较六十岁而密，八十工夫较七十而密，九十工夫较八十而密。学无止境，此念无感懈怠，此心庶几少明"[③]，学问更为醇笃。

康熙三年初，济宁知州李夔五因刻夏峰《甲申大难录》被逮，因有康熙二年的明史案在前，闻者无不为之色变，夏峰谈笑饮食自若，曰："天下事只论有愧无愧，不论有祸无祸。"[④]因辑书，自请赴部详述，中途闻事已查清，李顺昌被释，遂返。在这次查禁野史一事中，夏峰能再次不惧不避，行所无事，用他评价金铉公的话来说皆"从深造自得中从容出之，不费矜激，不费安排"[⑤]，正可见其集义之气冲冠。事后，他对韵雅说："忧患恐惧，最怕有所。一有所，则我心无主。古来忠臣义士、孝子悌弟，只是能自作主张。无事不宜生事，有事不宜避事。学者正在此着力。"[⑥]

傅山经过共城(现河南辉县)时，曾经拜访夏峰，他在文集中记起当时的情景：

> 顷过共城，见孙钟元先生真诚谦和，令人诸意全消也。其家门雍穆有礼有法，吾敬之爱之。不知者以为世法模棱之意居

① 关于夏峰后学马时芳的思想研究，参见嵇文甫的《孙夏峰学派的后劲——马平泉的学术》，《学原》1948年第1卷第10期。

② 钱仪吉：《重刻夏峰先生集序》，载《衎石斋记事稿》续稿卷五。

③ 魏裔介：《孙征君先生传》，载《孙奇逢集》中册，中州古籍出版社2003年版，第1329页。

④ 汤斌：《征君孙先生年谱》康熙三年甲辰八十一岁条。

⑤ 孙奇逢撰、魏一鳌编：《岁寒居年谱》，见周和平：《北京图书馆藏珍本年谱丛刊》第65册，北京图书出版社1999年版。

⑥ 孙奇逢：《日谱》卷二十一之二月二十八日条。

> 多，其中实有一大把柄。人以隐称之，非也。理学家法一味版拗，先生则不然，专讲作用，故于嘉兴之魏、潞河之李、南昌之邹、桐城之左均敬爱之无异同焉。此等学问亦大，难向腐汉讲矣，而张于度颇嫌先生少近罗莎，亦其所处之势不同，有不得不然者耶？①

傅山在此解释了世人对于夏峰的两个误会，一是以夏峰调停朱、陆两家学术，而误认夏峰没有己学，尤其是朱学者，如陆陇其“叹近年来，南方有一黄梨洲，北方有一孙钟元，皆是君子，然天下学者多被他教得不清不楚”。② 而傅山认为夏峰“实有一大把柄”，这个“把柄”在于他“专讲作用”，实在是一语道破伎俩，程朱陆王的学说在工夫论上互通者极多，如果专从作用讲，那么程朱陆王之学可方便一统。“专讲作用”既是夏峰统合儒学的一大把柄，也是指引学人的一条路径。二是认为夏峰多次拒聘，是隐逸之士，他也不赞成。傅山澄清这两点，可谓夏峰知己。③ 关于隐遁，是他践行《中庸》之教而有心得，心隐身不隐，有遁世不悔之意。他说：“遁非身隐，乃心潜也，敛之则退藏于密，有暗然不显之意。圣贤第一学问是扫尽名根，一丝不挂。”④所以，夏峰遁心是要去除名心。实际上，他既不求名，也不逃名。清以前，夏峰“以名教自任，见义必为，如梁炳辱于宦寺，代白之；为割耳李节妇助葬；为割股孝子赵廷桂婚娶；为邑绅陈可行立嗣，经其家；为宦裔牛、阴两生免大

① 傅山：《霜红龛集》卷三十八杂记三。

② 陆陇其：《三鱼堂日记》卷九。

③ 夏峰与傅山相互激赏，倾慕已久。夏峰在甲申易代时便听说过傅山的事迹，其父在李自成进京时自杀，后青主散尽家财，云游四方，夏峰称其为“郑思肖一流”，入《续取节录·高尚门》。在同年的年谱中夏峰也记起他们这段相逢曰：“予向之二十年矣，不谓青主亦向予，不远千余里过视，信宿言别，似于千余里二十年相向之意太恝也。口占留之：平生性命托朋友，老至形衰心更痴。二十年来求识面，相逢恨晚愿归迟。”（见《日谱》卷十九之四月初六日条）并为傅山母亲贞髦君作志文。傅山与夏峰，是英雄识英雄。

④ 孙奇逢：《晚年批定四书近指》卷二索隐行怪章。

户；为杨忠愍族孙白冤；为邑孙国祚妻陈氏举节；为刘静修建墓祠，配享李希直、张希古；为故友牛俊臣子光祚解讼；计脱钱谦益被逮；为鹿忠节建祠殉难处”。[①] 清立朝以后，他仍然热心里俗事务，为新安广文乌萃归榇于楚；为魏县广文槐公征归榇于燕；为云南籍广文庐颂蓼筹资具棺，以身行家教表率里党。他认为，风俗之厚薄事关有司和士大夫的职责，化民成俗，难辞其责，而“道莫大于兴孝兴悌，事莫重于养生送死”[②]，“风俗之淳，人心之厚，必自慎终追远始”[③]，人心乃风俗之本，孝悌乃仁心之本也。他逝世前一个月，还为河朔孝友生申耀阳作传，记大梁亚郭之烈女祠碑建立始末，作《维风议》《救时议》《荒田议》《流寓议》《贡院议》五议，皆关风俗、制度。

康熙十四年四月二十一日，夏峰手书“江村”二字逝。乡里识与不识者皆吊，远者对其画像长号，海内闻之皆恸。时顾炎武寓居太原，闻吊唁景况，感时局、文化兴丧，作诗凭吊：

> 老不越疆吊，吾衰况疏慵。遥凭太行云，迢带过夏峰。
> 泉源日清泚，上有百尺松。忆叨忘年契，一纪秋徂东。
> 常思依蜀庄，有怀追楚龚。不得拜灵輀，限此关山重。
> 会葬近千人，来观马鬣封。倘有徐孺子，只鸡远奔从。
> 一时诸生间，得无少茅容。俗流骛声华，考实皆凡庸。
> 淄渑竟谁知，管华称一龙。我无人伦鉴，焉敢希林宗。
> 惟有师伯夷，宁隘勿不恭。嗟此衰世意，往往缠心胸。
> 回首视秋山，肃矣霜露浓。[④]

河南北学者岁时祀奉百泉书院，易州学者就故宅为双峰书院，而容

---

① 陈僖撰：《孙征君先生传》，载《燕山草堂集》卷三。

② 孙奇逢：《维风议》，《夏峰先生集》补遗卷下。

③ 孙奇逢：《孝友堂家训》，《夏峰先生集》补遗卷下。

④ 顾炎武诗题首：“孙征君以孟冬葬于夏峰，时侨寓太原，不获执绋，适吴中有传示同舍名氏者感触之意，遂见乎辞。”（载《亭林诗文集》卷五）

城与刘静修、杨忠愍同祀，保定与孙文正、鹿忠节并祀。道光八年，夏峰从祀孔子庙庭。① 以后每有文人义士过其墓，必拜谒瞻仰，低徊不已。纵观夏峰一生，弟子申涵光誉为“始以豪杰，终以圣贤”。②

夏峰的著述有《读易大旨》《书经近指》《四书近指》《晚年批定四书近指》《理学宗传》《中州人物考》《畿辅人物考》《孙征君日谱录存》《游谱》《岁寒居年谱》《孝友堂家规》《孝友堂家训》《乙丙纪事》《两大案录》《圣学录》《诸儒评》《岁寒居答问》《四礼酌》《取节录》《苏门纪事》《甲申大难录》等，主要著作都得以保存下来。康熙三十七年，夏峰次孙孙洤搜集夏峰的部分文稿及答录，编《夏峰先生集》，于次年刻成。后来公孙弘刻《孙夏峰全集》，包括《理学宗传》《孙征君日谱录存》《游谱》《中州人物考》《畿辅人物考》《晚年批定四书近指》《四书近指》《书经近指》《读易大旨》《孝友堂家规》《孝友堂家训》《夏峰答问》《夏峰先生集》等，共十三种。

其中，以《读易大旨》《书经近指》《四书近指》《晚年批定四书近指》《理学宗传》为研究夏峰理学最为重要的著作，《理学宗传》义例中所明书中评语“或取裁诸儒之论注，或独抒偶得之见闻，总欲畅明其说，共偕大道”，也适用于其他四部。此五部是夏峰对于四书五经通贯理解之结晶，都成于夏峰七十五岁以后，并于八十岁后都有修订。《四书近指》及《晚年批定四书近指》凡三十七卷，其中

① 李元度：《孙夏峰先生事略》，载《国朝先正事略》卷二十七。另见《中州先哲传》卷十九：“河南北学者岁时奉祀百泉书院，易州学者就故宅为双峰书院，而容城与刘因、杨继盛同祀，保定与孙承宗、鹿善继同祀。乾隆三年，河南巡抚尹会一秩祀。汤斌辑入《洛学编》者五十一人，于大梁书院。清朝则以奇逢及汤斌、耿介、张沐、张伯行、窦克勤、冉觐祖附并续入《洛学编》。临桂陈宏谋益以李来章增祀许州七子祠，世所称中州八先生也。而湘潭黄舒昺刊刻《中州名贤集》，又益以李棠阶、倭仁，称十先生。今同祀睢州洛学书院。道光八年，特诏以奇逢从祀孔子庙庭。子六，第四子博雅最知名，弟奇彦。顺治中以贡士知武城县有声。”（载《中国古代地方人物传记汇编》河南卷五，国家图书馆古籍馆编，北京燕山出版社 2008 年版，第 100 页）

② 申涵光：《征君孙钟元先生诔词》，《聪山集》卷三，商务印书馆 1936 年版，第 53 页。

《四书近指》二十卷，《晚年批定四书近指》十七卷。《四书近指》作于顺治十六年伊始，次第完成《孟子》《大学》《中庸》的部分，毕三个月成，是夏峰七十六岁时的著作。四年后，《四书近指》刊刻于河南大梁。《晚年批定四书近指》则为《四书近指》成书后，夏峰晚年有所得则亲笔增书于页眉。同治年间，夏峰九世孙复得稿于巩县，汇集所增，刊刻成书为《晚年批定四书近指》。《书经近指》凡六卷，辑自顺治十八年二月初十日，成于康熙元年元月，大致是夏峰七十八岁时的著作，此书在其八十三岁(康熙五年)以后有修改。《读易大旨》凡五卷，夏峰自六十七岁，初抵苏门时，与三无道人李霞表读《易》于闻啸楼①，之后博参诸家，理会易经义旨，毕十年于顺治十八年六月五日完成。这时《读易大旨》尚为初稿。五年以后(康熙五年)，夏峰开始修订《大旨》，依先下经后上经的次序，于次年六月十五日完成下经，七月二十八日完成上经，同年十二月告成。不过，夏峰告书汤潜庵："《读易大旨》近已告完，尚欲策燃烛之光，冀一朝之有闻，仍欲再为进诣，方可出质同人。"②如此又过了两年(康熙八年)，《读易大旨》的一轮修订基本完毕。《读易大旨》集二十年之功，是夏峰学《易》乃至其毕生学术的重要成果。

《理学宗传》是夏峰最重要的一部著作，这部著作主要汇集夏峰对于宋明理学的心得，目的在维汉、唐、宋、明学统所系之道统于不坠。它耗费夏峰四十余年的心血，生死不离身际，书稿几经分合、易名，最终完成。夏峰叙十一子，将北宋五子和陆、王并列道统，发前人所未发，在清代产生了很大的影响。《明儒学案》稍后完成，黎洲认为"钟元杂收，不复甄别"，"其闻见亦犹之海门"，③其实并没有太影响清代学人对此书的重视。

综观夏峰这几部著作，我们不难发现，夏峰乃意在从五经四书到汉唐宋明儒学一脉下来，申明儒家学统精义，但夏峰只对《五

---

① 孙奇逢：《读易与三无道人》，《夏峰先生集》卷十一。

② 孙奇逢：《日谱》卷二十八之十二月初七日条。

③ 黄宗羲：《明儒学案》发凡，沈芝盈点校《明儒学案》，中华书局 1985 年版，第 14 页。

经》中《易》《书》有注解，而少《诗》《礼》《春秋》意旨之掘发，没有完整阐明《五经》之义。事实上，夏峰解释的纲领乃在于周敦颐的《太极图说》和《通书》。细检《通书》，其通篇阐《周易》《四书》之蕴，兼采《尚书》之说，于《诗》《礼》《春秋》则无涉猎。夏峰在《理学宗传》卷一周敦颐《通书》之后，评曰"《图说》《通书》括尽千圣万贤之蕴，诸儒尽力阐发，总不能出其范围"，"周子于《图》发天地之蕴，于《书》阐诚明之指。辞不烦而《五经》之圣，《四书》之要，靡不包括"①。夏峰认为濂溪在《太极图书》《通书》中虽无涉及五经全体，但于五经之精蕴则阐之无遗，因而，不仅濂溪之后的儒者不能出其范围，他自己也是视之为纲领的。

对于《易经》《尚书》《四书》和理学诸子思想的意蕴阐发，其中更深意如弟子田友兰所揭示：

> 先生《读易大旨》成，而羲、文、周、孔之道传；《尚书近指》成，而尧、舜、禹、汤、文、武之道传；《四书近指》成，而孔孟之道传；《理学宗传》成，而后世诸儒之道亦无不传。②

这个解释深得夏峰之本心，他补充说："若会得源头时，经书中任从何句下手，无不可理会全体，夫子所谓一贯也。"③《读易大旨》《尚书近指》《四书近指》《理学宗传》意在发明一脉相承的道统。无论是五经还是四书，或是汉唐儒学、宋明理学皆同质同源。所谓"一贯"，在他看来就是道统的全体。

《日谱》和《夏峰先生集》是研究夏峰思想重要的参考资料，以《日谱》更为珍贵。夏峰六十岁前有《岁寒集》三十卷，六十岁后又有《岁寒续集》若干卷。康熙十七年，赵御众等选择删订，辑成《传信录》，可惜不肯示人。此时，夏峰亲故、弟子多凋零，耿保汝虽存有副本，也所剩残舛。孙淦细加审阅，所辑《夏峰先生集》十四

① 孙奇逢：《理学宗传》卷一。
② 孙奇逢：《日谱》卷三十六之正月二十六日条。
③ 孙奇逢：《日谱》卷三十六之正月二十六日条。

卷不过是总数之二三成。[①] 且不论其中一些文稿真实、意旨真切如何，就文献范围而言，《夏峰先生集》不少为夏峰早年不成熟时之作，其中晚年的作品多与《日谱》重合。《夏峰先生集》之语录即《答问》二卷及补遗一卷，所记的确切时间是甲午、乙未、丙申（即71—73岁）三年。《日谱》乃夏峰所录晚年66—92岁之间学思和生活，除69、70、71、75、87、88、89岁七年稿已不存，其余十九年，每一举一动、一言一行都留诸笔端，是夏峰晚年思想的真实记载。且夏峰向不为空言、虚言，这从他65岁制定的《新安县志》的修订义例便可以看出："节妇义夫非盖棺不得书，孝友义让不可自为乞请，子孙不得为祖父过为溢美，采访不得以喜怒而加妍媸，立传勿以不羁而掩大节，名宦须造福于地方，乡贤务有裨于风俗，矢公矢慎，勿滥勿遗。"[②]夏峰规定志的书写不能夸大或者贬曲事实，其真实性不能为作者个人的好恶左右，其文字载事之严格可见一斑。所以，研究夏峰晚年的理学思想，《日谱》是重要且信实的资料。故本文所采夏峰理学思想的材料，除《读易大旨》《书经近指》《四书近指》《理学宗传》几部夏峰亲撰书之外，尽量取自《日谱》，稍采《夏峰先生集》。

《中州人物考》和《畿辅人物考》也以这种严格的真实性为规度。但范围比较宽泛，有一事一节可以称道，便录入，偶有瑕疵也不必求全责备，但取其可取者。他明言志与史不同，志首先要具备史的真实可信。但凡不确定其生平大概者，文献不可考，即便口碑再好，也不能入选。其次志只取山川、人物、风俗、文章之美，弃其陋而不书，为激励风俗。二书主要是夏峰有感于世风"民犹是民，俗犹是俗"[③]，有意化民成俗之作，意在"不忘先哲"、"尚论其人"，夏峰认为，一地之风俗维系关键在人，尤其是道德君子的表率，可以带动一乡一国。"尝谓风俗之厚，士君子与有责焉。就苏

① 孙淦：《夏峰先生集纪事》，载《孙奇逢集》中册，中州古籍出版社2003年版，第1323~1324页。

② 汤斌：《征君孙先生年谱》顺治五年戊子六十五岁条。

③ 孙奇逢：《与李霖九》，《日谱》卷十一之正月初七日条。

门论史，称姚、许化民成俗。夫所谓化民者，必其兴孝、兴弟、兴仁、兴让者也。”①

二、学术发展历程及生命中的问题

夏峰曾用三变说总结友人鹿善继的一生②，他自己的人生轨迹亦大概如此，只是从未涉足官职。他不但人生道路经历三变，学术上也经历了三变。他说：“自少至壮，壮至老，气血有盛衰，识见有增益，功力有生熟。孔子叙志学，以及从心，因年而进。”③他认为，如果一个人在经历生理的生长过程和经历经验的增长，学术还能从少年、壮年至老年一成不变，恐怕不是一个真正亲证自得的学人。他有感于朱子学历，说“吾人一生，四五十年之内，所处□□□不同，所历生熟之境亦异，以初而概其终，以终而信其初，皆非定论也”。④ 可以看作他对自身学术转变的解释。

他回忆自己的学问规模确定以前，自程朱入学：

> 余幼读程朱书，寝食其中，不复知其他。迄余友鹿伯顺得子静、阳明集，反复流连，曰吾固意当有此也。复睹朱陆异同，姚江效诤论于建安，曰吾亦知应有此也。⑤

他中顺天乡试时，房师韦石麟在他的闱卷上批语说：“急徐丰约，一准程朱。”但此时的夏峰只是应付科考，也没有接触到程朱以外的其他学说，专心程朱学并不是由于真有体察和爱好，自谓

① 孙奇逢：《与李霖九》，《日谱》卷十一之正月初七日条。

② “吾友伯顺，四十年学三变，初重节侠，继而入官，申明职掌，老来所学，邃于理道。志趋转，议论亦随之而转。”（《日谱》卷十四之十月初六日条。）

③ 孙奇逢：《日谱》卷十四之十月初六日条。

④ 孙奇逢：《日谱》卷八之四月二十三日条。

⑤ 孙奇逢：《复题〈拳拳录〉》，《日谱》卷三十六之二月初四日条。

“时于程朱尚未有所窥”。①

到三十岁，夏峰已经备尝亲人离弃的悲痛，对于生死有了自己的体味，受鹿善继的影响，一开始读阳明的《传习录》，竟然能默有契会，于是广搜阳明学及其后学书籍求证，对阳明学说愈发佩服。“初从伯顺读《传习录》《阳明集》，微觉胸中有心，因多购儒书，共为印证，其说之透胸达背，聊无窒碍，无过此录者。”②从此奠定他为学的根基。至八十九岁自云：“论交四十载，险艰皆平康。已入姚江室，行登洙泗堂。家居以殉义，令我心彷徨。”③可见，他自始至终都以王学为根本。

夏峰六十多岁时，了解到学界关于程朱、陆王的分歧，不过那时受鹿善继、张湛虚等友人的影响，认为不必有此争论，只在己身行之便是真实学问。顺治十年四月，夏峰读《朱子晚年定论》，读到朱子晚年悔悟之说，深信不疑，进而又读《朱子全书》，称“知晦翁之学非后学可轻议”④，真正对朱子学有所得。朱子学的笃实工夫也正好对当时阳明学后学的弊病有所补益，逐渐形成他融会综合的学风。

明末清初，元代以降朱学在官方的稳固地位及王学后学的放荡虚玄，使他深信不疑的王学名声狼藉，读书人皆不读阳明书。所以能在这种环境下醉心阳明学说，非超迈拔俗之人不能也。但夏峰并没有对阳明学指点过高的问题视而不见，他深知若要振起阳明学先要救治阳明学。尤其是在泰州学派的倡导下，只论本体，不着工夫的学说盛行一时。这一弊端在阳明在世时便有所见，阳明何尝不言工夫，他说：“圣贤论学，无不可用之工，只是致良知三字，尤简易明白，有实下手处，更无走失。近时同志亦已无不知有致良知之说，然能于此实用工者绝少，皆缘见得良知未真，又将致字看太易

① 汤斌：《征君孙先生年谱》万历二十八年庚子十七岁条。

② 孙奇逢：《日谱》卷六之四月十八日条。

③ 孙奇逢：《病起述往示诸儿暨孙曾》，《夏峰先生集》卷十三。

④ 孙奇逢：《答张仲诚》，《夏峰先生集》卷七。

了，是以多有未得力处。”①王畿、王艮等人的学说并非无根之木，反而在心性问题的探讨方面见地深刻，夏峰向慕王畿、王艮之为人，在初信阳明学时，曾对龙溪学说相当倾心。但王畿、王艮之学极易被误解误用也是事实，用唐君毅的话来说，心即理只是一个推论，只是因为一部分人已经由自己特殊的生命体验在特殊的境遇下证得，可知这个推论原来不错，而对于大多数没有分证的人来说，仍然只是个推论，不可以之为已成现实。② 又因已经有人证出，可见它是可能的，需要有此信心，加强工夫。夏峰因此转提对治龙溪学的念庵学，认为念庵乃阳明之后万不可少之一人。其实念庵学实在是援程朱学的工夫入阳明的一个典范，唐君毅先生说：“聂双江、罗念庵，言归寂以通感，亦要在先识虚寂之心体，更依之以通感。此则未尝不类似朱子之教人由居敬以自知其心体之贞静，以上开性理之昭露流行之门之说。”③

在阳明的后学中能吸收程朱工夫论，并很好地融入阳明的学术中，夏峰最欣赏的是罗念庵、邹守益。在静中体求的方面，夏峰吸收了很多念庵的方法，并一直保持着静坐的习惯。虽然主静无欲为周敦颐所提，但念庵能将之发挥得不遗余力，并身体力行，这是周敦颐的简略文字所不能提示尽的。此外，由于个人生命气质的不同，他对于以程朱工夫补足阳明学亦有自己的探索。这些探索除了宏观上应对鼎革以后文化命脉的延续问题，主要还在于解决他自己生命中的问题。

这个问题便是“破惧”。他早年与鹿善继定交，二人皆尚节义。

---

① 王守仁：《与陈惟浚》，载吴光、钱明、董平、姚延福编校：《王阳明全集》上编卷六文录三，浙江古籍出版社 2011 年版，第 236、237 页。

② 阳明“心与理虽未合一，在体上原为合一。此即陆王之心理合一之本心良知之体也。然此心理合一之体之存在，在学者初只是一推论，而此推论之相对的证实，则唯在学者之自管此心此理之俱用俱发，以见有此合一或呈现此合一之处”。详见唐君毅：《中国哲学原论》(原教篇)，中国社会科学出版社 2006 年版，第 324~325 页。

③ 唐君毅：《中国哲学原论》(原教篇)，中国社会科学出版社 2006 年版，第 326 页。

鹿善继很早就服膺象山和阳明学，对于二子存天地间一段真气钦佩不已。夏峰少年便受其影响，将如何在危难之际行所无事、临危不惧，作为集义工夫之所向。他在《岁寒居年谱》四十岁条下记："破惧一段学问，第数年来奉教于此，亦不至大受累，然亦未得脱然，乃知年昔所拈以语人，离境而自谓绰绰有余者，恐当境尚未免于不足耳。"①虽然他其实已有所独立，但尚不能堪破生死关，所以他常常叹服他的朋友鹿善继能破生死之关。其后他能于党祸之中行友道救左、魏、周诸公，不能不说得力于他数年存破惧工夫的学力，后来保卫容城、出入双峰，也可谓出生入死，晚年能闻《甲申大难录》的牵连不变色，日日面对贫困和疾病不动心，亦是与他一贯做破惧的工夫息息相关。但我们很难说他这时已经于生死无所萦怀。正是因为他未能堪破生死一关，却还能有"虽千万人，吾往矣"的气概才更为难得。他对于生死常有讨论，直到生命的尽头，他仍然认为"学问以了达生死为极诣"②，要超脱生死，是一生行之不尽的工夫。

三、夏峰学术的渊源

夏峰家学渊源主要有两方面。其祖父孙臣曾直接受到邹守益次子邹美的影响。他晚年自言："少承家学，自先祖沭阳公与阳明高弟邹东廓之子讳美者，同举京兆，得闻其家学。故平生口无伪言，身无妄动，以躬行教子若孙。老夫奉父命，从季父成轩公学，此渊源之所自，而尤得良友鹿伯顺夹助之力居多。伯顺深得阳明之学者也。"③夏峰十九岁从学叔父成轩公，间接受邹东廓家学教养的影响，尚不及学术。

夏峰祖母杨安人为杨继盛再从侄女，夏峰作为节烈之门的后

---

① 孙奇逢撰、魏一鳌编：《岁寒居年谱》，见周和平：《北京图书馆藏珍本年谱丛刊》第65册，北京图书出版社1999年版。

② 孙奇逢：《日谱》终录。

③ 汤斌：《征君孙先生年谱》卷下康熙十二年癸丑二月条。

生，自幼崇尚气节。因而，夏峰对于明末东林党人极有亲近感。在京师时，无锡高景逸、关中冯少墟、吉水邹南皋三先生于神庙末年聚众讲学，夏峰企慕其人，而访学未果，遗憾抱愧。有《忆昔》诗为证：

忆昔神庙间，海内推三老。都门设讲堂，福清为主道。
时彦蔚如云，日夕资探讨。我时游京师，摄衣欲往造。
友人偶有见，寻师当自考。未几三老去，我亦竟潦倒。
今逾三十年，海内鲜盟好。后辈律前辈，方悔见未早。
初疑贤才生，天地实浩浩。曾闵为由赐，接踵人抱怀。
谁知竟不然，真人非易保。卓哉三君子，立身如日杲。
言为世羽仪，披对尘心扫。古人异代交，犹思荐萍藻。
我虽觌面违，私淑岂草草。①

其向往私淑之心由此可见。终于没有前往求学，原因除“友人偶有见，寻师当自考”，其实还有当时听说三公相约“不言朝政，不议职掌”，鹿善继“曰离职掌言学，则学为无用之物，圣贤为无用之人矣，遂不往”。②

但夏峰对于东林人士特别引重，除明末冒死义救的几位之外，金铉、高攀龙等语录文集也为夏峰所熟知。夏峰谓：“东林始自顾泾阳，嗣后，凡有儒术、事功、节义、文章著声者，大约皆东林人。”③钱穆亦称：“一时大儒硕望，南方如太仓陆桴亭，北方如关中李二曲，皆来讲学。而河北有容城孙夏峰，浙东有山阴刘蕺山，其学风所被，几分中国，迹其先皆与东林顾、高声气相肸蠁，盖亦闻东林之风而起者。”④

① 孙奇逢：《夏峰先生集》卷十三。

② 孙奇逢：《鹿忠节公传》，《夏峰先生集》卷八。

③ 孙奇逢：《夏峰先生集》卷三。

④ 钱穆：《中国近三百年学术史》，商务印书馆 1997 年版，第 21～22 页。

这两个方面的影响在夏峰的学问上表现为他对修正王学的学者和东林学人的推重。罗念庵是理学家中功名最高者，年二十五中状元，资质不凡。但他无心举业，最终在理学上有所成就。夏峰佩服念庵者不在于此，而是念庵作为现成良知派代表王畿的论友常有所规劝，其学以收摄归寂为戒惧工夫，对龙溪的现成良知足成一补充、纠正。因而夏峰提倡念庵学，不独因为自身与念庵学有契合，更因为他认为念庵缜密谨严的收敛工夫对于阳明后学的空疏工夫的纠正，对阳明学末流有所救弊。他常说念庵是“阳明之功臣、龙溪之益友”①，“姚江后万不可少之人”②，“姚江之学出之而愈长，晦之而愈光，鼓舞天下之人，至于今而不怠。姚江之时，念庵接踵而起，念庵真姚江知己、姚江功人”③，甚至以念庵为阳明之见知者纳入道统。夏峰认为在不睹不闻处戒慎恐惧是念庵学的一大把柄，也是孔门之用功真诀。④ 夏峰出入《念庵集》三十年，最终以慎独作为学说的宗旨，不可不谓受念庵的影响巨大。而其慎独以静为主，又贯彻动静，也是与念庵学一贯的。此外，他认为念庵学真，常将其痛除“将就冒任”的话作为警醒自己的信条；其推崇宋儒的态度也为夏峰所欣赏。只是二者在本体上是否着工夫的问题上见解有所不同，夏峰的工夫内在绵密不如念庵，但夏峰见之于事的胆魄更大。

如其所言，“晚得泾阳诸集，读之开豁洞达，晰义甚严而持论甚正，评人处不徇不刻，自是迩来诸儒之冠”⑤，所谓“晚得泾阳诸集”，从《日谱》记录来看，最晚不超过顺治十二年夏峰七十二岁时，书泾阳语录后，录入《理学宗传》是在八十二岁(康熙四年)时，期间揣摩涵泳，有十年。泾阳尊念庵，说“罗念庵先生曰：‘终日谈本体，不说工夫，才拈工夫便以为外道，此等处使阳明复生，亦

---

① 汤斌：《征君孙先生年谱》顺治十年癸巳七十岁条。

② 孙奇逢：《报张湛虚》，《夏峰先生集》卷七。

③ 孙奇逢：《日谱》卷三十六之二月初五日条。

④ 孙奇逢：《跋念庵答王宗沐问静》，《夏峰先生集》卷五。

⑤ 孙奇逢：《读十一子语录书后》，《夏峰先生集》卷五。

当攒眉'"①，好谈工夫，夏峰受其影响也不离工夫谈本体。此外，泾阳严儒释之辨，宽朱王之异，都是夏峰的榜样。夏峰以念庵、泾阳为阳明之见知。《理学宗传》因而列罗念庵和顾宪成为十一子中最后二子。

友学方面，师友之夹助功不可没。夏峰自幼得良友鹿善继，夏峰的父亲肯轩公称"鹿子言动不凡，殆古之狂士"。② 鹿善继父鹿正，是与夏峰义救遭迫害的东林左魏诸人的领袖者。父子皆尚节义。鹿善继"性端方谨慤，岿然如断山"③，少年时读《传习录》契合于心，立为圣贤之志。鹿善继"嗜理学书，勇于任事，似豪侠人也。入官修明职掌，力持名教，每事以慊心为乐"④，由于自得于理而能"八面玲珑，了无隔碍"，孙高阳称其"一穷通、齐得丧、忘毁誉、浑成亏"，⑤ 此乃何等人格！自夏峰少年时与鹿善继定交于杨忠愍公祠下，至夏峰弥留时手书"江村"二字而逝，鹿善继在人格和学问两方面对夏峰毕生的影响巨大。

夏峰三十岁时，开始同鹿善继读《传习录》，跃然有得，这一时期受鹿善继的影响，并奠定了他王学的根基。夏峰八十九岁自述云："论交四十载，险艰皆平康。已入姚江室，行登洙泗堂。"⑥鹿善继知学任事，常说"读有字书，却要识无字理"⑦，发挥"学而时习"之"学"义，成就了一个知行通透的人。夏峰常以之自省。此外，鹿善继合会朱陆、朱王的态度，也直接影响夏峰。夏峰回忆"某与吾友鹿江村论格物，朱王入门原有不同，及其归也，总不外

① 顾宪成：《顾端文公遗书》小心斋札记卷一。罗洪先：《寄王龙溪》，《念庵文集》卷三。

② 汤斌：《征君孙先生年谱》万历二十五年丁酉十四岁条。

③ 孙奇逢：《理学宗传》卷二十四。

④ 孙奇逢：《理学宗传》卷二十四。

⑤ 孙奇逢：《理学宗传》卷二十四。

⑥ 孙奇逢：《病起述往示诸儿暨孙曾》，《夏峰先生集》卷十三。

⑦ 孙奇逢：《鹿忠节公传》，《夏峰先生集》卷八。

知之明、处之当而已”①。鹿善继除尊阳明、象山，还有一人即罗念庵。② 这也促使夏峰对于念庵之学有一番深究，最终有所得。夏峰极称鹿善继所著《认理提纲》《寻乐大旨》为濂溪之《太极图》《通书》和张载之《东铭》《西铭》。③

夏峰的主要学说渊源则直接得益于他对于朱子学和阳明学的体认。阳明学是夏峰学说的主要来源，甚至其统合的学说特色都是受阳明的圆融的学术性格的影响。其次，其学说的来源是朱子学。为了纠正王门后学的流蔽，他在工夫论方面吸收了许多朱子学的方法，其印迹之重以至于一些学者误将他归为程朱学者。④ 一方面说明夏峰纠正阳明学心切，另一方面也反映夏峰晚年确实对朱子学愈发亲近，对于朱子、阳明的学术融合更有心得。他定居河南夏峰前，便认同朱子、阳明无非儒学之统，他说：“周之无欲、程之主静、朱之穷理、阳明之致知，皆殚竭心力，无一时一刻放下……然此皆庸德庸言，日用常行之事，只要存存不息，勿忘勿助，便是作圣工夫。”⑤实际上，阳明学以后，鲜有学者在学说的问题、话语等方面不全面受到这两位硕儒的巨大影响，而夏峰意在统合二者学说更是如此。

人格上，夏峰平生最敬爱伯淳，伯淳内能慎独，以诚对己，以诚待人，故而连他的政敌王安石都无法忌恨。发而外则可佐政，夏峰称他“儒而醇者也……得君行道，自有可观，然不用则抱道而处

① 孙奇逢：《答常二河问学书》，《日谱》卷二十七之二月初八日条。

② 贾乾初、陈寒鸣：《被忽略的晚明王学重镇：鹿善继及其儒学思想初论》，《燕山大学学报》（哲学社会科学版）2010年第3期，第31页。

③ 孙奇逢：《日谱》卷二十七之五月二十七日条。

④ 比如冈田武彦先生说：“在顾、高（引者按：顾宪成、高攀龙）的朱子学里，因为有上述那种折衷朱子陆王的倾向，所以坚守朱子学的陆稼书、张杨园、孙夏峰、陆桴亭等清初儒者，对于他们的朱子学是持批判态度的。”（冈田武彦著：《王阳明与明末儒学》，吴光等译，上海古籍出版社2000年版，第357页。）

⑤ 孙奇逢：《日谱》卷四之三月二十二日条。

耳”,[1] 与曲儒腐士临事束手自然不同。伯淳“自家体贴”天理,“鸢飞鱼跃”,“与‘必有事焉而勿正心’之意同”[2]等语,都是夏峰时常挂在嘴边勉励自己的,伯淳《识仁说》《定性书》更是被夏峰奉为座右铭。夏峰常以伯淳为己则,修养温润和粹之气。

四、夏峰学术提要及其学术性格

通过以上对夏峰人生履历的回顾,我们可以了解他虽然终身浸润于理学之中,并很早就于其中得力,但他深玩义理则应于晚年移居河南夏峰村以后。本书对于夏峰理学的研究主要集中在顺治九年(六十九岁)到康熙十四年(九十二岁)的这二十三年间,一方面,他在刚刚鼎革以后的理学态度基本上代表了他理学思想的初步确定,此后思想的发展没有大的方向上的转变;另一方面,晚年的思想才是他理学研究的结晶和精华,也是对前期思想的总结和提升。他的主要著作也都是在这一阶段完成的。

总体来说,夏峰学术本于王学,又能融会各家,视时人目为水火的程朱、陆王两家并育不害,尤其在工夫论方面主张居敬慎独,非常接近程朱一派内在收摄探求的一面。夏峰早年常常强调求放心的工夫在于去其不善存其善,愈到晚年工夫愈纯熟,其内心自然光辉,常无愿外之思,但仍无丝毫懈怠,转而一味强调一个敬字。在本体和工夫二者之间,他尤着意工夫。他认为本体人人相同,而人却有贤愚的分别,只是因为各人工夫不同。夏峰以慎独工夫统括所有的工夫。他所谓的慎独即以自己信得及此心、此性与理不二出发,推求人返回本心,扩充本性,兢兢戒惧,时时处处与天理相验证,于静中观照,动中体察,渐次分证,使本心为正而不走失。工夫历久则能与流行大化之理相合为一,于艰苦中获得内心平静的愉悦,从而使心之发用相续不断。

① 孙奇逢:《理学宗传》卷二。

② 程颢、程颐著,王孝鱼点校:《二程集》河南程氏遗书卷第三,中华书局 1981 年版,第 59 页。

夏峰的学术与其人格相表里，有着独特的性格。正是他有这样的人格从而塑造了他这种学术个性，反过来，理学也滋养造就了这样的人格。我们可以从三个方面概括他的学术性格：崇古、笃实和宽容。了解了这三个方面，有助于我们澄清为什么他在理学走向衰微的关头要重整理学，在学术界程朱陆王的口诛笔伐之争中兼而取之，以何种标准取舍品评诸家学说，又开出何种救治理学之蔽的良方等问题。

(一)崇古——“第折衷于孔孟”

对于先儒谈辩的问题，他说：“我心有不安者，不必曲为解，第折衷于孔孟而已。”①

夏峰认为所有圣贤的思想在本质上都是一致的，但各家毕竟思想体系各异，对于经典的诠释各有侧重，在有些具体问题上观点甚至是矛盾的。对此，夏峰主张依孔孟为标准，所谓“以孔孟之旨折衷诸儒之论”②。对于孔、孟之异，尽量以孔子的思想为准的，解释孟子的思想。以儒学的两种重要的历史形态，汉学和宋学而言，汉学偏重考据，宋学偏重义理。宋学中，个人的理解在经典再现中表现出的差异尤为明显，发展到明学则更为突出，因而，对于后来的学者而言，要把握其中的精髓，首先要分辨的是他们思想中的经与权，常与变。生命的真实性是经、常，生命的个体性是权、变。由于经义本身的复杂性，诠释者的立场、视角、境遇、气质的差异，使得其对先贤及其经典的理解也不同，从而使儒学呈现出多面复杂的情况。每一位能自得的学者，必然在深厚的历史积淀中重新树立自我，以生命激活经典，所谓“人能弘道，非道弘人”是也。在夏峰看来，原始儒家作为儒学的建立者，经更多于权。他们的思想和生活实践是不偏不倚的中庸之道的典范，因而，是儒学的正宗和标准。尤其是对于明末王学的流弊，以孔孟的思想来矫正无疑是最有效的。

---

① 孙奇逢：《日谱》卷二十一之正月二十三日条。

② 孙奇逢：《日谱》卷十五之二月初五日条。

因此，明末清初提出恢复孔孟的思想来挽救儒学成为一种潮流。实际上，只是学者们以所理解的原始儒家的要旨回到孔孟。

(二)笃实——“极高远总不离真卑迩”

夏峰讲学总是从最切近的地方入手，虽然最后指向高远的天道，但他时刻不忘提醒学人上达必须要下学，工夫即是本体所在，没有无工夫的本体；顿从渐来，渐中有顿，虽不必避讳言悟，但悟终由修而至。对于夏峰，阔论本体不如实实潜修。夏峰曰：“返顾生平，虽所见有时而迁，而独知之地不敢自欺，识得天理二字衡准经纬，原是千圣真血脉，非语言文字承当，故说个心即在事上见，说个己即在人上见，说高远在卑迩上见，说上达在下学上见。战兢惕励，不敢将就冒认者，只是慎独而已。数十年来奉教于师友者以此，印证于同学者亦以此。”①工夫从卑迩着眼是作为夏峰核心思想的工夫论的最大特色。

(三)宽容——“小德之川流”

夏峰对于儒家内部不同时期的派别，有着极其宽容的态度。他对于宋明儒学总体评价较低的汉学能有相当的肯定；对于明晚期深受学者诟病的泰州学派等都能比较同情，夏峰早年非常欣赏王畿的学说，对王畿的为人也很倾慕，常以王畿晚年不顾高龄游学为自己的榜样。后来顾及其理论的影响，才将重点放在对他学说的矫正上，但最终还是将其收录在《理学宗传》中。在夏峰看来，学在为己，从各家中有所得才是收获，各家学说虽各有异同，但总体上是“小德之川流”，不影响“大德之敦化”。因而，清中晚期的学者不少力倡朱学者也不排夏峰，不独由于他人格感召的力量，也因为他能宽容平和对待诸家学术，赢得后人的尊敬。

夏峰对于程、朱、陆、王各家皆有所取，大体上，我们不妨说他是以陆王之本体论统合两家，以程朱的工夫体系为主，辅以陆、王的直接圆融的工夫学说，来构建他的思想体系的。程朱陆

① 孙奇逢：《日谱》卷三十六之二月初十日条。

王在各自的立场上本来先天具有可会通之处，是夏峰融通二者的思想基础。比如，程朱以性理为本体，对于象山和阳明而言，这是他们共同承认的理论前提。朱子和阳明在工夫的最后，无不承认伊川所谓“感与应而已”的总结。无论是朱子还是阳明，其对于工夫的讨论都是如何可以自然地实现自然之道德本体。朱子的理论系统中，以性理为本体，因而他追求不费安排的保持本性天理的工夫；阳明以本心为本体，因而关切不动本心的心上工夫，王门后学中归寂派和现成良知派的工夫皆由此而发明。虽然由本体不同产生了方法和路径上的差异，但是在以本体之自然求合乎本体自然的工夫上，二者是一致的。更为重要的是，他们共同视道德伦理为天地之自然，而不是抛却道德的自然，又是与佛、老不同的。夏峰所融会者，即是在求为圣人的大前提下，继承二者本体和工夫的自然面向，不断精进工夫，以自然之工夫修养身心性，最终复归于人之自然本体。

追求德性的自然面向是程朱、陆王的共同精神所在。人的道德本源本就授自于自然的客观面。所谓追求德性的自然面向，指人对于道德力的保持和创造尽量注重减少人为造作的方面，就其结果而言，其道德主体与原来赋予道德本体的自然相一致。这一面向体现在是否要在本体上着工夫，是否要在工夫上费安排等问题中。这些问题将广泛见于本书的讨论。

总之，这三个方面是解读夏峰思想的关键。“第折衷于孔孟”可谓“会源”，“小德之川流”可谓“统宗”，无论是“统宗”还是“会源”，总不离工夫的修持，所谓“极高远总不离真卑迩”。三者都可以说是入学的起点，孔孟之道看似卑迩，其实高远，高远寓于卑迩之中，儒家各学派之说看似繁难，其实又切近，其最终总是要归于孔孟之道的大源之中。孔孟之道，可以说是学思的归向，但说到底，不过是要能行之于身，验之于心。因而，也可以说“极高远总不离真卑迩”便就是目的，就是要在日常中行之之道。三者在夏峰的学术中是互相支持的。

“小德之川流”的宽容精神在这一时期并不多见，多数学者只是守定一家之言，并以专意一家之言为美德，所以夏峰、二曲这样向来禀宽容态度的学者却往往受到专朱、专王二家的讥讽。[1] 但就清初期学人的思想而言，回到孔子之道、注重践履的精神从晚明开始便有端倪，且是整个时代的风气。东林党人、刘蕺山等人都非常注重这两点，而各家将这两点与自己的学说相结合的关联点却不同，可谓各具特色，我们仍有必要逐一分析。

① 唐鉴说："后夏峰、二曲尚多骑墙。"见《学案小识》卷五《翼道学案 雷鋐》。

第三章　夏峰学说的起点：理气论

正如夏峰所认识到的那样，理气的问题非常复杂。宋代理学发展伊始，理学家们对于理气的关系并没有明确详细的阐述，朱子以前学者对于理、气多分别言说，到朱子才开始详尽地探讨关于理、气的聚散、同异、强弱等问题，并初步涉及理、气之间相互作用的问题。根据已有研究，大体上，朱子的理气学说有以下几个方面：理气不离不杂；理气先后；理生气；理乘气动；理气同异；理气强弱。[①] 这几个方面基本上奠定宋明理学中理气说的间架。朱子理气学说的目的之一是破告子、释氏之说。朱子认为告子与佛教皆有认气为性的问题。告子的“生之谓性”混淆了理、气二层，是“指形气之生者以为性，而谓人物之所得于天者亦无不同矣”。[②] 告子之

---

① 其中理先气后、理同气异的观点在朱子思想的前后期都有变化。详见陈来：《朱子哲学研究》本论一，华东师范大学出版社 2000 年版。姜广辉认为，朱子晚年持“理气先后取消论”，但“没有最终从理气先后的悖论中走出来”。详见《朱熹哲学余论》，载钟彩钧主编：《国际朱子学会议论文集》(上册)，台湾文哲研究所筹备处，1993 年，第 778 页。金春峰认为，朱子始终坚持“理不先，气不后”，理气不离不杂。详见金春峰：《朱熹哲学思想》第三章，台湾东大图书公司 1998 年版。此外，关于理依气行，理气先后，详见冯友兰：《中国哲学史新编》(下卷) 第五十四章，人民出版社 1999 年版；关于理气不离不杂，理强气弱，详见刘述先：《朱子哲学思想的发展与完成》第六章；此外，关于理强气弱，还见于董金裕：《朱熹的气强理弱说及其地位》，载钟彩钧主编：《国际朱子学会议论文集》(上册)，台湾文哲研究所筹备处，1993 年；劳思光：《新编中国哲学史》三卷上，广西师范大学出版社 2005 年版，第 219 页。

② 朱熹：《答程正思》，《晦庵集》卷五十，《朱子全书》册二十二，上海古籍出版社、安徽教育出版社 2002 年版，第 2328 页。

“生”不过是人、物都具备的“知觉运动”，是气之所为，而告子误认“知觉运动”为理层面的“性”。他认为，“性”是仁义礼智，因为理一分殊，本为人、物都具备的，但物不能全禀，又不能推扩，因而独为人所有。在朱子看来，释氏的问题同样是以气层面的“知觉运动”为性，释氏所言“性”是儒学的“心”，释氏所言“心”是儒学的“意”，因而释氏的“性”着不得理，只是空。这种现实的理论关怀，使他充分吸收横渠和伊川的思想，在某些地方甚至不惜调整孟子的说法。试举两例详之：

其一，朱子说“人物之性本无不同，而气禀则不能无异耳，程子所谓率性之谓道，兼人物而言，又云不独人尔，万物皆然者，以性之同然者而言也，所谓人受天地之正气与万物不同”，又说“性只是理”，“理则初无二也”，“《孟子》说中所引，乃因孟子之言，只说人分上道理。若子思之意，则本兼人、物而言之也”。[①] 这表明朱子赞同人、物性同而气异。孟子虽也强调人通过气的工夫(存夜气)以别于禽兽，“人之所以异于禽兽者几希”(《孟子・梁惠王下》)，但人禽之别在性不在气。

其二，朱子认为天地之后，此气常运有此身，“人自有生而有血气之身，则不能无气质之偏以拘之于前，而又有物欲之私以蔽之于后，所以不能皆知其性，以至于乱其伦理而陷于邪僻也”。[②] 这秉承了伊川“大抵人有身，便有自私之理，宜其与道难一”[③]的思想，和孟子所认为的性、情、才皆善的思想不相符，成为后来反程朱和反理学的一个重要口实。

尽管朱子理气说中仍存在着重重问题，并在后世受到不少批评，但是朱子的理气学说几乎已经提出了这一领域的所有问题，并形成基本的讨论框架。而且，理气学说在朱子学中占据着根本的地

① 朱熹：《答徐元聘》，《晦庵集》卷三十九，《朱子全书》册二十二，上海古籍出版社、安徽教育出版社 2002 年版，第 1758 页。

② 朱熹：《经筵讲义》，《晦庵集》卷第十五，《朱子全书》册二十，上海古籍出版社、安徽教育出版社 2002 年版，第 691、692 页。

③ 程颢、程颐著，王孝鱼点校：《二程集》河南程氏遗书卷第三，中华书局 1981 年版，第 66 页。

位。但在夏峰所编撰的《理学宗传》中，关于朱子的理气学说只录有一条，其中节录朱子书信《答徐子融》："盖天之生物，其理固无差别，但人物所禀形气不同，故其心有明暗之殊，而性有全不全之异耳。若所谓仁，则是性中四德之首，非在性外别为一物而与性并行也。然惟人心至灵，故能全此四德而发为四端，物则气偏驳而心昏蔽，固有所不能全矣……若生物之无知觉者，则又其形气偏中之偏者……"①夏峰手批云："此分疏世间几个大眼目字与几件大节目事，最为明析，可以折衷诸家之说。"所谓"几个大眼目字与几件大节目事"即指理与气，而"折衷诸家之说"是指朱子在前人性异与性同的学说矛盾中取得平衡。夏峰接受了朱子以理一分殊和气禀偏全的学说解决诸说之纷异，并进一步援引罗钦顺、杨东明及刘宗周等补充朱子的理气学说，建立其自己的理气学说，并成为他理学思想的基石。

在了解夏峰的理气观之前，我们有必要澄清一个问题，即什么是"理"。这是一个很难回答的问题，其定义只能以描述性(descriptive)而很难以规范性(prescriptive/normative)的语词界定，而且不同的理学家对"理"的理解不同，因而他们眼中的"理"的品格也就相应地不同。就朱子的"理"而言，陈荣捷先生认为："理是一，是普遍，是全善。此即太极。万物无论植物与无知觉之伦，都涵有理在其中。理是具体的。理是自然，当然而必然。理同于道，但理亦为条理或模式。"②葛瑞汉先生认为"在新儒家心目中，组成理的两个基本概念：'伦理道德之理'(moral principle)和'自然之理'(natural principle)"，而不是像李约瑟所译的"moral law"和"natural law"，因为"理"的含义中并没有一个立法者凌驾于人性和宇宙之上的意义，"对于宋代哲学家来说，理是自然而然要遵循的

① 孙奇逢：《理学宗传》卷之六；朱熹：《答徐子融》，《晦庵集》卷五十八，《朱子全书》册二十三，上海古籍出版社、安徽教育出版社2002年版，第2766、2767页。

② 陈荣捷：《陈淳〈北溪字义〉英译本：导言》，《朱学论集》，华东师范大学出版社2007年版，第323页。

一条路线，而不是人们必须服从的法令；理是自然的，立法者的观念与他们格格不入”。[①] 这一观察并非适用于所有宋代理学家的“理”的概念，比如伊川说“大抵人有身，便有自私之理”，不仅善有善之理，恶也有恶之理，又比如陈淳便认为理主宰气，具有强制力，都与朱子有所不同。但是就朱子而言，这一论断无疑是再贴切不过。冯友兰也说：“气是事物生长存在的‘质因’，也是其‘力因’。”整个宇宙的“流行”不需要“第一动者”，“它的动力就在它的本身之中”。[②] 陈来先生认为“理学中所说的‘理’，其中两个最主要的意义是指事物的规律和道德的原则”，而“道德原则实际上是宇宙普遍法则在人类社会的特殊表现而已”。[③] 他以规律和法则来解释这个“理”，正如以上所引葛瑞汉所言，朱子的“理”不带有任何强制服从的含义，而规律和法则却隐含了强制这一意义，如果人不能遵照规律行事则会受到相应的惩罚，这逸出了朱子“理”的含义，也是以唯物辩证法的框架解释理学而不加进一步界定所表现出的局限。

总体上，朱子的“理”是自然与当然。自然就是朱子所谓“无情意、无计度、无造作”[④]，“理”不具有主宰力，更不具有本源性[⑤]。

---

① 葛瑞汉著、程德祥等译：《中国的两位哲学家：二程兄弟的新儒学》，大象出版社2000年版，第47页。

② 冯友兰：《中国哲学史新编》(下卷)，人民出版社1999年版，第158页。

③ 陈来：《宋明理学》，华东师范大学出版社2003年版，第126页。

④ 黎靖德辑：《朱子语类》卷一，《朱子全书》册十四，上海古籍出版社、安徽教育出版社2002年版，第116页。

⑤ 朱子说过：“人物在天地之间，其生生不穷者，固理也，其聚而生、散而死者，则气也。有是理则有是气，气聚于此，则其理亦命于此。今所谓气者，既已化而无有矣，则所谓理者，抑何而寓耶?”(《答吴伯丰》，《晦庵集》卷五十二)理是“生生不穷者”，非“所以生生不穷者”，理非生物之本源之意，正如冯友兰先生所说理是生生之物之性质的意思。详见冯友兰：《中国哲学史新编》下卷，人民出版社1999年版，第151～152页。朱子认为，天地之大本是君王之心，说到底是仁，而不是在世界背后的那个自然之理，即牟宗三先生所谓“超越的所以然之形上之理却并无创生妙运之神用”。详见牟宗三：《心体与性体》上册，上海古籍出版社1999年版，第316页。

当然指应然与实有。陈淳说："理有能然，有必然，有当然，有自然处。"①但陈荣捷说"必然"却未必，就理想层面而言，所达到的极至在理，是必然；但就现实层面而言，天理并不能在人完全呈现，又不必然。正是因为理不必然，所以人对于存天理的道德的追求才可以是自由和纯粹的，出于自愿自觉，而不会陷入为道德而道德的悖论。因而在朱子这里，虽然始终存在理、气不能合一的遗憾，理、气的关系仅仅是挂搭、依傍，但又恰恰是源于自然主义的理气二分使朱子在天理的设定上非常高明，它只是人伦事物背后自然而然运行的道，与先秦儒家文献对于道的描述非常符合，它可以"极高明而道中庸"，是"百姓日用而不知"的极好诠解，而不是像后世所误解的那样以道德压抑人性。

从陈淳开始，"理"具有主宰力，他认为气"必有主宰之者，曰理是也"②。这一论述在朱子的学说中也可以找到依据，朱子说"心固是主宰底意，然所谓主宰者，即是理也"③，这是朱子解释心何以能作主宰的原因，不代表他承认理主宰气，相反，他认为落实到现实层，气掌握了完全的活动力，理管摄不住它。因而，理之于气的道德约束力是不足的。陈淳的"理主宰气"也是对于朱子"理"的这一不足的对治。后来，元代的吴澄、明代的顾宪成也都持"理主宰气"说。④ 因此，在他们的"理"中便多了一层"必然"的含义。

一、理以主宰乎气，气以运旋乎理

夏峰的理气观大致可以概括为以下几点：

---

① 陈淳：《北溪大全集》卷六。

② 陈淳撰，熊国祯、高流水点校：《北溪字义》卷上《命》，中华书局1983年版，第1页。

③ 黎靖德辑：《朱子语类》卷一，《朱子全书》册十四，上海古籍出版社、安徽教育出版社2002年版，第117页。

④ 吴澄：《答人问性理》，载《吴文正集》卷二；顾宪成：《小心斋札记》卷九，载《顾端文公遗书》。

（一）理气不离不杂

夏峰理气不离不杂的立场和朱子是一致的。夏峰曰：

> 孔子言易有太极者，言阴阳变易之中而有至极之理，是就气中指理以示人。周子无极而太极，言虽无声无臭之中，而有至极之理，则专以理言无极而太极，天地之性也，以不杂者言之也。太极动而生阳，静而生阴，气质之性也，以不离者言之也。总之一太极。天地之性，气质之性，一而二，二而一者也。孟子"道性善"，言其不杂，程子谓"善固是性，恶亦不可不谓之性"，言其不离。①

在他不离不杂说的背后，含有对孟子"道性善"和程子"恶亦是性"的两个学说加以折中的意图。其途径是援用朱子的以气禀释告子和佛学的方法来解释程子的"性恶"。因为不杂，理自是理，气自是气，性即理，所以当然是全善的。但理气又总是相即不离的，表现在人，则性气不离，事实上不可分开，气禀遮蔽天地之性时，善亦是性，恶亦是性。

孟子道性善，按照伊川"若乃孟子之言善者，乃极本穷源之性"的思路，朱子进一步发挥"'极本穷源'者，是就人所禀之正理对气质之性为说"②。这也就是"天理不杂气质"而言，是夏峰所指出的"不杂"。但是，对于程子说"恶亦不可不谓之性"的这个"恶"，朱子不是以气来解释的，他将性分为天地之性和气禀之性，那么，这个"性恶"直接可以理解为气禀之性。

如果按照朱子的划分，性有天地之性和气禀之性的差别，无论怎样界定天地之性的纯粹，无疑还是要承认有一种叫做气禀之性的性是不善的，这与孟子道性善相违背。于是，夏峰要在保证孟子和

---

① 孙奇逢：《日谱》卷三十四之七月十四日条。

② 朱熹：《答吴伯丰》，《晦庵集》卷五十二，《朱子全书》册二十二，上海古籍出版社、安徽教育出版社 2002 年版，第 2455 页。

伯淳二者都无误的前提下，否认有所谓天地之性、气禀之性的划分，使“性”就是天地之性，而“恶”的来源归于气禀，而非气禀之性。所以他借助于朱子理气不离不杂的理论，以气不离理说明伯淳所说的“性恶”。那么，这一解释是否成功呢？

可以说，这一解释可以说明“恶”的来源，但不可以说明伯淳所谓的“性恶”。因为气禀的浑浊遮蔽了天理的光明发见，所以有恶的产生，但是这丝毫没有减弱天理本身的光明和人性本然的至善。虽然理气不离，但也不杂，性是性，气是气，二者不能混而为一，如果要坚持“性是善的”这样的统一性和性气不杂的性的独立性，那么善性就不会因为气的遮蔽而改变性质，变成恶的。夏峰的解释之所以有这样的困难，就是因为他的目的是要规避朱子在道性善解释上存在的不完善之处，使理气不离不杂，无论是在理想还是现实的层面上，都确立性善论的普遍有效性。所以，如果我们承认他在现实层面上论气不离理导致了“恶亦不可不谓之性”的话，其结果只能是又回到了朱子有所谓气禀之性的立场上。

但夏峰的理气不杂不离说又对朱子的理气不离不杂说有所推进。如上所述，朱子认为，理气不离不杂是说明理与气一而二、二而一的关系。夏峰认为，在不杂和不离中，朱子比较偏重不杂的一面，他说：“就气认理，认气为理，两言明有分别，在人善观而默识之。朱子终身认理气为二物，其言曰气强理弱，理管摄他不得。”①这段话是夏峰读到罗钦顺的相关论述而在《日谱》中作的记录，罗钦顺原文如下：

> 理须就气上认取，然认气为理便不是。此处间不容发，最为难言，要在人善观而默识之。只就气认理与认气为理两言明有分别，若于此看不透，多说亦无用也。
>
> 周子《太极图说》篇首无极二字如朱子之所解释可无疑矣。至于“无极之真”，“二五之精”，“妙合而凝”三语，愚则不能无疑，凡物必两，而后可以言合。太极与阴阳果二物乎？其为

① 孙奇逢：《日谱》卷七之九月十四日条。

> 物也，果二，则方其未合之先各安在邪？朱子终身认理气为二物，其源盖出于此。愚也积数十年潜玩之功，至今未敢以为然也。尝考朱子之言有云“气强理弱，理管摄他不得”，若然，则所谓太极者又安能为造化之枢纽，品物之根柢邪？惜乎当时未有以此叩之者，姑记于此以俟后世之朱子云。①

夏峰对此非常认同，记于《日谱》，并录入《理学宗传》中。只是出于不妄议前贤的习惯，在《日谱》中只是择取了同意罗钦顺的观点，而没有涉及评论，但明显他是不赞成朱子“认理气为二物”、“气强理弱”的。罗钦顺不能认同朱子“终身认理气为二物”，并不是说他自己是将理气看作一物的，只是在强调理气不仅不离且不曾隔断而已。何以见得？他说“理须就气上认取，然认气为理便不是”，“就气认理与认气为理两言明有分别”，这说明他是明确认可理、气是不可混淆的，并赞成朱子对于“认气为理”的批评。在朱子看来，告子、佛学混淆心性，以心为性的根本原因就在于他们“认气为理”，误以气的知觉运动为理的流行，所以，无论如何理气是不能混而为一的。这一点也是后来朱子理气学说的批评者们所坚守的底线，无论是薛瑄、罗钦顺还是刘宗周都非常认同。但是，在作用上，朱子也坚持理、气的这个分别，在他的系统中理与气除了理依附气的关系，二者没有任何实质性的联系。② 这正是罗钦顺所谓“终身认理气为二物”之所在。理在朱子的学说中不仅不能主宰气，反而“气粗理微”，不能胜过气，那么，《易传》说太极是造化之枢纽、品物之根柢，依据何在？

不独如此，如果不联系理对于气的主宰这个纽结，那么心何以主宰人之身，使它顺着理去行事，也就难以解释。没有理的主宰，

---

① 两条见于《理学宗传》卷二十二 罗钦顺，也见于罗钦顺《困知记》卷下，明万历刻本。

② 朱子有“理生气”一说。详参陈荣捷：《“理生气也”》，《朱子新探索》，华东师范大学出版社 2007 年版。但这是为了应和周敦颐《太极图说》中的“太极生阴阳”而来，在朱子的理气说中地位不高，在整个体系中也很勉强。

人的行动只能全靠气的知觉运动，性的作用何以体现出来？使人怀疑气是身之主宰。所以夏峰说：

> 太极生两仪，两仪生四象，四象生八卦，以递相生于无穷。总之，理与气浑渝黯淡于其间，欲分之而无可分，欲合之而不待合。人为万物之灵，得其醇气独厚。孔子曰“性相近”，盖人与人相近，与物则相远矣。孟子曰“性善”，人性皆善，物性则有不善矣，如专以知觉运动为性，理于何归？专以理为性，气于何往？理以主宰乎气，气以运旋乎理，上下四方往古来今，无处不充周。圣人尽性，所以能联宇宙为一家，为一身。性中一点灵妙处，告子既不知，恶能尽天命谓性？故尽性能参天地赞化育。①

夏峰提出“理以主宰乎气，气以运旋乎理”，理仍然居于气，但不再只是事物背后那个自然而然运行的理，它可以为气的运旋指出应有的方向。也因此，理与气之间的隔阂被打通，上下古今往来的气都是因为理在作用和表现。只要能尽一人之性，便能尽宇宙之理，运旋一身之气，便能与天地大气周通，这一身之气所运动者无不是性的显现。人于是可以顺着理行事，在日用伦常中尽天命。

朱子虽向来认为“气强理弱”，但他也一直强调“必使道心常为一身之主，而人心每听命焉”②，他认为通过工夫，人还是能将气强理弱的局面扭转过来。在这里，夏峰是视理强气弱为当然的。

（二）理气无先后

理气无先后说是理气不离不杂说的一个推论。朱子的理气说一直在“理气无先后”和“理气有先后”二说之间游移，因为太极生阴阳，所以理生气，理在气先；同时，理和气不离不杂，无气则理无

---

① 孙奇逢：《日谱》卷十四之十一月十五日条。

② 朱熹：《中庸章句序》，《四书章句集注》，《朱子全书》册六，上海古籍出版社、安徽教育出版社 2002 年版，第 29 页。

所依存，气在理先。① 他说："所疑理气之偏，若论本原，即有理然后有气，故理不可以偏全论。若论禀赋，则有是气而后理随以具，故有是气则有是理，无是气则无是理，是气多则是理多，是气少即是理少，又岂不可以偏全论耶？"②因为本然的理无偏全，而下落到气的理是有偏全的，从本原和禀赋两个层次说，理先气后和气先理后分别对应理想和现实层面，都可以说得通。冯友兰先生以理逻辑在先解释理先气后，只说了一半。从气禀上说，气也是逻辑在先的。

对此，夏峰赞同刘蕺山的看法，认为：

> 理气之说，纷纭不一。有谓理生气，有谓理为气之理者，有谓有是气方有是理者。迩刘念台云："理即是气之理，断然不在气先，不在气外，知此则知道心即人心之本心，义理之性亦即气质之本性。"一切纷纭之说可以尽扫矣。③

---

① 陈来先生认为，朱子经历理气无先后到理先气后的转变，理先气后说的内容又由理生气转变为理逻辑在先。详见陈来：《朱子哲学研究》，华东师范大学出版社 2008 年版，第 10 页。姜广辉在《朱熹哲学余论》（详见《国际朱子学会议论文集》上册，台湾文哲研究所筹备处，1993 年，第 9～10 页）中认为朱子在理气先后问题上经历四阶段：59 岁前，理气无先后；59—65 岁，理先气后；65—70 岁，本无先后，必欲推其所从，先有是理；69 岁以后，理气先后取消论。这个划分基本上认为朱子的理气说是在"理气无先后"和"理先气后"二说之间徘徊，固然可以在一定程度上体现朱子对于理气问题的态度的演进，实际上，朱子为强调气之主动性，在理先气后论的同时还提出气先理后，值得注意。

② 朱熹：《答赵致道》，《晦庵集》卷五十九，《朱子全书》册二十三，上海古籍出版社、安徽教育出版社 2002 年版，第 2863 页。

③ 孙奇逢：《日谱》卷三十四之八月二十六日条。刘蕺山说："理即是气之理，断然不在气先，不在气外，知此则知道心即人心之本心，义理之性即气质之本性，千古支离之说可以尽扫，而学者从事于入道之路，高之不堕于虚无，卑之不沦于象数，道术始归于一乎！"详见孙奇逢：《理学宗传》卷二十五 刘宗周。

夏峰以上所说，其实各有代表，朱子曾于不同角度述其合理，诸学家各持“理生气”说、“理为气之理”说、“有是气方有是理”说。[①]薛瑄、罗钦顺的“理为气之理”否定了理之独立无所依持的可能性，刘蕺山“有是气方有是理”强调气为理存在之前提的地位，在肯定薛、罗的“理为气之理”的条件下，进一步创造性地解释朱子的“理生气”说，“但既有是理，则此理尊而无上，遂足以为气之主宰，气若其所从出者，非理能生气也”。[②] 在蕺山看来，理因其至尊的地位，使它成为气的主宰，这样，气从属于理，便好像是从理中生出，并不是理真的可以生气。夏峰对于蕺山“理不在气先，不在气外”的说法非常赞同，可以说是他理气不离学说的一个补证。

其实，蕺山的“有是气方有是理”说与朱子本意相差不大[③]，在我们以上所引的文字“所疑理气之偏，若论本原，即有理然后有气，故理不可以偏全论。若论禀赋，则有是气而后理随以具。故有是气则有是理，无是气则无是理，是气多则是理多，是气少即是理少，又岂不可以偏全论耶?”[④]中，禀赋论的立场与蕺山观点是一致的，只是后学中往往强调“理在气先”者多，“气在理先”者寡，加之朱子“理生气”又被编入《性理大全书》，其流行传播广，更造成朱子只强调“理在气先”的印象。结果是更加助长了明中后期以降，阳明后学重本体轻工夫，以为有一个独立于气之外的洁净空阔的理

① 刘宗周的原话是：“有是气则有是理，无是气则理于何丽?”前一句话说明有气是有理的充分条件，后一句话足证有气为有理之必要条件，可得出“有是气方有是理”的推论。详见刘宗周：《学言》二。

② 刘宗周：《学言》二。

③ 李明辉先生认为，“就主张‘气质之性即义理之性’这一点而言，蕺山和朱子的观点其实并无太大的不同，其不同只是用语上的不同，即是：蕺山所说的‘气质之性’即朱子所说的‘天地之性’(朱子未使用‘义理之性’一词)。是故，蕺山反对‘义理之性’与‘气质之性’之区分，其本意或许主要是针对朱子，然就其实，此种批评毋宁更适用于横渠、伊川。这是过去的许多学者所忽略的。”详见李明辉：《刘蕺山对朱子理气论的批判》，《四端与七情》，华东师范大学出版社 2008 年版，第 125 页。

④ 朱熹：《答赵致道》，《晦庵集》卷五十九，《朱子全书》册二十三，上海古籍出版社、安徽教育出版社 2002 年版，第 2863 页。

世界，一朝顿悟入，则无需工夫修养的流弊。虽然，理气学说发展到明末，已经发生了许多细节的变化，尤其是理气关系越来越密切，在此无法详论，但总体上，蕺山的批评更多是从救治朱子理气产生的影响而来，倒是和朱子真正的态度颇相契合，其致力于提升工夫论的动机也遥遥呼应了朱子的精神，与其说是批评，毋宁说是补正。类似的学术环境以及相同的文化忧虑使夏峰对蕺山的这个论断独有会心，职是之故，他丝毫不加评判地将所读蕺山之论写进当日的日谱。

（三）理强气弱

理强气弱说是夏峰理气不离不杂说的另一个推论。夏峰的理气不离不杂学说中，“不离”包含了理主宰气的意义，因而理强气弱是它的一个推论。而其哲学的意涵主要在于挺立人的道德主体性。在朱熹这里，有气必有理，气有清浊精粗，虽说气强理弱，但气不一定是恶的。到了阳明，“只在汝心，循理便是善，动气便是恶”①，气成了和理完全对立的恶的东西，如果再延伸气强理弱，无疑恶便成了必然，在人扬善去恶之前便要背负这个莫须有的道德包袱。夏峰不主张气全是恶的，他将气分为善、恶两种，所谓“性无善恶而气有邪正”。② 性无善恶是说性无善恶之相对，都是善的；气有邪正，正气可以配理，邪气足以克理，后者即是朱子气强理弱表现的一种比较坏的情况。朱子“气强理弱”说凡两见，都在《朱子语类》卷四，录其详者如下：

> 气虽是理之所生，然既生出，则理管他不得。如这理寓于气了，日用间运用都由这个气，只是气强理弱。譬如大礼赦文，一时将税都放了相似，有那村知县硬自捉缚须要他纳，缘被他近了，更自叫上面不应，便见那气粗而理微。又如父子，

① 王守仁：《传习录》上，载吴光、钱明、董平、姚延福编校《王阳明全集》上编卷一，浙江古籍出版社 2011 年版，第 32 页。

② 孙奇逢：《日谱》卷三十五之十二月二十六日条。

若子不肖，父亦管他不得。圣人所以立教，正是要救这些子。①

理固无不善，才赋于气质，便有清浊、偏正、刚柔、缓急之不同。盖气强而理弱，理管摄他不得。如父子本是一气，子乃父所生，父贤而子不肖，父也管他不得。又如君臣同心一体，臣乃君所命，上欲行而下沮格，上之人亦不能一一去督责得他。②

朱子气强理弱说的提出，主要因为在其学说中，理是自然之理，对于气没有约束，而气的活动力较强，造成气强理弱。③ 理气的状态也因二者松弛的关系而可以不同，理总是明的，气有昏明驳杂，只看二者谁胜了。这与伊川的理气观相承接。伊川说“义理与客气常相胜”，“凡人血气须要理义胜之”。④

夏峰很可以理解朱子说的“圣人立教，正是要救这些子”，他说：“朱子气强理弱之说，亦是就人生气质情识处猛一指点，要着人扶起本性，好用工夫。”⑤但对于“气强理弱”的观点，夏峰并不

① 黎靖德辑：《朱子语类》卷四，《朱子全书》册二十四，上海古籍出版社、安徽教育出版社2002年版，第200页。

② 黎靖德辑：《朱子语类》卷四，《朱子全书》册二十四，上海古籍出版社、安徽教育出版社2002年版，第200页。

③ 本书认为，气强理弱说是朱子理气学说中理与气的关系仅仅在于依附的一个必然的结论。气既然由理生，为什么又会违背理？这个问题也可以由他的理气关系和气的活动力直接得到答案。董金裕先生在《朱熹的气强理弱说及其地位》中认为“气强理弱”可以初步回答气为什么会违背理的问题。吾人可进一步追问，为什么会气强理弱，那么回答必然还是要从朱子的理气观的独特内容说起。何必又绕了这个弯子到气强理弱论上？说到底，气强理弱和气由理生又会违背理是同一个问题，都是朱子理气观的必然结论。详见钟彩钧主编《国际朱子学会议论文集》(上册)，台湾“中央”研究院文哲研究所筹备处，1993年。

④ 程颢、程颐著，王孝鱼点校：《二程集》河南程氏遗书卷二十二上，中华书局1981年版，第289页。

⑤ 孙奇逢：《答耿逸庵》，《日谱》卷三十六之正月十八日条。

能同意，他说：

> 天地间，凡有盛衰强弱者，皆气也。而理无盛衰强弱之异，而巍然常伸于天高地下之间，古往今来之际，无物不有，无时不然。程伯淳天理二字是自己体贴出来，则理足以驭气矣。①

这一说法同样来自罗钦顺。前文已引夏峰语："就气认理，认气为理，两言明有分别，在人善观而默识之，朱子终身认理气为二物，其言曰气强理弱，理管摄他不得。"②可见，夏峰至晚在1655年（顺治十二年）9月就已经读到罗钦顺的著作，并录入《日谱》，何以时隔14年到1669年（康熙八年）再次将罗钦顺的理气学说录入《日谱》？比照罗钦顺的原文：

> 天地间，凡有盛衰强弱者，皆气也，而理无盛衰强弱之异。先儒谓至诚贯金石，则理足以驭气矣。③

结论完全相同，惟证据不一。可见，夏峰初读这句话时，并不能有很大共鸣，真有所体会是在康熙八年，大概契机还是在伯淳"天理自己体贴"上，才敢写出"理足以驭气"来。既然理和气分属形而上和形而下两层，形而上之理无形，形而下之气有形，形上的理是不能以盛衰强弱这样形下之气的特质来加以区隔的。由此，我们可以看出，夏峰所理解的理即便是在气禀上说，它还是超越的，不能以盛衰强弱生灭论之。

理没有生的问题，也就没有灭的问题，它是长存于天地之间的。那么，这里的一个问题是：当理下落到气禀时，这时的理如何可以既是超越的又是特殊的理？换言之，既然理气不离，理如何可

① 孙奇逢：《日谱》卷三十二之七月初一日条。
② 孙奇逢：《日谱》卷七之九月十四日条。
③ 孙奇逢：《理学宗传》卷二十二 罗钦顺。

以与气同存亡，而又保持它的超越性？朱子认为，气有聚散而理无聚散，气散后理还在，那么怎样保持理气不离的关系？

这也是罗钦顺对于薛瑄“气有聚散理无聚散”一说不能赞同的原因，他说：

> 薛文清《读书录》甚有体认工夫，见得到处尽到。区区所见，盖有不期而合者矣。然亦有未能尽合处。信乎！归一之难也。《录》中有云理气无缝隙，故曰“器亦道，道亦器”，其言当矣。至于反覆证明气有聚散，理无聚散之说，愚则不能无疑。夫一有一无，其为缝隙也大矣，安得谓之器亦道，道亦器耶？盖文清于理气亦始终认为二物，故其言未免时有窒碍也。夫理精深微妙，至为难言，苟毫发失真，虽于无窒碍而不可得，故夫子有精义入神之训，至于入神则无往而不通矣。此非愚所能及，然心思则既竭焉。尝窃以气之聚便是聚之理，气之散便是散之理。惟其有聚有散，是乃所谓理也，推之造化之消长，事物之终始，莫不皆然。如此言之，自是分明，并无窒碍。虽欲寻其缝隙，了不可得矣，不识知言之君子以为何如？①

在罗钦顺看来，如果要使理气之间没有隔断，浑无隙缝，就应该气聚则理聚，气散则理散，理随气之聚散而聚散。所谓“气之聚便是聚之理，气之散便是散之理”，就“气之散便是散之理”而言，气之散是有理还是无理？“气之散便是散之理”可以有两种意思：一是寓于正在消亡的这个事物之气的理随气散而灭，而自然大化常存的那个理还在，这个理亦是散之理。这其实和朱子说“理一分殊”相仿佛，但朱子那句“万一山河大地都陷了，毕竟理却只在这里”②却要重新解释，这个“只在这里”的理却只能是那个超越的理，而不是落入形气的理，这样才能保证理气不离。这种解释在朱子那里是

① 孙奇逢：《理学宗传》卷二十二 罗钦顺。罗钦顺：《困知记》。

② 黎靖德辑：《朱子语类》卷一，《朱子全书》册十四，上海古籍出版社、安徽教育出版社2002年版，第116页。

有理据的，他说："伊川说得好，曰理一分殊，合天地万物而言，只是一个理，及在人则又各自有一个理。"①如果这样的话，那么不仅罗钦顺说理对气的主宰力失去了意义，随气散而散的理的超越性也因而泯灭了。

另一种意思中，我们可以考虑理包含事物生灭聚散的运行常规，气聚物生，气散物灭都是理的作用，那么，我们便承认了气散仍然是理的作用，气散理还在，这还是朱子所说"万一山河大地都陷了，毕竟理却只在这里"的意思，理气仍是隔断的二物。诚如罗钦顺感慨的那样"归一之难也"。

我认为夏峰对于这个问题有一个颇为恰当的解决，他说："盈天地间，知觉运动、聚散流峙者皆气之为也。而知觉有知觉之理，运动有运动之理，聚散流峙有聚散流峙之理，就中正可体认。"②单就这句话，我们并不能获得夏峰对于理之聚散的态度，结合以下两条：

> 问：太极是理是气，是理气兼有？曰：太极者，极至之理也。才有此理，便有此气，《易》所谓太极生两仪，两仪生四象，四象生八卦，两仪是阴阳之气，不止到生两仪，后理气浑然离不得，当生两仪时，气已在其中矣。告子生之谓性说从此起。③
>
> 问：轮回之说云云。曰：天之生物，胎卵气化，皆诚者，自然之理，生生不穷，故曰诚者，物之终始，不诚无物，原始反终，谓明其生之理，便知其死之理，非谓一人死一人生，如释氏轮回之说也。上古人稀，末世人稠，安能以一人而脱化千百人耶？幻甚矣，应儒者不道。④

---

① 黎靖德辑：《朱子语类》卷一，《朱子全书》册十四，上海古籍出版社、安徽教育出版社 2002 年版，第 116 页。

② 孙奇逢：《日谱》卷七之九月十五条。

③ 孙奇逢：《日谱》卷十三之六月初一日条。

④ 孙奇逢：《日谱》卷十四之十一月十五日条。

第一条仍然是在重申夏峰关于理气不离的立场，理不在气先，不在气外。第二条很关键，夏峰以生生无穷来解理的无穷，因而，理是永恒的。并且，他以历史上人口增长的事实否定了佛学生死轮回的说法。因而，气之生灭、盛衰、消散，并没有像我们现代科学的能量守恒定律所揭示的那样，能量总和不会增长。气散也并非气无，气还在生生化化的过程之中，因而，理总是随着气的生化而生生不穷。因此，夏峰以生生大化的历史本质解决了理在保持现实的存有和理想的超越的双重性质的统一的困难。不仅如此，他对于人之于生生化化中之存理还有一段精彩的论述：

> 昔人谓“天地之性即我之性，岂有死而遽亡之理，此说亦未为非”，但不知天与我之性。我果能尽，则形虽亡而此一段精气神理当自常存于宇宙之间。若不能尽，则当生之时，而神理已亡矣。朝闻夕可，谓不闻则罔生耳，与腐草何异？①

“昔人谓‘天地之性即我之性，岂有死而遽亡之理，此说亦未为非’”②即指朱子，朱子在《答连嵩卿》中分析以我为主，强调死而不亡是私意的表现。夏峰引此段则意在说明，每个人都是理气兼具的，人的形质是气，人性是理，但理不能通过形质自然在每个人身上实现。一般人不能尽性，则理不能实现，气占据主导地位，那么，这样的人和腐草无异，只能是知觉运动做主，罔过一生，由于理未实现，并不能在天地之间留下痕迹。但能尽性之人，其精气神理则长存宇宙。因而，对于人这种宇宙间特殊的一种，理是否随气散而散，取决于理在气中呈现得如何。理的超越性和现实性如果在人身上构成了统一，并且也只能在人身上达到自我实现，那么，它的存在也随着它的价值的实现而达到永恒。就这一点而言，我们可以说理强气弱，理的周遍是在气之上的。但对于大多数不能尽心知

① 孙奇逢：《日谱》卷十九之二月二十七条。

② 朱熹：《答连嵩卿》，《晦庵集》卷四十一，《朱子全书》册二十二，上海古籍出版社、安徽教育出版社2002年版，第1853页。

性知天者，是气强理弱。

(四)理同气异

理气同异，和理气先后一样，与理气偏全的问题相联系，主要解释在同一个天理流行的宇宙世界，人物之间为什么存在着差别以及我们如何对待这些差别的问题。关于这个问题的解答，朱子从人生而静以上和人生以后两个阶段来分析，分别得出理同气异和气同理异的结论。他说：

> 论万物之一原，则理同而气异；观万物之异体，则气犹相近而理绝不同也。气之异者，粹驳之不齐；理之异者，偏全之或异。幸更详之，自当无可疑也。①

更详细的解释见《朱子全书》卷四十二：

> 先生《答黄商伯书》有云：论万物之一原，则理同而气异，观万物之异体，则气犹相近而理绝不同。问：理同而气异，此一句是说方付与万物之初，以其天命流行只是一般，故理同；以其二五之气有清浊纯驳，故气异。下句是就万物已得之后说，以其虽有清浊之不同而同此二五之气，故气相近，以其昏明开塞之甚远，故理绝不同。《中庸》是论其方付之初，《集注》是言其已得之后。曰：气相近如知寒暖，识饥饱，好生恶死，趋利避害，人与物都一般；理不同如蜂蚁之君臣，只是他义上有一点子明，虎狼之父子，只是他仁上有一点子明，其他更推不去，恰似镜子其他处都暗了，中间只有一两点子光。大凡物事，禀得一边重便占了其他底。如慈爱底人少断制，断制之人多残忍，盖仁多便遮了义，义多便遮了那仁。

① 朱熹：《答黄商伯》，《晦庵集》卷四十六，《朱子全书》册二十二，上海古籍出版社、安徽教育出版社2002年版，第2130页。

朱子所谓理同气异和理异气近都是在现实的层面上言之，但就形上层言之，则只有理而无气；只在超越面观之，则理同气一。但万物生之始，其形质虽千差万别，而禀得理，是以理同而气异；而随气之流行，物物所呈现的二五之气逐渐遮蔽理的呈现，在表现理的偏全方面有差异，而万物之气反而更接近，所谓气近而理异。这种说法既保证了形而上之理始终为一，又对现实层面上理有偏全的情况有所解释，但是理同气异和气同理异其实将有生物以后的情况打成两截。进而朱子将理的普遍性限定在人，因而性与理的统一在人便为善性，这样，既保证了理的相对普遍性，又解决了以理为根据的性善只体现于人而不体现于物的问题。就这一点而言，夏峰是认同朱子的：

> 生之谓性，是告子论性的大旨，不知生之谓生，生之理谓性。生则人物所同也，理则人所独也，人之所以异于禽兽者几希，则性之旨也。故曰性善。云峰炳文曰：《大学》《中庸》首章、《或问》，皆以为人物之生，理同气异，此则以为气同理异，何也？朱子尝曰："论万物之一原则，理同而气异。观万物之异体，则气犹相近而理绝不同。气之异者，粹驳之不齐，理之异者，偏全之或异也。"理同气异是从人物有生之初说，气同理异是从人物有生之后说。①

这段文字其实更明确地反映了夏峰区隔和分别理、气，其意义主要在于他要将善性的建立奠定在理的基础之上，而这个基础无论在形而上还是形而下的层面中都是不会变化的。告子说生之谓性只是在说性落于气质中的一面。虽然他将朱子的观点也附在他自己观点的后面，并且未加任何评说，并不代表夏峰不加批判地肯定了朱子的两重理气观，而只是他不訾议前贤的习惯表现。从上下文义不难看出，他对于朱子理气说的部分否定。实际上，无论落在哪个层面，夏峰都认同理同气异说。他在《偶有所会》这首诗中说得明白：

① 孙奇逢：《四书近指》卷十九 生之谓性章。

理惟仍旧毫无异，气却因时未有常，画饼已完难入口，剪花虽艳不闻香。

经纶到手为指点，燮理随心自主张，运米搬柴皆妙道，尚余何事费商量？①

总之，夏峰的理气学说对于前人的学说有一个统合，其着眼处在异，结论处在同。他希望通过恰当的解释使相互矛盾的意见得以消解，而在他的思想中都能有一个合理的位置。他教导立雅等说："自浑朴散而象数之繁，异同之见，理气之分，种种互起争长，然皆不谬于圣人，所谓小德之川流也，有统宗会元之至人出焉，一以贯之，所谓大德之敦化。我辈不能有此大见识，切不可专执一偏之见，正宜于古人议论不同处着眼理会，如夷尹惠不同，微箕比不同，朱陆不同，岂可相非？正借有此异以证其同，合知廉勇艺而文之以礼乐，愈见冶铸之手。"②

平实而论，夏峰之理气学说主要受罗钦顺、刘蕺山的影响，辨证较多而创发较少，也非其学说的重点所在，但毕竟是其学说的起点。顺此起点，有助于我们更好地理解其颇具特色的心性论。

二、义理与气质

义理与气质是理与气在人身上的表现，因而对于义理与气质的理解可直接由对理、气关系的理解来决定，但两个问题又不可完全等同。基本上，在理气不离不杂、理强气弱、理气同异等问题上，两组范畴具有一定的同质性。然而，理为气之理往往说明强调理为气运化之条理的方面，而义理之性乃气质之本性则侧重于义理为气质内在结构之条理的方面，两组范畴又不具同构性，其所讨论问题的侧重也有所不同。义理与气质的问题除了气以外，还要讨论质的

① 孙奇逢：《日谱》卷二十九之七月二十九日条。

② 孙奇逢：《日谱》卷七之十二月二十八日条。

问题，此即所谓气质的善恶问题以及气质之性的规定问题。尤其关于气质之性的规定问题，涉及我们下章将着重讨论的心性问题，宜于此有所分疏。

(一)夏峰对于义理之性与气质之性的理解

夏峰主要是在宋儒的框架之内讨论关于义理之性与气质之性的问题，并对其加以修正。他遵从义理之性与气质之性的二重划分，并竭力维护义理之性的先天纯正性，以及落于气禀后义理之性其善之本质仍不可动摇。在此基础上，他在一定程度上肯定人的气质和身体的先天善性，提升了一直在宋代理学中评价不高的气质的地位，而这一思想的动向也符合明末至清代提升气质为义理的潮流和趋势。

夏峰主张，论性固然不可仅从气的角度言性，但也不可仅从理的角度言性。如果仅以气言性，会忽视性即理的本质；性即理固然道出性之本质，却毕竟忽略了但有性便有气这一点。夏峰说："如专以知觉运动为性，理于何归？专以理为性，气于何往？理以主宰乎气，气以运旋乎理，上下四方，往古来今，无处不充周，圣人尽性所以能联宇宙为一家，为一身，性中一点灵妙处，告子既不知，恶能尽天命谓性？故尽性能参天地赞化育。"①

就此观点我们可对顾宪成的理、气、性论略作回顾。

> 问："论性者或以理言，或以气言，或兼理气言，何如？"曰："厥初一气也。孰主宰？是理也。所谓性，盖自其主宰言之也。"曰："如此得无遗气？"曰："既曰自其主宰言，便是就气上点出理来，何尝遗气？吾侪要识性，须从主宰处认取，方有下落。虽曰性不离于气，亦必知其有不堕于气者存，而后性之真面目始见耳。若向气上认取他，这个纷纷纭纭、清浊纯驳、千态万状，将指何者为性？"曰："然。则理与气二乎？"曰："识得理是气之主宰，如何分而为二？"曰："然。则理与

① 孙奇逢：《日谱》卷十四之十一月十五日条。

气一乎?"曰:"识得理是气之主宰,如何混而为一?"①

从顾宪成的意见中,我们可大致了解历来论性者,有以理、以气、兼理气言性三种取向,而顾宪成所谓自主宰而言,实际上是承认以理言性,意在识取性之本质,又兼言气,所谓"就气上点出理"。夏峰云"理以主宰乎气,气以运旋乎理",我们不妨以顾宪成以上的回答作为其注脚。

夏峰论气质之性,主要受顾宪成融合理、气说的影响,但也批判地吸收了杨东明对宋儒气质之性的批评。夏峰云:

> 杨晋庵论性。大旨汉唐以来,性学晦塞。宋兴,群哲挺生,《太极》《西铭》等篇,剖抉性命之精,妙契天人之撰,斯道乃昭如日月,而天下学者知有向内工夫,不坠辞章之陋者,则诸儒羽翼之功大也。顾其时,天荒初破,旧见难除,玩其著论,如理气分合之论,气质义理之谈,惟真与精,犹假妙合,太极阴阳平分道器,尚似恍忽,意度之见未底至当归一之地也。乃著《性学》二十篇,谓盈宇宙间只是一块混沦元气,生天、生地、生人物,万殊都是此气为之。而此气灵妙,自有条理,便谓之理。气质者,义理之体段;义理者,气质之性情,举一而二者自备,不必兼举也。今谓义理之性出于气质则可,谓气质之性出于义理则不可,谓气质之性与义理之性合并而来,则不通之论也。犹夫醋然谓酸出于醋则可,谓醋出于酸则不可,谓醋与酸合并而来,则不通之论也。且气质何以性名也?谓其能为义理也。气质而不能为义理,则亦块然之物耳,恶得以性称之?四字出于宋儒,亦但谓补性之所未备,而气质外无性恐亦不得而知也。夫子说性相近也,只混同说个性字,盖义理则一下不得相近字,惟气质则可以言相近也。然则夫子岂专以气质论性者哉?盖性凝于气质,而气质之灵妙即为义理,故言一性字而气质义理自浑然具在,注谓兼气质则分而二

① 顾宪成:《顾端文公遗书》小心斋札记卷九。

> 之矣。一字轻下而旨趣便自不同，微哉微哉！善乎！范生志伊①曰："识得气质之性，不必言义理可也。盖气质即义理，故不必更言义理也。"又云："识得气质之性，不言气质可也。盖气质即义理，故不可专目为气质也。"此二段语下段更为精绝，学者悟得此，则不惑于气质义理之两说矣。②

杨晋庵认为理为气之条理，理之昭暗完全取决于气之清浊，气清则理作为气之条理自明，气浊则理作为气之条理自暗，所以理之明晦根本不是理气相胜的结果，相反，正是理顺应气的结果。这个解释其实是在程伊川的"性出于天，才出于气。气清则才清，气浊则才浊"，气、性不杂，气、才不离的说法基础上，进一步阐明性、气不可分的观点。他认为理、气都无不善，气质之不善不源于气质之恶，气是太极阴阳五行的构成，怎么可能有恶？只是阴阳五行在气质的组成中有偏胜杂糅，分布不均，才产生恶，不是气本身有恶。理气不可分为二。从气一边言，恶也是性；从理一边言，性只有善。"盖其气者，理之质也；理者，气之灵也。"但说义理之性是有善无恶，气质之性是有善有恶，等于是说人有两个性，因而，晋庵所谓气质之性，就是在气质之中的性，其实还是人之善性，气质之性和义理之性不可并举，举一则兼二。太极阴阳五行天地都是气，落于质而为气质，义理就是气质的性情，好比酸是醋之性。说气质之性则不必再说义理，气质之性就是义理，气质清纯、薄浊的人本性都是善。简言之，气质就是性，气质外无性。其所谓"气质即义理"一方面肯定气质皆善的本质；另一方面说明对人而言，气质之程度决定义理之程度的关系。所以，晋庵重新规定气质之性，并肯定气质之性的价值，可以说是对宋儒论气质之性及其与义理之性的分野的一番洗括。

夏峰起初对于晋庵论气质之性的观点表达了他的认同，他说：

---

① 范志懋，字伯元，虞城人，万历壬子举人。
② 孙奇逢：《日谱》卷二十八之九月十六日条。

“气质之性，宋儒论之详矣。再经晋庵一翻点定，群疑众难，从此了了。”[①]在《理学宗传》全文引录《论性臆言》[②]后，夏峰批语曰：“气质之性四字，是宋儒拈出。而晋庵真切见理气非二，故于前人之说，而更为洗发一番，意非抵牾也。”[③]这里，他只是提示晋庵对于宋儒气质之性的批评，是他自得的体现，但并非故意独开门户，读者切不可以此争长短。这则简短的评论一方面说明夏峰很担心晋庵论性会在学界引起新的门户之见和无谓的争论；另一方面，他也隐藏了自己对于晋庵批评气质之性的态度，不希望自己的观点对读者的判断产生什么引导的作用。实际上，夏峰很快改变原有的说法，表示仅仅认同晋庵对于心、性不同一的区分，而不赞成他批评宋儒的气质之性。他在与魏莲陆的信中说：“迩杨晋庵谓‘阳明无善无恶论心非论性’此最快人。至谓‘宋儒亦不识气质之性’，又失之矣。”[④]

通观《论性臆言》，晋庵未直接说出“气质即义理”，只是引用范志尹的“识得气质之性，不必言义理可也。盖气质即义理，故不必更言义理也”，“识得气质之性，不言气质可也。盖气质即义理，故不可专目为气质也”，并极为赞同，认为“此二段语，下段更为精绝”。显然，他并不是要将气质等同于气质之性，而是要说明气质和气质之性的关系是统一的，所谓“得气清者，理自昭著；得气浊者，理自昏暗”，气质是气质之性的直接体现。他认为宋儒所谓的气质之性，即为气质中所含的义理之性，气质之性就是义理之性，二者不必作名称上的重复，所谓“识得气质之性，不必言义理可也”。

综上所述，晋庵与宋儒关于气质之性的分歧在于：宋儒所谓的

---

① 孙奇逢：《日谱》卷二十八之九月十七日条。

② 孙奇逢《理学宗传》和黄宗羲《明儒学案》都曾全文引录杨东明《论性臆言》一文，文字稍有不同，详见吴秀玉：《杨东明学行与其〈饥民图说疏〉研究》，台湾师大书苑有限公司2003年版，第120～121页。就二书引录风格而言，本文认为《理学宗传》的收录更为忠实原文。

③ 孙奇逢：《理学宗传》卷二十三。

④ 孙奇逢：《日谱》卷二十八之十月二十日条。

气质之性与义理之性的关系实际上就是晋庵所谓的气质与义理之性的关系；而宋儒建立的气质之性与义理之性既相互包含又互相对立的关系，在晋庵这里也被转化为一致的关系；在气质之性产生恶的问题上，由宋儒认为的气质由后天习染而恶的缘由，转变为气质本然善、只是二五凝成中各有偏胜致恶。晋庵的“一翻点定”检讨了原本将恶全部归结为气质的说法，因为太极、阴阳而气本善是不能推出气质本恶的，这无疑大大提升了气质作为形而下之器的地位，进一步说明圣贤可学，那些不能困勉而行的人推诿于先天本恶的材质，除了归咎自身的懒惰之外是找不到理由的。晋庵关于气质之性的说明可谓发蕺山气质说之先声，蕺山后来关于气质之性即义理之性的辨析与此非常一致。①

夏峰虽然没有接受晋庵关于气质之性的学说，但值得注意的是，夏峰于其提升气、质在理论框架中的精神有相当的汲取。关于气质之性，他原先基本上仍然在宋儒的立场上，区分义理之性与气质之性，他在《四书近指》中说：

> 盖具于心者谓之性，成于形者谓之质，流行于形质之际谓之气，则性自是性，气质自是气质。性则至善，气质则有昏明强弱之不同，性上添不得一物，恶乃气禀物欲，所为与性无涉。虽蔽锢之后，本性依然发见，但到底被气禀物欲汩没了，所以丧失其善，卒归于恶耳。②

再看九十岁以后《日谱》所记：

> 《易》云：“继之者善也，成之者性也。”孔子“性相近”是

---

① 李明辉《刘蕺山论恶之根源》(钟彩钧主编：《刘蕺山学术思想论集》一，台湾文哲所筹备处 1998 年版，第 104 页)将“气质之性”在横渠、伊川，朱子和蕺山处有三种涵义，认为“蕺山所谓‘气质之性’并非指气质所构成的性(如在伊川、横渠)，亦非指坠在气质中的天地之性(如在朱子)，而是指作为气质之所以然的理”。这是相当精辟的分析。

② 孙奇逢：《四书近指》卷十六 孟子性善章。

就质美者说，“习相远”是就质浊者说。孟子“道性善”是谓质虽浊而性之善自具，故谓人之有四端也，犹其有四体也，验之于平旦夜气，征之于路人行乞，力辨告子之非，是将先后天理义之性、气质之性一齐并出来为立教之宗，厥功伟矣！①

从来儒者未有不论性气者也，言人人殊。董子曰性有生之质，专以气言则不是。程子曰性即理也，专以理言亦不是。性者，理之寓于形气者也，性无善恶而气有邪正，正气配理为上智，邪气克理为下愚者，故不可移，全归之自暴自弃。不惟非理，并非气，岂下愚不移之旨哉？②

虽然这仍然是宋儒的理气相生相克的观点，质美、质浊都不能影响性之善本质也是朱子质、性不杂的观点。但是与宋儒不同的是，他认为人性之善是秉“天之灵气”而来的。人之自暴自弃，不惟辜负了天所赋予的善性，也辜负了人所秉受的“天之灵气”。我们再看早年《日谱》中的一则材料：

父母生此身元来无坏，修亦修其本无坏者而已。此心元来不偏，正亦正其本无偏者而已。此意元来无欺，诚亦诚其本无欺者而已。此知元来无蔽，致亦致其本无蔽者而已。元来者，斫丧殆尽，认后来添入之情识意想以为元来，皆自失其实，所谓罔之生也可哀也。③

可见，他在接受晋庵、蕺山等人的观点之前，已经承认“元来”的身、心、意、知的善本质，所谓“元来”的身、意、知，身、知，我们姑且可以认为是先天的身体、本然的良心、自来的诚意和本有的良知。它们本来是“无坏”、“不偏”、“无欺”和“无蔽”的。

① 孙奇逢：《日谱》卷三十四之六月十九日条。

② 孙奇逢：《日谱》卷三十五之十二月二十六日条。

③ 孙奇逢：《日谱》卷七之十月十六日条。

身是包含了气质和人性两者的，气质原本和人性一样，是先天善的，这可以说是在维护朱子学的二分框架下所作的很大的修正。但遗憾的是，夏峰对于先天本善的气质如何变成后天驳杂的气质方面，没有作相应的说明。总之，夏峰气质之性的学说主要还是为保有性善一说而服务的，他意在说明气质有善有恶，义理之性在气质之中，也是气质之性的本质所在。气质之性与义理之性虽有着不可分的关系，但二者又是不能混淆的，正因为其不可混淆，所以无论气质怎样浊劣，都不能改变义理之性的本质为善，而仅仅只是遮蔽善性的显现；不惟如此，气质后天转变为恶，也不能妨碍其先天本然的善本质，这对气质在气质、义理框架下的地位是一个很大的提升。

后来颜习斋从此出发，对于提升气质学说做出更进一步的说明。气质之性是习斋反对宋儒学说的一个极为重要的方面。他说：

> 程、张于众论无统之时，独出气质之性一论，使荀、杨以来诸家所言皆有所依归，而世人无穷之恶皆有所归咎，是以其徒如空谷闻音，欣然著论垂世，而天下之为善者愈阻。曰：我非无志也，但气质原不如圣贤耳。天下之为恶者愈不惩，曰：我非乐为恶也，但气质无如何耳。且从其说者，至出辞悖戾而不之觉，如陈氏称程子于本性之外发出气禀一段。噫！气禀乃非本来者乎？本来之外乃别有性乎？①
>
> 大约孔、孟而前责之习，使人去其所本无，程朱以后责之气，使人憎其所本有。是以人多以气质自诿，竟有“山河易改，本性难移”之谚矣。其误世岂浅哉？②

可见，习斋认为善是先天的，恶是后天的，孔、孟将恶的根源归于后天的习，而宋儒却责先天气质为恶，是道德堕落、世风日下的重要原因。考习斋生平，其对于晋庵、蕺山之学实在无缘接触，

① 颜元：《存性编》卷一。
② 颜元：《存性编》卷一。

所交往的友人中惟前辈友人张石卿有“性即是气质之性，尧舜气质即有尧舜之性，愚贱即有愚贱之性，而究不可谓性有恶”之论，张石卿也是夏峰的友人。习斋对宋儒气质之性的反对，除自心自性上的痛省之外，理论上实从夏峰、张石卿转出。

（二）夏峰气质之性说欲解决之问题

通过以上分析，我们了解到夏峰分析气质之性的重点在于树立人自身的道德主体性，同时，我们不应忽视，他还意在圆融地通释孔子“性相近也，习相远也”和“唯上智与下愚不移”之说、孟子性善说与子思“天命之谓性”三说。

问题的关键在于“唯上智与下愚不移”中的“上智”与“下愚”是就性而言，还是就气质而言？如果就性而言，既然人人皆本然善，怎么会有上智与下愚的差别；如果就气质而言，既然“不移”，还有何必要做工夫去变化气质？况且《尚书·多方》有“惟圣罔念作狂，惟狂克念作圣”之说。这个问题其实一直困扰儒家的学者，唐代的“性三品”说正是针对此问题发展而来。对此夏峰的解释是：

> 孔子曰：“性相近也，习相远也。”又曰：“唯上智与下愚不移。”此就其常理言之。孟子必曰“性善”，程子乃以自暴自弃专属之人。为此，亦各就其所见而极言之，以尽夫子之意，非与夫子之旨相悖也。子思曰：“天命之谓性”，性岂有不善者哉？“率性之谓道”，乃知不道者，不率性者也。“修道之谓教”，则约人之情，使合于性，变化其气质而归于理耳。一有执着，便成三说矣。①
>
> 从来儒者未有不论性气者也，言人人殊，董子曰：“性有生之质”，专以气言则不是；程子曰：“性即理也”，专以理言亦不是。性者，理之寓于形气者也。性无善恶而气有邪正，正气配理为上智，邪气克理为下愚者，故不可移。全归之自暴自

① 孙奇逢：《日谱》卷三十五之六月十六日条。

弃，不惟非理，亦非气，岂下愚不移之旨哉？善乎！子思子“天命之谓性”，天何尝命人以不善？“率性之谓道”，乃知不道者非率性者也。“修道之谓教”，则人之情便合于性，变化其气质而归于理耳。信乎！《中庸》为圣人传授心法，论性者准于此。①

夏峰认为性是“理之寓于形气者”，不可以离开理、气单独讨论，性是即理即气的。董仲舒“性有生之质”②、伊川“性即理也”③各就性的后天落成和先天来源说，如果只执定看，不免偏说。他理解夫子说“唯上智与下愚不移”、孟子“道性善”和伊川说“自暴自弃者”④三者是不相矛盾的。他认为，夫子说“唯上智与下愚不移”的“不移”是“不可移”。以理气关系来看，气可以顺理，也可以克理；效验上讲，气顺理、克理都是一种结果，理气在人性中的这种关系是确定不移的，人的气质作为这种关系支配的结果也是不可改变的。也就是说，正气配理为上智，邪气克理为下愚，而不可能是正气配理为下愚，邪气克理反而为上智，这是不可改变的。并不是说，人的气质是不可改变的。《论语》这段话中“不移”，朱子解为“不可移”，阳明解为“不肯移”，表面上，夏峰解“不可移”是赞同朱子，实际上他是以阳明的“不肯移”来解朱子的“不可移”。夏峰从来就是赞同人学以“变化气质”的，果真不可移，那么，变化气质又从何而谈？所以，他将“上智与下愚不可移”的概念转变为理气关系结构中规定的上智和下愚是不可移的。因而，我们仍然可以

① 孙奇逢：《日谱》卷三十五之十二月二十六日条。

② 董仲舒说：“如其生之自然之质谓之性。性者，质也。”详见《春秋繁露》卷十，清武英殿聚珍版丛书本。

③ 程颢、程颐著，王孝鱼点校：《二程集》河南程氏遗书卷第二十二上，中华书局1981年版，第292页。

④ 伊川曰：“性相近对习相远而言，相近犹相似也。上智下愚，才也。性则皆善，自暴自弃，然后不可移，不然则可移。”详见程颢、程颐著，王孝鱼点校：《二程集》河南程氏外书卷第六，中华书局1981年版，第388页。类似言论见《二程遗书》卷四、十八、十九、二十二上。

通过改变理气在人性中的结构来变化气质，转下愚为上智。所以，下愚不能转为上智者，只是因为自暴自弃，与人天赋的理、气都无关。他还说这种自暴自弃的行为“不惟非理，并非气”，可见，他认为人本身所禀受的理、气原本都是善的，人自暴自弃，不能使气顺理，使人性所寓的理、气不能相配，反而对立起来，这不仅挫伤了人所赋天理，也辜负了人本然的气质和才能。相反，理、气在人身上的对立，使人的气质和材能横逆恣意，而不能良性发展。这个观点肯定了气的作用，大大提高了气的地位。夏峰对于“惟上智与下愚不移”与“惟圣罔念作狂，惟狂克念作圣”的解释，亦是相同的思路。①

所以，夏峰谈性，是结合理气二者来谈，他并非简单地将性等同于理，而是着重强调理气都是性所赋予的。因而，所谓的善性，从形而上的层面上说，就只是天理的呈现，但现实中，性是不可能脱离气来谈的，伊川及阳明所谓“性即是气，气即是性”，明道“才说性，便已不是性”都是这个意思，因而变化气质的实际是要正确处理理、气二者在性中的关系，而不能简单说成理即是善的、气即是恶的，理胜气便善、气胜理便恶的二元对立。夏峰说“理无善恶而气有邪正”，我们不能从字面上将这句话理解为理没有善恶的分别，而气有邪正的差别。相反，恰恰是理一定是善的，气原本无所谓邪、正，只是顺乎理的气便是正气，逆乎理的气便是邪气。正因为，变化气质的关键在气，因为理是不可变的，唯有变化气来顺应理才能达到变化气质的目的，所以夏峰说“修道之谓教，则人之情便合于性，变化其气质而归于理耳”②。

在夏峰看来，孔子只是就一般的情况而言，孟子所言的性善和程子说的自暴自弃作为两种极端的情况，可以是孔子之说的补充。不按照道行事的只是不率性的人，如果能通过教化，约束其情，使

① 孙奇逢《书经近指》多方：“圣、狂之分，生于一念之顷，虽曰‘不移’，实有可移之理，但恐下愚自暴自弃，不肯移耳！”与朱子义同。（陈栎：《尚书集传纂疏》卷五）

② 孙奇逢：《日谱》卷三十五之十二月二十六日条。

之合于性之常理，下愚也是可以变化气质的。上智与下愚以理、气相胜分出，所以不可移的都是自暴自弃。这样，人可以为善的根据和人之为善的必要性都得到了合理的肯定。

第四章　夏峰思想的核心：本心即性

夏峰本于阳明学，向来主张心性一体。心是良心，性是善性，二者不分畛域。对于“心即理”和“性即理”的理论分歧，夏峰试图以心性合理论化约而取消之。然究其实，夏峰仍然是站在阳明心学本体的立场上来立论的。同时，他又援引朱子“人心道心”说，接受杨晋庵关于“心”“性”的区分，来解释阳明“无善无恶心之体”与“性善”论一致。本章重点探讨两个问题：夏峰性学的涵义及心性关系。

一、性即理也

孔子说“性相近”之后，《中庸》以“天命之谓性”论性之根源，孟子“道性善”（《孟子·滕文公上》），这一“性善”论传统在后世渐成主流。宋明理学大段继承了孟子“道性善”的传统。程颐在解释孔、孟性论时说“孟子言性之善，是性之本；孔子言性相近，谓其禀受处不相远也”。① 孟子说“人性之善”的根据是什么呢？孟子言性善是从“心”善言“性”善，“人皆有不忍人之心”，“今人乍见孺子将入于井，皆有怵惕恻隐之心”（《孟子·公孙丑上》），心发恻隐、羞恶、辞让和是非四端之情，四端之情不从外力，本然善，源泉滚滚，不舍昼夜，故而人性本善。②

---

① 程颢、程颐著，王孝鱼点校：《二程集》河南程氏遗书卷第二十二上，中华书局1981年版，第291页。

② 徐复观先生说：“孟子所说的性善，实际是说的‘天之所与我者’的‘心善’。”详见《中国人性论史》先秦卷，上海三联书店2001年版，第148页。

程颐给出的解释是“性即理也”,[1] 因为天理本然善，而性的根源来自天理，这样“天命之谓性”又将天理植回内在的本性，构成内外的双向支持。心就在现实和超越的两个层面区分为人心和道心，即“人心，人欲；道心，天理”[2]。这个区分来自《尚书·大禹谟》，“人心惟危，道心惟微，惟精惟一，允执厥中”，被称为“人心道心心传”，后虽被考证为伪尚书的部分，但丝毫不影响其在理学中古今心同理同的信念。[3] 因而，将人性善的依据归结为天理，那么天理就要成为不证自明的前提。

朱子进一步巩固理在理学体系中的位置，“理也者，形而上之道也，生物之本也”[4]，理是至高无上的，大中至正，又周流万遍。朱子进一步完善了二程天理学说，最终将理确立为理学家思想体系中一个最根本的范畴。心学兴起后，理作为最初的前提仍然是不变的。

在夏峰看来，理是大中至正的，性也是本然至善的。“性是天之所命，原无不善之理。”[5]那么，“何谓性？孟子所谓存乎人者之良心是也。此点良心，虽几经昼夜，反复牿亡，而夜气之息犹留，相近之几希，如赤子入井，行道弗受，皆人生不容澌灭之。良、贤、愚各具，所谓性善也。”[6]他认为，性就是人的良心，善是性之真体，他所谓善性专指人的善性，物性是有不善的。

在夏峰看来，“圣学以性为宗，能尽性，便能以一性纳古今民物胎卵气化之性，而我性不觉其大。又能于我不睹不闻，喜怒哀乐

---

① 徐复观：《中国人性论史》先秦卷，上海三联书店 2001 年版，第 292 页。

② 程颢、程颐著，王孝鱼点校：《二程集》河南程氏外书卷第二，中华书局 1981 年版，第 364 页。

③ 嵇文甫先生在《晚明思想史论》中谈到，十六字心传的意义要超过那些《尚书》真的部分。

④ 朱熹：《答黄道夫》，《晦庵集》卷五十八，《朱子全书》册二十三，上海古籍出版社、安徽教育出版社 2002 年版，第 2755 页。

⑤ 孙奇逢：《日谱》卷五之十一月二十三日条。

⑥ 孙奇逢：《日谱》卷八之五月二十五日条。

中见民物忧喜荣瘁生死之状。种种显见，无有隔处，故圣人上生百世，下生百世，祖述尧舜，是孔子上生百世也，尧舜之心至今在，是尧舜下生百世也……圣人精英在世，回环古今之间。总之，了当性，一个性字不尽。若云性有尽时，则乾坤熄矣。”①

性善是本体、源头。他说：“论本体，只是性善；论功夫，只是慎独。”②所谓本体，夏峰认为就是“天生的一副完全家当”，是与生俱来，人人具备的。因而，讲学只要讲明性善，那么，怎样恢复人的本有善性则是其余事。圣、愚都具备善性，不能增一分，不能减一分，不多不少只有一点，如天中之日，要时时保有，即“只此一点性善，终身学之不尽”③。又说：“学问有源头，有枝派。从源头上理会，纲举而目自张……何谓源头？性是也。性乃天之所命，健顺五常之德，无一不备。孔子性相近，孟子道性善，皆谓此。千圣万贤，总是此一个源头。”④

夏峰讲性是本源，是从性与天的相通来说的。因为，善是性之真体，这个性之善又是从何而来？按照《中庸》“天命之谓性”，他说：“此个性字，是天用事，浑然至善，孟子所以道性善也。”⑤孟子说的善是继天之善。孟子性善论还可以进一步在《尚书》找到文献根据，《太甲上》就有“兹乃不义，习与性成”，《汤诰》中亦有“若有恒性，克绥厥猷”，夏峰据此认为这是“千古性学”的开端，他说：

> 孟子“性善”之论，本“恒性”而言也。孔子性近习远之论，自“习与性成”而发也。“若有恒性”，本有善而无恶。惟习于恶，而后性流于恶。其既流也，性若成矣！然能谨所习，而习于善则善。反之，而天地之性存焉。此太甲所以“终允德”也。

---

① 汤斌：《与宽夫以道升阶书》，《征君孙先生年谱》康熙八年己酉八十六岁条。

② 孙奇逢：《日谱》卷二十七之三月初六日条。

③ 孙奇逢：《日谱》卷三十六之正月十六日条。

④ 孙奇逢：《日谱》卷十六之六月十三日条。

⑤ 孙奇逢：《日谱》卷三十三之二月三十日条。

天地之性，气质之性，虽横渠使剖判言之，已肇端于汤、尹言性之初矣！①

他认为，四书不过是阐六经之旨。自《尚书》开始，到孔、孟、《中庸》，再到伊川“性即理”点出，已经形成了传统，说出了性学的意蕴，后来的朱子、阳明都遵循了这个传统。那么，恶从何而来？历代学者依循性善说，做出了种种解释，将恶归为气禀、气质、情、物欲等，夏峰皆以孔子“性相近，习相远”的“习”字命之。他认为，那些说性无善、性有不善、性可以为不善甚至性恶说，都是从“习”来说性，所以孔子说“习相远也”。这样看来，墨子、荀子和告子等都不是面目可憎之人，只是知之不真，没有看到性之根本而已。

八十岁以后，夏峰论性有个特点，即极少说“性即理”。《日谱》在卷二十一(八十一岁)以后，谈“性即理”者只有一次②，原因有二：一是“性即理”论之太高，是完全形而上的理想状态，如果学者没有体之身心，多谈无益；二是夏峰认为仅谈“性即理”，实际上脱离了气，因而会引起学者对性的理解有偏处。这也是他学术“高远总自卑迩始”和“一折衷于孔子之道”的学术特点的体现。

二、性与心自不容混而为一

理学家论“心”，主要是为了解决这样一个问题：无知觉的理何以与人相关，并可以主宰人之身？宋明理学家基本认为性是理之下贯于人者，而有知觉的心能呈现这下贯在人性中的理。那么，有知觉的心和无知觉的性或理是什么关系？作为心学家，夏峰虽对王学尤有体会，但他一生从来没有说过“心即理”，也不说“心即本体”，甚至不把良知学说纳入自己的思想中。众所周知，“良知”是

① 孙奇逢：《书经近指》卷三。

② 孙奇逢《日谱》卷三十六之二月初四日条曰：“余尝思之，人性皆受于天，天即畀以森然之理，所谓性皆善也。”

阳明学说的主脑，王门后学在继承了王学精神的同时，往往都继承了阳明的“良知”本体说，然而夏峰在提到“良知”时，总是强调阳明的“良知”说，给良知学说加上“阳明”这样归属的限定，是有意将自己的“心”说和阳明的“良知教”区别开。这恐怕和阳明的“良知教”在晚明极度泛滥，歧义百出，大多与重本体轻工夫的情况有关。

（一）心兼人心、道心

在夏峰看来，心和性是相互联系又彼此区别的两个概念。性是至善的，但心并不是全然善的。夏峰的“心”是我们可以经验感觉到的心，这个心不是纯然不杂的，而是人心、道心兼而有之。《尚书》说：“人心惟危，道心惟微，惟精惟一，允执厥中。”

伊川说：“人心，人欲；道心，天理。”①又说：“‘人心’，私欲也；‘道心’，正心也。”②他进一步解释：“‘人心惟危，道心惟微。’心，道之所在；微，道之体也。心与道，浑然一也。对放其良心者言之，则谓之道心；放其良心则危矣。‘惟精惟一’，所以行道也。”③

朱子说：“夫心之虚灵知觉，一而已矣。而以为有人心、道心之别者，何哉？盖以其或生于形气之私，或原于性命之正，而所以为知觉者不同，是以或危殆而不安，或精微而难见耳。然人莫不有是形，故虽上智，不能无人心；亦莫不有是性。故虽下愚，不能无道心。二者杂乎方寸之间，而不知所以治之，则危者愈危，微者愈微，而天理之公，卒无以胜乎人欲之私矣。精，则察夫二者之间而不杂也；一，则守其本心之正而不离也。从事于斯，无少间断，必使道心常为一身之主而人心每听命焉，则危者安，微者著，而动静

① 程颢、程颐著，王孝鱼点校：《二程集》河南程氏外书第二，中华书局1981年版，第364页。

② 程颢、程颐著，王孝鱼点校：《二程集》河南程氏遗书卷第十九，中华书局1981年版，第256页。

③ 程颢、程颐著，王孝鱼点校：《二程集》河南程氏遗书卷第二十一下，中华书局1981年版，第276页。

云为自无过不及之差矣。”①

蔡沈《书经集传》注云：“心者，人心知觉，主于中而应于外者也。指其发于形气者而言，则谓之人心；指其发于义理者而言，则谓之道心。人心易私而难公，故危；道心难明而易昧，故微。惟能精以察之而不杂形气之私，一以守之而纯乎义理之正，道心常为之主而人心听命焉，则危者安，微者著。”②就是根据朱子的思想而来。

朱子的“心”学在他的思想体系中占有举足轻重的地位，是所有工夫的落实处。朱子的“心”不是气，但也不具有本体义。朱子说：“所谓心者，乃夫虚灵知觉之性，犹耳目之有见闻耳。在天地，则通古今而无成坏，在人物，则随形气而有始终。知其理一而分殊，则亦何必为是心无死生之说，以骇学者之听乎！”③在朱子看来，“心”就是“虚灵知觉之性”，但这个“性”不是人之本性的意思，而是心所具备的特性、特征，心具备“虚灵知觉”的特性，“虚灵知觉”类似于感官的功能，心也有认知、主宰的功能，以孟子的话来说，就是良知良能的“知”与“能”。

朱子所谓“心”的概念可以分为人心和道心两个层面。他所谓道心其实是昭昭灵灵的知觉，有此知觉，才可以使人心听命。我们先看朱子与陈淳的一段问答：

> 问：“未发之前，当戒慎恐惧，提撕警觉，则亦是知觉。而伊川谓‘既有知觉，却是动’，何也？”

① 朱熹：《戊申封事》，《晦庵集》卷十一，《朱子全书》册二十，上海古籍出版社、安徽教育出版社2002年版，第591页。根据陈来先生的考察，朱子的人心道心说前后有一些变化，前期以操存舍亡论人心道心，则人心道心完全对立，人心是“应当完全否定的陷溺之心”，乾道末淳熙初，又认为人心为一般知觉之心，道心为心之本体。（《朱子哲学研究》，华东师范大学出版社2000年版，第230页。）

② 蔡沈：《书经集传》卷一。

③ 朱熹：《胡子知言疑义》，《晦庵集》卷七十二，《朱子全书》册二十四，上海古籍出版社、安徽教育出版社2002年版，第3559、3560页。

曰："未发之前，须常恁地醒，不是瞑然不省。若瞑然不省，则道理何在？成什么'大本'？"

曰："常醒，便是知觉否？"

曰："固是知觉。"

曰："知觉便是动否？"

曰："固是动。"

曰："何以谓之未发？"

曰："未发之前，不是瞑然不省，怎生说做静得？然知觉虽是动，不害其为未动。若喜怒哀乐，则又别也。"

曰："恐此处知觉虽是动，而喜怒哀乐却未发否？"

先生首肯，曰："是。下面说'复见天地之心'，说得好。复一阳生，岂不是动？"

曰："一阳虽动，然未发生万物，便是喜怒哀乐未发否？"

曰："是。"①

朱子区分人心和道心并肯定人心中包含道心，这不仅是要给人之为善提供根据，更重要的是回答如下问题：为什么善性被遮蔽的情况下，我们还可以为善？换言之，在善性被蒙蔽的情况下，我们为善的动机其根据又在哪里？人心中包含着道心便可以回答这个问题，说明人的善性并没有被完全遮蔽，保持道心不昏聩的情况下，它总是可以作出善的判断和行为的，而人的道德行为也还是可以从本源上作出解释的，而不是只有善的表象。

人心、道心可以说是朱子之"心"的两个层次。在朱子看来，人即便是在不睹不闻、喜怒哀乐俱静的未发之时，其静的心中仍有动的知觉，这个知觉类似于阳明的良知，对未发状态的心加以照察、警觉和防闲。因而人的戒慎恐惧总是道心在提醒、看管喜怒哀乐未发的那个层面。虽然不是说心分为人心、道心两个心了，但心毕竟分不同的层次发生作用。如果用朱子的心统性情的理论来看的

① 黎靖德编：《朱子语类》卷第九十六，《朱子全书》册十七，上海古籍出版社、安徽教育出版社2002年版，第3246页。

话，则动的知觉即是性的体现，朱子所谓心之“主宰”，指的就是这个昭昭灵灵的知觉。静之未发则可以通过发表现为情，发之中节也同时表现性。可见，在朱子的学说中，有个知觉作主宰，贯穿动、静，涵养和省察。为防止这个知觉有时会昏，需要有“提”和“约”的工夫。

阳明的“致良知”学说同样面临一个难题，即良知不能发见的人用什么致其良知？按照阳明的讲法，致良知是以良知去致良知，是良知自致，在这个意义上，致良知亦即良知致。王龙溪根据这一点讲以良知致良知，不着工夫，也自有他的道理。如果用人心、道心的观念来分析“以良知致良知”的话，那么会发现其中有理论上的两难。阳明既不认为人同时有人心和道心，也不认为人心中包含一个道心，而是人心或道心，两者必居其一，却不能并存或以包含关系存在。然而，人心和道心这种非此即彼的关系，势必导致“致良知”工夫上的困难。阳明的“致良知”有同时两个面向：一是向内回复良知至善本体；一是向外将良知之善见之于行。如果人只有道心而无人心，则向良知至善本体回复实无必要；如果人只有人心而无道心，则无论向内向外的致良知工夫都不可能。所以，朱子才有“道心常为一身之主，而人心每听命焉”的说法，这样，无论在何种情况下，都能保有一个清醒的道德意识——道心，来从事道德的判断和指令。

需要注意的是，朱子区分人心、道心，解决了道德动机的问题，但却在人心、道心的统一和道心的主动性上遇到了困难。朱子关于人心、道心的区分，虽然使道心可以提供落实人作为道德主体之责任的依据，但并没有赋予它自主、创造的权力。朱子晚年在《答郑子上》中说：“此心之灵，其觉于理者，道心也；其觉于欲者，人心也。”①又说：“人心之体，虚明知觉而已。但知觉从义理

① 朱熹：《答郑子上》，《晦庵集》卷五十六，《朱子全书》册二十三，上海古籍出版社、安徽教育出版社2002年版，第2680页。

上去则为道心，知觉从利欲上去则为人心，此人心、道心之别也。”①“道心”说到底还是“虚灵知觉”，是“觉”的“虚灵知觉”，它虽能具理、能穷理，但毕竟不是理。质言之，道心是没有受到“形气”遮覆的具有道德主体意识的认知心，而不是道德意识生发和存立的根源。因而，即便是“道心”，它的活动还是被动的。如果追溯到根源，则还是“气强理弱”、理胜不过气所致。朱子认识到道心的这个不足，所以要人心“听命于”道心，使道心具有主宰力，但是，一旦以一者主宰另一者，人心道心已然分为主客二心，这与朱子一再强调的人心道心只是一个心的统一精神发生龃龉。

对于心的概念，阳明除继承了朱子以“虚明灵觉”论心的说法之外，也同时继承了其人心、道心的划分，但对人心、道心做出了不同的解释。“爱问：‘道心常为一身之主，而人心每听命。以先生精一之训推之，此语似有蔽。’先生曰：‘然。心一也，未杂于人谓之道心，杂以人伪谓之人心。人心之得其正者即道心，道心之失其正者即人心，初非有二心也。’程子谓‘人心即人欲，道心即天理’，语若分析而意实得之。今曰‘道心为主，而人心听命’，是二心也。天理、人欲不并立，安有天理为主，人欲又从而听命者?”②阳明不仅不赞同朱子“人心听命”说，也反对伊川以天理人欲对应道心人心，他强调人心和道心乃一心之转化；不惟如此，人心在阳明看来不纯粹是人欲，而是道心中掺杂了人欲，人心和道心是人心包含了道心的关系。在阳明看来，道心就是“中”。他说：“中也者，道心之谓也；道心精一之谓仁，所谓中也。”③这样，即化解了人心道心的绝对对立，终达成人心道心为一心的统一。

夏峰肯定将人心、道心统一于一心之中的说法，认为人心和道心“犹反覆手”，像手的正背一样，他赞同阳明的说法，认为人心、

① 朱熹：《答董叔重》，《晦庵集》卷五十一，《朱子全书》册二十二，上海古籍出版社、安徽教育出版社2002年版，第2361页。

② 王守仁：《传习录》上，载吴光、钱明、董平、姚延福编校《王阳明全集》上编卷一，浙江古籍出版社2011年版，第7、8页。

③ 王守仁：《象山文集序》，载吴光、钱明、董平、姚延福编校《王阳明全集》上编卷七文录四，浙江古籍出版社2011年版，第261页。

道心非有两个心，只人心得其正，便是道心。并进一步认为“夫添入之心，人心也。最初之心，道心也”①。他在保证人心、道心一心的前提下，人心与道心之间不仅不是绝然对立，甚至只在毫厘几微之间有着细小隐微的差别，所谓“危”“微”，只是一念之差。只有持“惟精惟一”的功夫，“精以察道心之几，一以止道心之极”②，才能转“危”为“微”，达到心与道、人与天合一的天地之“中”的境界。所以，人心、道心是立即决断，当下实现的。因此，道心也就是孟子说的“人之所以异于禽兽者几希”(《孟子·离娄下》)的“几希”。“人心道心共域，一罔念遂是人心，一克念遂是道心。”③这就是说，道心在可以自持和觉醒的时候，保有自我；一旦昏聩，道心便转化为人心。

既然在“一罔念”之间，道心可以转化为人心，那么，人心又何以能转化为道心的呢？这便在于与人心共域的道心的自觉，有道心之自我觉醒，一切工夫才重新成为可能。朱子认为人心道心的区别在于“觉”于理还是欲，那么工夫势必也要在“觉”上做。陈白沙所谓“人争一个觉，才觉便我大而物小，物尽而我无尽”④。一觉便优入圣域。夏峰说“一念”之间，其实也是觉与不觉的区别，但他只说：“只常常唤醒，使常存而不放，养得此心虚明专静，道理便从里面流出，所谓深造而自得者也。”⑤应该说，“唤醒”比起“觉”的功夫层次低却许多，更为务实，毕竟不是每个人都能够通过自身的意志和识见达到自我觉醒的，能在外在引导下觉醒，也算殊途同归。从理论上讲，道德的觉醒必须且只能由自己完成，然而在实践中，通过教育的引导来促使自我意识的觉醒也是十分必要和可能的。当然，夏峰并非只讲“唤醒”而不讲“觉”，他说：“人谓子韶为禅，为其拈‘觉’字。夫‘觉’字不独祖伊尹，孔子不曰先觉者是贤

---

① 孙奇逢：《日谱》卷六之四月十六日条。

② 孙奇逢：《书经近指》卷一 尧曰咨舜章。

③ 孙奇逢：《夏峰先生集》卷二。

④ 陈献章：《与时矩》，《白沙子》卷三。

⑤ 孙奇逢：《日谱》卷三十三之正月十八日条。

乎？此无可议。”①觉需要一定的基础，大多数情况下他更愿意教人一味朴实做去，不以高明引导人。从教化的角度来讲，能自觉的人需要别人的点拨和帮助较少，而无自觉的人则更需要别人以各种方式去教化和唤醒。所以，夏峰虽偏重于以“唤醒”来教育人，这也只是为了提升教育的效果而已，但这并不代表他只停留在唤醒的阶段。夏峰最后又将结论引到了孟子的“深造而自得”中去，并且，言本体是为了讲功夫。其学的两个特点再次表现出来。

(二)“无善无恶心之体”之辨

夏峰一定要强调“心性不容混而为一”②，并非反对阳明“心即理”，而且肯定“本心即性”，区分人心、道心，人心非性。其中有一个现实的目的，即应对那些对于阳明“无善无恶心之体”一句的理论质疑和挑战。阳明“四句教”以后，维护者、反对者众说纷纭，莫衷一是，成为一桩百年公案。双方争论的重点是阳明“无善无恶心之体”一句有没有违背性善论这个理学前提。众所周知，孟子曾以性善论反对告子的性无善无不善论，夏峰认为，佛学也以性无善恶立论，而无论程朱还是陆王系统的儒学，都以性善论为宗，反对性无善恶论。比如，朱熹曾批评胡宏说：“五峰只缘错认了性无善恶，便做出无限病痛。《知言》中节节如此。”③阳明提出“四句教”以后，龙溪又专以“四无”说立论，道“若悟得心是无善无恶之心，意即是无善无恶之意，知即是无善无恶之知，物即是无善无恶之物”④，以接引根器上等之人，龙溪于此大加宣扬，其流弊所至，

---

① 孙奇逢：《日谱》卷七之七月十一日条。

② 孙奇逢：《日谱》卷三十三之正月十三日条、三月初七日条，卷三十四之七月二十二日条、卷三十六之二月初一日条。

③ 黎靖德编：《朱子语类》卷四十三，《朱子全书》册十五，上海古籍出版社、安徽教育出版社2002年版，第1532页。

④ 王畿：《天泉证道纪》，载吴震编校：《王畿集》卷一，凤凰出版传媒集团2007年版，第1页。

直使工夫无下手处，后来讨论、争辩遂因此而不绝①，这种情况使

① 关于“无善无恶”学说的发展史，大致经历龙溪宣扬，周海门、许孚远九谛九解之辩，顾宪成、管志道之辩和刘蕺山、陶奭龄之辩等过程，详见彭国翔：《良知学的展开——王龙溪与中晚明的阳明学》，2005 年，第 394～407 页。对于“无善无恶心之体”，目前学界有几种解释：

钱穆先生持比较传统的“无善无恶”乃“至善”的看法。他认为，阳明是“从此心好恶上指点出良知”，良知先天只是个好恶心，还没有分出善恶，“善恶是后起的”(《阳明学述要》，九州出版社 2010 年版，第 111 页)，因而无善无恶。显然，钱先生是认心为心之体的。持类似看法的还有牟宗三，他说：“‘无善无恶心之体’是就‘至善者心之本体’而说。无善无恶是谓至善。然则无善无恶者是‘无有作好无有作恶’之意。善恶相对的谓词俱用不上，只是一自然之灵昭明觉停停当当地自持其自己，此即为心之自体实相。”(《从陆象山到刘蕺山》，吉林出版集团有限责任公司 2010 年版，第 151 页)他的至善观取自胡宏，认为此一至善是不与恶相对待的善，是绝对善。

杨国荣先生认为，“无善无恶心之体”之“无善无恶”主要指心体发展的不确定性，既有成善的可能，也有成恶的可能，且在成圣面向上又包含多种可能的取径。他说：“就其包含内化之理言，心体具有至善的性质；就其不限于理而具有多重规定，并相应地内含多重发展可能言，心体又表现出无善无恶的特点。从至善这一维度看，心体为成圣提供了根据；从无善无恶这一维度看，成圣又并非个体发展的唯一定向。不难看到，以无善无恶规定心体，着重的是主体作为可能的存在这一向度。也正是这一规定，使王阳明所重建的心体进一步区别于正统理学的心体。”(《心学之思——王阳明哲学的阐释》，生活 · 读书 · 新知三联书店 1997 年版，第 235 页)这种解释有其积极意义，正如他所揭示的无善无恶的提法化解了“本体与自我之间的紧张”，使后天的工夫成为实现自我的必然之道，但也有它不够圆融之处。在阳明的学说中，心只是这一个心，意是“心之所发”，工夫也在心上做，如何可以使心一面是未发之中，不执著善恶，一面又知善知恶，为善去恶，这两种状态时时统一呢？

另一种是陈来先生的境界说。陈来认为，“无善无恶心之体”的“心之体”是“指心体，而不是性体”，且“不是指道德论意义上的心体，而是生存论意义上的心体”，他认为明末儒者以至善解释无善无恶并不是阳明本意，这个“无”应该“指心体具有的无滞性、无执著性”(《有无之境——王阳明哲学的精神》，人民出版社 1991 年版，第 216 页)，因而使阳明的良知学说的结构兼具至善的内容和无滞的形式，无善无恶是超越自我的“无”的境界。秦家懿认为，“阳明的无善恶的‘心体’，即是超善恶的‘本体’。”(《王阳明》，台湾东大图书公司 1987 年版，第 160 页。)此外，还有一种以至善和忘善恶的境界的并说，以唐君毅为代表。他也是以心体为心之体，认为这种“无善无恶”的化境是在知善知恶、为善去恶之后达成，“为善而不自念其善”(《中国哲学原论》原教篇，中国社会科学出版社 2006 年版，第 291 页)，“善亦不自以为善”(《中国哲学原论》原性篇，中国社会科学出版社 2005 年版，第 298 页)，善而忘善，正是至善的境界。“故于此心体，亦可说无善无恶也。”唐先生的境界在工夫之后与陈来先生的工夫前的先在境界自不同，真乃善言，是唐先生的创造发明，但也超出了阳明本有之意。

再者，就是冈田武彦先生所认同的钱绪山的解释，钱的解释重点是以无为虚，以虚尽善。对此，冈田先生说：“绪山认为，在至善之体中，恶固然非其所有，善亦不得而有也。那是虚灵不昧而能尽天下之善的。然而，今之求至善者，旨在求事物之定理规范，以为虚灵之内先有个善，所以反而窒其虚灵之体，塞其聪明之用。阳明特意说心体无善无恶，就是为了匡救此弊，因而绪山认为，‘无善无恶心之体’一句是‘因时设法，不得已之辞焉耳。’”(冈田武彦著：《王阳明与明末儒学》，吴光等译，上海古籍出版社 2000 年版，第 107 页。)冈田先生认为，这种说法是基本合乎的本意的。

得夏峰认为更有区分心、性的必要。

夏峰对于“无善无恶心之体”的理解，前后曾发生过一些变化。一般而言，批评阳明“四句教”的学者主要以性为“心之体”，并从实有论的角度攻其流弊，认为“无善无恶心之体”是与孟子道性善相对立的提法，是道德虚无主义的直接表达。夏峰先是对此有几个方面的回应：

顺着阳明“性是心之体”①说，夏峰认为心之无善恶乃至善，与性善不悖。他说：“阳明‘无善无恶心之体’谓意未尝动心，无所着，不止无恶，并未有善，乃至善也。予所谓未习以前，且无理，何有欲？亦浑然至善也。何尝背于性善之旨？必泥定无善无恶无理无欲是说性无善无不善，则失之矣。以辞害意正坐此。”②在他看来，心未动、意未发的状态下，还没有善、恶之对待出现，这时心体浑然天成，不发用，无方所。无所谓恶，也无所谓善，正是本初的至善，合乎阳明所说心性同一之旨，也与性善不相违背。其实，夏峰理解的这种“意无所着”的状态近似于未发之“中”。这时，夏峰视“心之体”为心性一体，因而总是以心证性，就心之未发言心之道德完满，而在他看来心之未发即是性，从而以心善接上性善。无论心性，只是一个浑然至善。这是就心体的发用而言。这种以心证性的方式还是合乎孟子的思路的。

此外，夏峰还提出要将此句放到阳明学的全景中来认识。他说：“阳明学之把柄以天地万物为体，以明德亲民止至善为用，其所谓‘无善’者谓无善之可名，正至善也，则‘无’字似不必以辞害意。”③他反对学人无谓地通过比较字句、拘泥文义狭隘地理解阳明学，阳明学本求仁，明体达用，仅字句上与佛老相近，意旨相差千里。阳明也曾说过“心之本体则性也，性无不善，则心之本体本无

① 王守仁：《传习录》上，载吴光、钱明、董平、姚延福编校《王阳明全集》上编卷一，浙江古籍出版社 2011 年版，第 6 页。

② 孙奇逢：《日谱》卷五之十一月二十三日条。

③ 孙奇逢：《日谱》卷九之六月十三日条。

不正也”。①

到康熙五年，夏峰的认识又转进一层，以阳明“无善无恶”言心非言性立论，认为心上的动静，无论善恶未发已发都不会影响性善，这样，性善论就不会受到心体状态不定的牵制而摇摆不定了。虽然，这层转进与杨晋庵的学说不期而合，但终究还是源自自己心上的揣摩和体验。早在顺治十七年四月，《日谱》记贾静子过夏峰，集中一些问题与夏峰切磋，就提到过杨晋庵的这番言论：

> 问：“虞城杨晋庵先生云：‘阳明谓无善无恶心之体，非言性之体也。何尝与孟子性善之说悖乎？’”曰：“尊德性自离不得道问学，道问学自离不得尊德性。谓朱陆皆见之拘泥，正以陆偏于尊德性意多，朱偏于道问学意多。仁义礼智信合而成德，酸、辛、苦、甘、咸合而成味，正容不得偏胜，虞城之论何碍理学？”②

从这段记录看来，夏峰当时的回答有些偏离所问，他这时可能还没有读过杨晋庵的著作。此后的一段时间内，夏峰对晋庵的学说也无所措意。

随着思考的深入，夏峰以性、情、才的所发时间不同，对无善无恶又有了一番新解。有人问阳明教旨，他说：“人有性、有情、有才，当浑然未发时，无才之可见，并无情之可见，只有一至善而已。”③结合他以前所说，无善无恶之心体，还是未发之无意、无情、无才的“中”的状态，也就是气无所动，而浑然一团天理的状态。并且，如果就工夫上琢磨，有善有恶是以心应事而言，心总是在事物上才能有好善恶恶的意思，所以夏峰说：“心无体，以事物

① 王守仁：《大学问》，载吴光、钱明、董平、姚延福编校《王阳明全集》中编一，浙江古籍出版社 2011 年版，第 1018 页。

② 孙奇逢：《日谱》卷十三之四月二十八日条。

③ 孙奇逢：《日谱》卷十四之七月二十四日条。

为体；心无用，以好恶为用。离事物无知可致，离好恶别无致知之功。”①可见，心之体在与事物相接之前，是一个虚空的所在。这个虚空不是虚无，它为理所充满，却不生一情一意一念，无善恶之发用，因而无善恶的性质可言，甚至心体都无法确证自身的存在。所以，只有应事对物，心之体才有存在可言，而此时的心之体又并非情、意、才之所发，已经不是本初那个无善无恶之体了。

直到康熙五年，夏峰认识到“无善无恶心之体”只是就心上说，不必牵涉性学，才于前说有一番洗括。他在复魏莲陆的信中说：

> 无善无恶心之体非谓性也。仆迩来正拈此以语同人，何期与吾丈所见正相同也。此亦阳明发越一语醒转，便可省许多梦语矣。甚快！甚快！②

又说：

> 阳明言“无善无恶心之体”，世之儒者群起而攻之，谓心性一也，不几同于告子乎？余谓阳明之所言盖心也，非性也，心性必不容分而才情相去倍蓰什伯千万，亦必欲强而同之乎？来教谓孟子言性善者指天命之性而言，而阳明指此心寂然不动时言也。夫心当寂然不动有何善恶之可名，而天命之性自在其中，正与无极而太极，太极本无极稳合，高明之见，可谓得其本矣。③

又过了半年，夏峰终于读到晋庵所论无善无恶，甚喜：

> 气质之性，宋儒论之详矣，再经晋庵一翻点定，群疑众难从此了了。至谓阳明无善无恶，原指心言，未尝谓性无善无恶，真足以启后人之覆，关众多之口。予最喜先得我心之同然。无奈攻

① 孙奇逢：《日谱》卷十四之八月初十日条。
② 孙奇逢：《日谱》卷二十四之八月初一日条。
③ 孙奇逢：《日谱》卷二十七之二月初八日条。

阳明者到底不解，一尘之隔若千层铁壁，百雉重关，而解粘脱缚直彻当下，恐孔孟而后指不敢多屈也。晋庵称解人哉！①

夏峰看到晋庵已发先声，更加确信自己理解不误。他将心、性作出区分，并没有打断先前"未发心体是性"的关联，他仍然坚持未发之中是至善的。不同的是，他将"无善无恶心之体"之"心之体"理解为心体，而非心性一体，于是更加强调性在理学结构中的独立性，以及性善论的不可动摇。性之善源自于天命，原不需要自心至性的推演，将阳明"无善无恶"说成是心而非性，一下使得性无善的批评成为无的之矢，使得敌论成为根本没有理解对路的一通瞎论。当然，本来以阳明说为禅宗的说法，就只是以语言文字之间的相似和误解而成的外在批评，并没有领会阳明儒学的本质。然而，夏峰回避阳明论性，固然使阳明"四句教"摆脱了性学表达含糊的纠结，却也使他同时远离了阳明学的方向，成为另一种误解。心性相分终究不能回避本心是否为性的问题，反而打破了其阳明心学心性合一的立场。

本来，"无善无恶"、"性是心之体"在阳明的学说中都是可以找到根据的，他既说过心无善无恶，也说过性无善无不善这样的表达，他说："告子病源，从'性无善无不善'上见来。性无善无不善，虽如此说，亦无大差；但告子执定看了，便有个无善无不善的性在内。有善有恶又在物感上看，便有个物在外，却做两边看了，便会差。无善无不善，性原是如此，悟得及时，只此一句便尽了，更无有内外之间。"②在阳明那里，心性本来就是合一的。阳明也明确说"不动于气，即无善无恶，是谓至善"③，进而解释"圣人无善无恶，只是无有作好，无有作恶，不动于气。然遵王之道，会其有

① 孙奇逢：《日谱》卷二十八之九月十七日条。

② 王守仁：《传习录》下，载吴光、钱明、董平、姚延福编校《王阳明全集》上编一卷三，浙江古籍出版社 2011 年版，第 118 页。

③ 王守仁：《传习录》上，载吴光、钱明、董平、姚延福编校《王阳明全集》上编卷一，浙江古籍出版社 2011 年版，第 32 页。

极。便自一循天理，便有个裁成辅相”①。此说从工夫论说明无善无恶是无作好作恶。以阳明强调过的性善说足可证无善无恶说乃一至善，而心性一体，上下通达的圆融境地也可以在这个学说中不相妨碍。

关于“无善无恶”的理解，本书以上已经陈列各家之说，以“无善无恶”为至善，此不赘述。吾人在此愿再呈一解，以就教方家。起缘在阳明一贯的解释逻辑，圆融流转，相通无碍。经典的表述在其关于照心、妄心的一段论述中：

> “照心非动”者，以其发于本体明觉之自然，而未尝有所动也。有所动即妄矣。“妄心亦照”者，以其本体明觉之自然者，未尝不在于其中，但有所动耳。无所动即照矣。无妄无照，非以妄为照，以照为妄也。照心为照，妄心为妄，是犹有妄有照也。有妄有照则犹二也，二则息矣。无妄无照则不贰，不贰则不息矣。②

仿此，对于无善无恶，同样的逻辑可以表述为：

> 善性非染也，以其发于本体明觉之自然，而未尝有所染也。有所染，即恶矣。恶性亦善也，以其本体明觉之自然者，未尝不在于其中，但有所染耳。无所染即善矣。无善无恶，非以恶为善，以善为恶也。善性为善，恶性为恶，是犹有善有恶也。有善有恶则犹贰也，贰则息矣。无恶无善则不贰。不贰则不息矣。

以上虽依仿阳明之语言逻辑而得，但不过借阳明之一贯思路解阳明之未解之辞，其中意义无不合乎阳明之本然思想，便于我们对阳明的性学有一更清晰的了解。此逻辑对分析其已发未发论、中和

① 王守仁：《传习录》上，载吴光、钱明、董平、姚延福编校《王阳明全集》上编卷一，浙江古籍出版社 2011 年版，第 32 页。

② 王守仁：《传习录》中，载吴光、钱明、董平、姚延福编校《王阳明全集》上编一卷二，浙江古籍出版社 2011 年版，第 71 页。

论、顿渐论等同样有效。由上可见，阳明其实认为恶性亦善，以其本体明觉之自然者，未尝不在其中，但有所蔽染耳。善性、恶性并非有两个性，恶性是善性受到习染而成，因此，善性是被恶性所隐蔽的本质，恶性只是善性的不真实的表象，“其本体明觉之自然者”仍然还在恶性之中，只消将恶性的习染去除，则恶性又可以恢复其本质，恢复为原来的善性。在此基础上，我们可以说恶性、善性是同一的，我们不能因为恶之表象而否定其背后的本质仍然是亘古不变的善性。“无善无恶”丝毫没有混淆善、恶和取消善、恶的道德差别，而只是对于性善作一本质上的澄清。

但夏峰的“性与心自不容混而为一”的分隔反而将统一打破，近于朱子的心性区隔说，介于朱子和阳明之间。一方面，他肯定阳明本心即性，承认心可以达到理；另一方面，不完全肯定心即理，像朱子一样对心作出区分。这个心、性的区分并不是他有这层思想转进以后才发生的，而是他从来就有的。他一直尊信朱子人心、道心的区分，并从不以笼统一个“心”字来表达“性”、“理”。他说“论本体只是性善；论工夫只是慎独”时，是以朱子、阳明都认同的“性”为本体的。

由此可知，夏峰之所以要作这个“心”“性”的区分，不是基于对阳明学说的不信任，反而正是为了将阳明的“四句教”解释得更为圆融。以“心”学之不完善，提醒王学的高明一路不要忽视工夫的重要性。他是有意借鉴朱子学以心性二分的方法来救治阳明学在心性一元论下的心在超越和现实层面的不同表现而产生虚玄而荡的可能，以他的话来说，就是以“建安之实”补“阳明之虚”。因而，夏峰在阳明说“心外无理，心外无事”之外，另要加一句“心外无学”①。

---

① 夏峰“心外无学”的提法出自曹本荣。曹本荣，号厚庵，黄冈人，顺治六年进士，著有《居学录》(见唐鉴《清学案小识》卷十待访录)。夏峰很认同他的“心外无学”，并结合阳明心外无理、心外无物，有自己的发挥。戴司农与夏峰问学，第四问心外无学，他领会到工夫都在心上，但困惑在如何能学至能行所无事，夏峰答曰：“孟子不动心，其功力在集义，行无不慊之时，则心自无杂念之扰，所谓‘静固静，动亦静’也。凡静时之纷驰，动时之逐物，危疑震撼之惊惧，皆是义袭，非集义也。孟子不动心亦在四十之年，功深力到，无可惑之言，无可夺之气，即欲强动之不得也。”(《夏峰先生集》补遗卷下)夏峰以孟子集义以求其本心解之。

再看他说："万物无所不禀则谓之曰命，万物无所不本则谓之曰性，万物无所不主则谓之曰天，万物无所不立则谓之曰心，其实一也。古之圣人尽性、立命、知天皆本于心，故但尽其心而已矣"①前半截"万物无所不禀则谓之曰命；万物无所不本则谓之曰性；万物无所不主则谓之曰天；万物无所不立则谓之曰心"活脱脱就是朱子学，后面跟上"其实一也。古之圣人尽性、立命、知天皆本于心，故但尽其心而已矣"又回到了阳明学。

在夏峰看来，"心"仍然具有大本大源的位置，只不过他通常以孟子所提"本心"称谓之。在偶尔说具有本体意义的"心"的场合下，他立刻加上"本心"以补充之。比如，他说："千圣万贤，总之此心。凡言存心、养心、尽心、求心、正心，皆所谓学以复此本心之工夫也。"②又说："大哉心乎！南北海，千古上下，无一物、一事、一时不通彻贯注于此心之中。此心真是与天地相似，《易》所谓知周万物而道济天下也。无端而插藩树棘，自隘其乾坤，非面墙，则坐井耳。总因私欲锢蔽，失其本心。欲认本心，须撤私欲。孟子曰：'尽其心者，知其性也。'夫子曰：'一日克己复礼，天下归仁焉。'尽心者，克己也，知性而归仁矣。"③才说"心"时，便以"本心"补充之。才说"本心"时，便以工夫补足之。这很符合他回归孔孟的主旨。

可见，在夏峰的理学中，他不提"心即理"，恰恰是为了维护人本有之心的本体地位。他谨慎称为"本心"的心，才是性，才是理。鹿善继曾经说："孟子动言心即性也，即德也……又恐人据当下之人心以为心，故又曰良心，又曰本心。本心乃性也，乃德也，故虞廷不能不以人心为心，而必曰道心，政见人之所自以为心，多非本心，须用精一乃执厥中。"④而作为王学的信奉者，鹿善继自己

① 孙奇逢：《日谱》卷十四之八月初八日条。

② 孙奇逢：《日谱》卷二十三之正月二十五日条。

③ 孙奇逢：《日谱》卷三十三之三月初一日条。

④ 鹿善继：《四书说约》上论卷一。也见孙奇逢：《理学宗传》卷二十四明儒考。

也从不言“心即理”、“心即性”的。由此可见夏峰受到了鹿善继的影响。

虽然夏峰在最后认同了杨晋庵的心、性分论，以此来解决阳明的“无善无恶”说引起的纷争，这使得他没有很好地贯彻阳明学说，让这个问题得到应有的圆满的解决。但是，夏峰在解决这个问题的过程中还是有他的贡献的。顺治十七年，夏峰76岁，他觉识到了本心虚空的本质，这已经道出心之体之无善无恶的关键了，既合乎阳明的思路，并且可以与朱子不相违背。虚明灵觉的特性在朱子和阳明所论的“心”中都能找到。如果再进一步追溯到太极，从阳明的心即理说起，在最高的理想层面，心与太极也是合二为一的。朱子解《太极图说》说“无极而太极”，这一点阳明很认同朱子而没有跟随象山。朱子说：“无极而太极，所以明夫道之未始有物，而实为万物之根底也。”以这句话来解阳明的“心”之体恐怕会使无善无恶的问题相当明了。其实，阳明的“心”之体也是“未始有物，而实为万物之根底”的，它的本来面目是未与物相接前的本始虚空，这样的虚空怎么会有善恶的出现乃至分别呢？如此，不仅很好地融会了朱子和阳明二家，也避免了仅从发用上以心体之无沾滞、无执着来解释作为心体性质的“无善无恶”，毕竟虚空灵明是心体的重要本性。

三、心与本心

夏峰虽以心学为本，但在他看来，心与本心并非同一概念，心有人心、道心，当心为道心时，才与本心同一。

本心的提法以象山最为提倡，为直接孟子之传。在夏峰看来，思孟朱陆王之学都是致力本心之明的学问。他说：“本心之明，既未尝灭息，则吾之所以致力者，岂遂自然之天则，而遑暇补凑于见闻，借资于外物乎？《中庸》致曲，致此而已。孟子扩充，扩此而已。朱子因其所发而遂明之，明此而已。陆子先立乎其大，立此而已。阳明致良知，致此而已。此其大较也。然其说却不谬于圣人本心二字，自是子静。”①

鹿善继认为《尚书》中人心和道心的区分是为了避免混淆当下之心与本心，夏峰提“本心”也正从这里来。心和本心，如果用阳明所言的人心和道心来比喻的话，心即人心和道心的总和，而本心即是道心，而在朱子所言的人心和道心的意义上，夏峰的“道心”和朱子的“道心”虽具备某些相似的特质，但难以用一个概念与之完全相对应。

何谓本心？夏峰以仁释本心。他说：“就本心安适处言曰仁，就切身断制处言曰义。仁包得义，义正所以成仁。”②

在他看来，本心即性，即道心，即心之本体，即元来最初之心，是人之为人的根本。他说：“本心即所谓性也。”③“道心即人心之本心。”④“人之所以为人，以有此本心也。失其本心，便失其为人，故圣贤有忧之。然本心却自难认，误以后来添入之心为元来最初之心本之，则亡矣。”⑤“本心谓羞恶之心。即所谓辩礼义而不苟于图生，不苟于辟死者也。此心于从容暇豫时，验之不得，正于行道弗受，乞人不屑，卒然之感，其天易露”⑥云云。秦家懿先生总结阳明的“心”有三种含义：原始的，纯洁的“本心”；受私欲所蔽的“人心”；成圣者重新光复而得的“真心”。⑦ 在阳明那里，“本心”倒不必为“原始的，纯洁的‘本心’”，因为阳明说：“一念改过，当时即得本心。”⑧这个本心应是她所指的“真心”。但在夏峰，本心确指人先天即有的本然善心，即兼备和生发仁义礼智之心。

朱子虽说出“天大无外，而性禀其全，故人之本心，其体廓

① 孙奇逢：《日谱》卷十九之三月二十五日条。

② 孙奇逢：《日谱》卷十九之三月十八日。

③ 孙奇逢：《日谱》卷三十三之二月三十日条。

④ 孙奇逢：《日谱》卷三十四之八月二十六日条。

⑤ 孙奇逢：《日谱》卷六之四月十六日条。

⑥ 孙奇逢：《四书近指》卷十九 鱼我所欲章。

⑦ 秦家懿：《王阳明》，台湾东大图书公司 1987 年版，第 57 页。

⑧ 王守仁：《寄诸弟》，载吴光、钱明、董平、姚延福编校《王阳明全集》上编卷四文录一，浙江古籍出版社 2011 年版，第 185 页。

然，亦无限量”①这样心性沟通的话，却不肯说出“心即性”，即便本心与性之间，还是有一道隐形的防线。不惟朱子不说，象山也不说。程颢说过：“心即性也。”且将这段话完整录下，以便分析他是在何种意义上说出的：

> 问：“心之妙用有限量否？”曰：“自是人有限量。以有限之形，有限之气，苟不通之以道，安得无限量？孟子曰：‘尽其心，知其性。’心即性也。在天为命，在人为性，论其所主为心，其实只是一个道。苟能通之以道，又岂有限量？天下更无性外之物。若云有限量，除是性外有物始得。”②

程颢的“心即性”是在“通之以道”的立场上言之，如果有限量的心能通道，则可以达到通达的境界，了解无限量的性。在这个意义上，无限量的性其实是“范围天下而不遗”的。不独“心即性”，万物都可以体证性。所以，程颢的“心即性”之“即”是“相即不离”的“即”，是“无限靠近”的意思。“心即性”也就是“即心至性”。但朱子同时的学者，常常将“即”看作“是”，因而，“心即性，性即天，天即性，性即心”的说法颇有一些人能认同，朱子专门作文《记疑》辟之：“偶得杂书一编，不知何人所记，意其或出于吾党，而于鄙意不能无所疑也。惧其流传久远，上累师门，因窃识之，以俟君子考焉。淳熙丙申三月乙卯。”鉴于此，朱子申辩谓：

> 云心即性，性即天，天即性，性即心，此语亦无伦理。且天地乃本有之物，非心所能生也。若曰心能生天之形体，是乃释氏想澄成国土之余论，张子尝力排之。③

① 朱熹：《尽心说》，《晦庵集》卷六十七，《朱子全书》册二十三，上海古籍出版社、安徽教育出版社2002年版，第3273页。

② 程颢、程颐著，王孝鱼点校：《二程集》河南程氏遗书卷第十八，中华书局1981年版，第204页。

③ 朱熹：《记疑》，《晦庵集》卷七十，《朱子全书》册二十三，上海古籍出版社、安徽教育出版社2002年版，第3403页。

宋儒因为朱子的影响，始终没有说到那么高明的路上。所以，黄震说：“自本朝讲明理学，脱去诂训，其说虽远过汉唐，而不善学者，求之过高，从而增衍新说，不特意味反浅，而失之远者或有矣。至晦庵为《集注》，复祖诂训，先明字义，使本文坦荡易知而后择先儒议论之精者一二语，附之以发其指要诸说不同，恐疑误后学者，又为《或问》以辨之。”①此虽论朱子章句之深入浅出，但也可观其一贯之态度，在避免高明空疏。只有到阳明才提出“心即性”，“或问：‘晦庵先生曰：“人之所以为学者，心与理而已。”此语如何？’曰：‘心即性，性即理，下一“与”字，恐未免为二。此在学者善观之。’”②这是真正意义上心即是性、即是理的意思。夏峰的“本心即性”也正是接着说出，只是在阳明的“心”上特地强调出“本心”的意义来。

① 黄震：《黄氏日钞》卷二《读论语》。
② 王阳明撰、陈荣捷注：《王阳明〈传习录〉详注集评》卷上，第41页。

第五章　作为一以贯之的宗旨：慎独说(上)

先秦文献中，“慎独”的原始涵义为“思其心”。① 宋明理学所谓“慎独”依然关注其内心省思的一面，只是结合已发未发、动静等问题更深入地加以探讨，并将之上升到工夫论的层面，“慎独”的内容因而得到大大丰富。按照朱子的划分，涵养是当下指向将来的，是未发之心的兢惕，省察是当下指向过去的，是对于已发生的事的反思，而未发将发之际的慎独的工夫则只是在当下的。阳明的慎独不仅贯穿动静，还要贯穿到动静之间的未发将发之际。实际上，人的心、意、念在一时间可能很复杂，慎独的工夫也可能同时涵括以上三个层面。所以，夏峰说：“随处省察，随处涵养，所谓藉盘错以别利器耳。”②

夏峰的慎独是一以贯之的工夫，它包括静坐观心、闲邪存诚和戒惧慎独等内容。静坐是夏峰始终坚持的一项工夫，可以说明其工夫的本质是慎独；观心工夫则既可以体现其慎独思想的独特蕴涵，又可以表明其工夫论前后的一些变化；闲邪存诚是夏峰与友人讨论最多的工夫，他主张闲邪存其诚，体现了其慎独工夫笃实与融合的特质。要而论之，静坐工夫偏重于未发之戒惧，闲邪工夫偏重于已发之省察。夏峰慎独学说融合朱子和阳明的工夫论，这种融合表现在他既承认中和体用论，又补之以省察穷理。从而，通过分析慎独意蕴及其与集义、无欲和求放心等工夫之间的关系，可以说明夏峰

---

① 详见笔者《简帛〈五行〉“慎独”涵义探析——兼论与〈大学〉〈中庸〉〈礼器〉〈不苟〉篇“慎独”涵义之统一》，《哲学分析》2012 年第 4 期。

② 孙奇逢：《日谱》卷三十三之二月二十六日条。

是如何用慎独来统合其他工夫的。本章最后比较了夏峰与蕺山的慎独学说，以便说明夏峰慎独学说之个性及明末清初时期学者所宗慎独学说之共性。

一、静坐观心

儒家的传统中的静坐工夫不同于佛教的“宴坐法”。鸠摩罗什《维摩诘所说经》中舍利弗白佛言：“……忆念我昔，曾于林中宴坐树下，時维摩诘来谓我言：‘唯，舍利弗！不必是坐，为宴坐也。夫宴坐者，不于三界现身意，是为宴坐；不起灭定而现诸威仪，是为宴坐；不舍道法而现凡夫事，是为宴坐；心不住内亦不在外，是为宴坐；于诸见不动，而修行三十七品，是为宴坐；不断烦恼而入涅槃，是为宴坐。’”①唐代静坐法已经成为佛、道两家养息的共同的方法。到了宋代，儒家也渐渐接受这种方法，像苏轼说：“无事此静坐，一日似两日。”②理学家周敦颐、张载、二程等人也都很认可，并身体力行之，逐渐成为理学的一项工夫。夏峰对于二程所说的静坐也非常推崇，并曾常提薛瑄的“静中观心，闲中一乐”八字。

（一）观心

静坐之法最早在理学中的运用与调理呼吸相关联。朱子有《调息箴》曰：“鼻端有白，我其观之。随时随处，容与猗移。静极而嘘，如春沼鱼。动极而翕，如百虫蛰。氤氲开辟，其妙无穷。孰其尸之？不宰之功。云卧天行，非予敢议。守一处和，千二百岁。”③其具体方法为“视鼻端”，类似一种道家的养息法，薛瑄以此养疾。在哲学的意义上，薛瑄的静坐功课主要包括：先得此心真一虚静，

① 鸠摩罗什：《维摩诘所说经》弟子品第三，大正新修大藏经本。

② 苏轼：《息轩》，载蔡正孙：《诗林广记》后集卷三。

③ 朱熹：《调息箴》，《晦庵集》卷八十五，《朱子全书》册二十四，上海古籍出版社、安徽教育出版社2002年版，第3997页。

默存未发之中，有洗括杂念之后的恬适愉悦之感。①

夏峰借用薛瑄的“静坐观心”，其实意指借助静坐的工夫，切断一切的闻见之知，直证人的虚明本心，也有存养未发之中的意思。

> 客曰：“心何用观？”曰：“为其不在也。”客曰：“不在而何以观？”曰：“一观之而即在矣，时时观则时时在，到得不待观而无不在，则无不乐。非诚意君子未易语此。”②

夏峰意思固然不错，观心即是使心常在的工夫，就是求其放心，但客问得也高明，既然心不在，那么以什么来观心呢？如此，势必出现两个心，即以心观心，这正是朱子在《观心说》中作批判的佛学之二心说。夏峰虽确知朱子的批判，但仍坚持观心说。他认为佛学的观心说和薛瑄所说的“静坐观心”是有根本区别的。“观心者欲令此心常在腔子里，即晨起问主人翁在家否。禅家以不得勿求为主，故能硬把捉。文公谓其势逆，其途险，其机危而迫。圣人之学于彼正相反，本心以穷理以应物，当知故萌生时，正好穷究根因令他无处藏躲，起一念旋治一念，此处他人不知而己独知，扫除廓清，他人乌能着手？即天地鬼神亦不能代我为力。认得本心明白，种种添入之心自不得窃据本位。到此时视方能有见，听方能有闻，食方能知味。何乐如之？”③他认为儒学的静坐并非静中枯槁，而能以清明之本心对于自己生发的恶念当下遏止、去除，使本心自然发见，表面的静之下却常常覆涵着激烈的天人交战。

夏峰此时力图从思想上澄清儒学“观心”之法与佛学家之观心的差异，直到《日谱》第二十卷，还可以看到他在申辩，即便佛家也用“观心”二字，也不会影响儒者使用它时表达的是纯粹儒学的独特涵义。然而，此后他确实放弃了“观心”这种比较容易引起混

① 薛瑄：《读书录附续录》。

② 孙奇逢：《日谱》卷六之五月初十日条。

③ 孙奇逢：《日谱》卷七之八月初六日条。

淆的提法。“观心”不仅在表述上容易引起以心观心的二心之嫌，使其远离理学家于静中廓清本心以做工夫的主旨；而且，他意识到刻意去“静坐观心”求静，与佛学其实无异，最终会“槁灭一身”。职是之故，夏峰逐渐转变了表述，不再强调“静坐观心”，而是转向静坐以体验未发之中的道南指诀了。

(二)静坐体验未发之中

夏峰后来将“观心”解释为戒惧念前之心，他说：“定园主人(引者注：戴司农)谓来吉曰：‘观心而不得其念前之心，则日日观心，日日可动也。’念前心者，即未发之别名也。观者，即戒惧之别名也。实求其念前心而观之，则万物之来对以性不对以情。既不著喜怒哀乐，焉得有不静之理？若不得见念前心，则万物之来以肉团心对之，喜怒哀乐之发耳，是对以情，不以性焉，往而不动哉！”①

“念前之心”即喜怒哀乐未发之心，“观心”根本在于对念前之心的存养，达到应物以性而不以情的境地。夏峰曾盛赞李侗，说：“延平看喜怒哀乐未发，才是静坐的榜样。”②这也表明戒惧念前之心和道南指诀乃异名同实的工夫。二程都教人静坐，明道教人“且静坐”③，“伊川每见人静坐便叹其善学”④，不过没有直接将静坐与未发之中的体验联系起来。但程颢的学说中有静为动之根源的思想痕迹。比如他说：“乾，阳也，不动则不刚；‘其静也专，其动也直’，不专一则不能直遂。坤，阴也，不静则不柔；‘其静也翕，其动也辟’，不翕聚则不能发散。”⑤明道认为发散的根源在于翕聚，

---

① 孙奇逢：《日谱》卷二十七之三月初三日条。

② 孙奇逢：《日谱》卷十四之十一月十二日条。

③ 黎靖德编：《朱子语类》卷二十六，《朱子全书》册十四，上海古籍出版社、安徽教育出版社 2002 年版，第 947 页。

④ 程颢、程颐撰，王孝鱼点校：《二程集》河南程氏外书卷十二，中华书局 1981 年版，第 432 页。

⑤ 程颢、程颐撰，王孝鱼点校：《二程集》河南程氏遗书卷十一，中华书局 1981 年版，第 129 页。

因而，我们要以静、专、一养心，动才能刚、直。

首先提出“静坐中看喜怒哀乐未发谓之中，未发作何气象”的是杨时的弟子罗从彦，罗从彦传之李侗，李侗传之朱熹。不过朱子最初于此契会不多，他认为这种执静的方法“终是小偏。才偏，便做病道理”①，此时的朱熹认为静坐只是静上功课，不能于动上有所助益，因而须谨记伊川“敬以直内，义以方外”的训诫，则不分动静都是磨炼。可见，朱子对于以静贯动静的做法不以为然，也不赞成特地将静坐作为一种工夫来看待，而更倾向伊川“敬贯动静”之法。不过，朱子到晚年，看法有所改变，他说：“李先生教人，大抵令于静中体认大本未发时气象分明，即处事应物，自然中节。此乃龟山门下相传指诀。然当时亲炙之时贪听讲论，又方窃好章句训诂之习，不得尽心于此，至今若存若亡，无一的实见处，辜负教育之意。每一念此，未尝不愧汗沾衣也。”②唐君毅先生曾论及朱子学圣工夫的曲折经历，谓其初以性为未发、心为已发，于心之发见处提撕猛省为工夫，后幡然悔悟，只在心的发用处用功，乃转以主敬涵养工夫培养根本，契入伊川之“涵养须用敬，进学在致知”一路。③

朱子的这番转变和阳明正好相反，阳明最初比较认同静养未发之中，培育大本大源，达到发用上的“和”的境界，后来他考虑到只取静的工夫会养成惰气，又改说致良知的工夫。阳明认为，一般人喜怒哀乐不发，虽看似“中”的状态，但只是气定，而不是循理，因而“不可谓‘未发之中’常人俱有”，④ 仍需如《中庸》“致中和”所言，要有“致”的工夫。在阳明看来，未发之中是体，已发之和是

① 黎靖德编：《朱子语类》卷第一百二，《朱子全书》册十七，上海古籍出版社、安徽教育出版社 2002 年版，第 3409 页。

② 朱熹：《答何叔京》，《晦庵集》卷四十，《朱子全书》册二十二，上海古籍出版社、安徽教育出版社 2002 年版，第 1802 页。

③ 唐君毅：《原德性工夫——朱陆异同探源》，载《中国哲学原论》(原性篇)，中国社会科学出版社 2005 年版，第 361 页。

④ 王守仁：《传习录》上，吴光、钱明、董平、姚延福编校《王阳明全集》上编一卷一，浙江古籍出版社 2011 年版，第 19 页。

用，体用一源，未有用达而体未至的。换言之，若能已发而和，则必有未发之中；若能未发处中，则必能已发皆和。

夏峰自六十多岁，便做静坐工夫。与高攀龙认为静坐观未发气象是“程门指示初学者摄情归性之诀”不同，他根据自己多年的静坐经验，认为静坐并不是人人做得，尤其不适合初学者。他说：

> 静坐良非易事，心气浮杂之人逐日奔忙，魂梦为扰，即质近安闲，非有学力操得把柄在胸中，亦未能神闲而气定也。①
>
> 躁心浮气人静坐不得，热心急性人亦静坐不得，元公之无欲、延平看喜怒哀乐未发，才是静坐的榜样。②

很多人静坐是欲在静坐中寻求一种气定的状态。而事实上，在夏峰看来，恰恰相反，静坐需要学者已经学有把柄，才能气定，在静坐中保持思虑纯善的状态。《大学》说：“知止而后有定，定而后能静，静而后能安。”静是知止之定的结果。阳明据此说：“纷杂思虑亦强禁绝不得，只就思虑萌动处省察克治，到天理精明后，有个物各付物的意思，自然静专无纷杂之念。”③夏峰认为，未发的状态可以描述为“不问动静，无一毫夹杂，无一息间断”④，心在当下即是未发。对于初学者，往往会出现偏好静、思虑不纯或工夫间断的情况，这些问题是只静坐而无戒惧省察之功所无法解决的。陈子石写信问夏峰，事来则忙，涵养不能持久，夏峰在《答子石问》中说：

> 盖虚明端倪犹属乍见之良，终非实有诸己。此静之原未彻，故静之效未彰耳。知止而定，静之原也；安虑而得，静之效也。知忙是病而病不能瘳，咎在于不知止，故中摇外撼，而

① 孙奇逢：《示立儿》，《夏峰先生集》卷六。

② 孙奇逢：《日谱》卷十四之十一月十二日条。

③ 王守仁：《与滁阳诸生书并问答语》，吴光、钱明、董平、姚延福编校《王阳明全集》中编一卷二十六，浙江古籍出版社 2011 年版，第 1030 页。

④ 孙奇逢：《日谱》卷二十七之三月二十四日条。

> 天君不泰止者，吾心之本体非知止，乌能得止？非慎独，乌能知止？慎之一言，彻始彻终，心广体胖之君子，从容中道之圣人，总于此而得之。①

夏峰认为，静坐中出现的问题，就是本源不静的问题，解决的关键在慎独，慎独才能知止，根固本源，使本源的发用源源不断。夏峰给出的医方则是从根本处解决。

他承继阳明"'无欲故静'，是'静亦定，动亦定'的'定'字"②的说法，以定释静，将静坐的范围扩大到动，静坐也只是"定"的功夫。周敦颐有半日静坐，半日读书的习惯。朱子说"如此一二年，何患不进"③。陈几亭将此习惯变成三分法，一分静坐，一分应物，一分读书。④ 夏峰则说："应事亦静坐也，读书亦静坐也，所谓静固静，动亦静耳"，可见，夏峰所谓的静不是说身体的动静，而是始终保持心体之静，见性体之静，因而是定，《大学》所谓"定而后能静，静而后能安"，也类似于程颢在《定性书》中所说"动亦定，静亦定"，也即阳明所谓"循理"。

夏峰从早年开始静坐，对于静坐的体验受用不少，随着学力的增加，静坐也不断有进境，《兼山堂静坐》诗云：

> 山近云堪爱，秋清花正妍。一心无恶趋，万事有良缘。
> 洗砚吟乘兴，拂床倦就眠。只将闲送老，何用学神仙。⑤

可见，因为日日静坐，夏峰的心境已非常恬阔平和，朱子所言濂溪"半日读书，半日静坐"的经验会使人一二年便得长进，于夏

① 孙奇逢：《日谱》卷二十七之三月初五日条。

② 王守仁：《传习录》下，吴光、钱明、董平、姚延福编校《王阳明全集》上编一卷三，浙江古籍出版社2011年版，第100页。

③ 黎靖德编：《朱子语类》卷第一百一十六，《朱子全书》册十八，上海古籍出版社、安徽教育出版社2002年版，第3674页。

④ 陈龙正：《柱联》，《几亭外书》卷三。

⑤ 孙奇逢：《日谱》卷二十之八月十三日条。

峰之所得，可见一斑。若究其实，则静坐的工夫并非只是闭目静坐的动作，而是能于静坐中做戒惧的工夫，才是静坐的要义。否则，静坐要么变成枯坐，要么会出现间断、夹杂之类的问题。夏峰说：

主静者言不以心为物役也，非闭门枯坐，一切不去料理。须将此戒惧之心刻刻提起，人能刻刻提起此心，便可酬酢一切，不为物役。静孰静于此哉？①

从这个意义上说，静坐的本质是慎独，所以夏峰说“程门教人静坐看未发，是教人慎独耳”②。

（三）本体上着工夫

夏峰虽然转向了静坐以体验未发之中的工夫，但是这种本体上着力的工夫，仍有一些问题需要解决。其一，本体上究竟能否着工夫？其二，体验未发之中，仍需更具体的工夫入手处，否则就难以把握。

仅就前一个问题而言，可以通过阳明的一些思想转变为例来加以考察。一方面，阳明曾说：“人只要成就自家心体，则用在其中。如养得心体，果有未发之中，自然有发而中节之和，自然无施不可。”③他认为，未发之中与已发之和的工夫不可截然分开，已发之和的得力处正在于未发之中。所以，他平常很注重未发之中的涵养，认为“精神、道德、言动，大率收敛为主，发散是不得已。天、地、人、物皆然”④。从未发之中到发而皆中节之和，乃是自然而然的。

本体本善，它和天理一样是人所增减不得的，从本源上说，人

① 孙奇逢：《日谱》卷三十三之二月二十六日条。

② 孙奇逢：《日谱》卷二十七之三月二十四日条。

③ 王守仁：《传习录》上，吴光、钱明、董平、姚延福编校《王阳明全集》上编一卷一，浙江古籍出版社2011年版，第23页。

④ 王守仁：《传习录》上，吴光、钱明、董平、姚延福编校《王阳明全集》上编一卷一，浙江古籍出版社2011年版，第21页。

不惟无能为力，甚至是很难直接认识到的。如果一定要人为去改变它，只能使善的本性变成伪或者恶的。本来就是光明澄澈的本体，何需着工夫？因而阳明又说："至善者，心之本体也。心之本体，那有不善？如今要正心，本体上何处用得功？必就心之发动处才可着力也。心之发动不能无不善，故须就此处着力，便是在诚意。如一念发在好善上，便实实落落去好善；一念发在恶恶上，便实实落落去恶恶。意之所发，既无不诚，则其本体如何有不正的？故欲正其心在诚意。工夫到诚意始有着落处。然诚意之本，又在于致知也。所谓'人虽不知，而己所独知'者，此正是吾心良知处。然知得善，却不依这个良知便做去，知得不善，却不依这个良知便不去做，则这个良知便遮蔽了，是不能致知也。"①据此，阳明认为在本体上着工夫既不必要，也不可能，工夫只能在已发上做。于是，工夫的着力点变成了诚意，因为意是心之所发。保证意之发能存善去恶，心体之正也就自然而然实现了。

显然，阳明以上所论指向截然不同的两种工夫路径，前者以养得本源之体，则发用自然是清流；后者则是从效验处入手，通过省察治理已经表现出来的"意"来端正内在本体。同样是阳明，何以前后出现这样两种截然相反的观点？检视两条材料出处，前者来自《传习录》上卷，后者来自《传习录》下卷。依陈荣捷研究，《传习录》上卷为阳明早年思想，下卷所记乃阳明去世以后门人整理的晚年思想材料。若此论成立，则以上阳明在工夫论上的表述也可以理解为阳明前后期思想的一项变化。依笔者浅见，这一表述的变化并不意味着阳明晚年改变对未发之中的追求，而只是其"体用一源"思想的体现。这可以有两种解释。其一，就学理而言，晚年的阳明强调的只是一个致良知，所有的工夫都是致良知，动也是致良知，静也是致良知，工夫可以不论动静。静中涵养，和动中省察一样，都是致良知的一种方式，动中省察，最终仍要求心体之正。其二，就工夫落实处说，就已发做致知诚意的工夫，才能真正入手、着

① 王守仁：《传习录》下，吴光、钱明、董平、姚延福编校《王阳明全集》上编一卷三，浙江古籍出版社 2011 年版，第 131 页。

力，所以阳明说“工夫到诚意始有着落处”，可能阳明担心学人一味求静中光景，养成喜静厌动的弊病，他才改变最初直指本心的高妙之论，转而强调切近可行的实在工夫，所谓“人须在事上磨炼做功夫乃有益”①，正是此意。他强调不必于静中求得未发之中，而是不分动静地致其良知，也即随时随处体认天理。实际上，阳明以“致良知”扬弃了原来的静中体验未发工夫。我们在前面已经说及，表面上看来，这是和朱子的前后转变相反，其实是对朱子工夫学说的包容。

工夫的问题在阳明提出“致良知”以后，已经得到了一个明确的解决。阳明后学中念庵、龙溪等人都在肯定本体上着不得工夫的前提下，各自发展了归寂说和现成良知说的；而修正派也正是因为认为本体上着不得工夫，因而将工夫定位在本体的发用上，这一思路可以说是和朱子早年工夫学说一脉相承。阳明晚年认定的本体上着不得工夫的学说正是其后学分化为归寂派、现成良知派和修正派三说的共同理据。② 由以上所论可知，能否在本体上做工夫的问题，自王阳明以下已经被凸显为一个重要的理学问题。身处明末清初的夏峰，是如何看待这一问题的呢？夏峰在明末清初有无讨论工夫到底要不要、能不能在本体上着力的问题，就在于如何使归寂派的主张重新表达，使它保证工夫使心体的复澄无造作、助忘，又能免除工夫无必要的误解。

> 念庵《答蔡白石》云：“来书直于本体上自着工夫，镕铄染习，不识此件工夫，当染习未发露，如何镕铄？本体上着工夫，毕竟何似？此处尚烦拨指。”当时白石不知如何裁答。愚意本体上着工夫者，谓不睹不闻，本体也；戒慎不睹，恐惧不

---

① 王守仁：《传习录》下，吴光、钱明、董平、姚延福编校《王阳明全集》上编一卷三，浙江古籍出版社2011年版，第101页。

② 本书采冈田武彦先生在《王阳明于明末儒学》中的现成派、归寂派和修正派的王门三派划分。（详见冈田武彦：《王阳明与明末儒学》，吴光等译，上海古籍出版社2000年版。）冈田先生认为修正派赞同本体上可以着工夫，而唐君毅先生认为修正派也认为本体上着不得工夫，本书从后说。

> 闻，便是本体上着工夫。念庵云："染习未发露，如何镕铄"，见本体上着工夫不得。戒惧无时可息者，便是用工夫以复其本体也。本体复则诚存，是无可用力中真用力，即谓本体上自着工夫。镕铄染习亦可也。盖本体至善，原无染习有欲，而后有不善，有不善而后有学，学者去其不善，以还吾无欲之体者也。周子"无欲故静"，"无欲"是立极工夫，"故静"是仍还其不动之本体而已。明道扩然大公，物来顺应，便是濂溪无欲故静之旨，悟者不在多言，本体工夫一齐了当。①

"戒慎不睹，恐惧不闻，便是本体上着工夫"，夏峰似乎肯定了本体上可以着工夫，然而，他明确从念庵"染习未发露，如何镕铄"的问题中，理解了"本体上着工夫不得"，那么，夏峰真实的态度究竟如何呢？"用工夫以复其本体"一语可谓关键，用工夫自是在已发中用，不过最终要复其本体。本体仍然是"无可用力"的，不过可以借在已发上用力而达到"本体复则诚存"的未发之中。据上面的引文，夏峰所谓"本体上着工夫"，可分为以下几个层次来理解：其一，如果说不睹不闻是本体的话，戒慎不睹，恐惧不闻是本体自具的一种状态，相当于本体自着工夫。就效验看，戒慎、恐惧看似没有用力，正是真正的用力处。其二，对于由染习而生欲的本体而言，本体和遮蔽本体的不善之欲正在一处，学者要去其不善，这是针对本体而来的，也可以说是在本体上着工夫。其三，本体与工夫，工夫离不开本体，工夫自然是本体自觉地进行的。在这个意义上，所谓工夫不就是本体自身着于自身的吗？我们又何以说本体上是着不得工夫的呢？

夏峰明确地说："工夫只在本体上做。"②在这个意义上，本体上着工夫不仅可能而且必须。他以工夫的不离本体，保证了工夫的不落空和真实性。

他说："延平教人看喜怒哀乐未发时气象，未发时有什么气象

① 孙奇逢：《日谱》卷十八之八月十七日条。
② 孙奇逢：《日谱》卷三十五之五月二十四日条。

可看？竟有人焉向此处一眼觑定，不但喜怒哀乐失所从来，即戒惧慎独无从下手，正在勿忘勿助之间敬以存之而已，是理学绝顶一步。”①在未发时戒惧慎独无从下手的地方，我们仍然有勿忘勿助、敬以存之的工夫。他在这里将戒惧慎独和敬以存之似乎作了一个不同的区分，这个区分即戒惧慎独是未发、已发的心之工夫，再进一步到性的层次，即“喜怒哀乐未发气象”，工夫是直接无处着手的，他所谓“戒惧慎独无从下手”，那么，我们还是需要在此无声无息的境地“敬以存之”，所谓工夫无间断。对应念庵“染习未发露，如何镕铄”的问题，虽然表述上，夏峰和念庵完全相反，其实立场一致。只是夏峰为了强调工夫的必要和可能，才故意作一相反的表述。这和夏峰一贯强调的“着手下学而上达在其中”②是一致的。

二、闲邪存其诚

《易传》曰：“闲邪存其诚。”闲邪诚自存还是存诚自无邪，分别代表下学和上达的两种工夫路径。夏峰通过与友人戴岩荦和田华石③两人的讨论，更深入地理解了闲邪的工夫，他闲邪诚自存的立场，也反映其强调卑迩之下学的一贯态度。

程颐对于闲邪诚自存发挥颇多，主要是以闲邪释敬，进而由敬入诚境。他说：“闲邪则诚自存，不是外面捉一个诚将来存着。今人外面役役于不善，于不善中寻个善来存着，如此则岂有入善之理？只是闲邪则诚自存，故孟子言性善，皆由内出。只为诚便存闲邪，更着甚工夫。但惟是动容貌，整思虑，则自然生敬。敬，又是主一也。主一，则既不之东，又不之西，如是则只是中；既不之此，又不之彼，如是则只是内。存此，则自然天理明。学者须是将‘敬以直内’涵养此意。直内是本。”④又说：“闲邪则诚自存，而闲

① 孙奇逢：《日谱》卷三十三之正月十七日条。
② 孙奇逢：《日谱》终录。
③ 田木沛，字华石。顺治十八年请夏峰讲学百泉书院，夏峰辞赴。
④ 孙奇逢：《理学宗传》卷三。

邪者，乃在于言语、饮食、进退、与人交接之际而已矣。”①“闲邪存诚，非礼勿听。”②可见，伊川非常重视《周易》“闲邪存其诚”的思想，并进一步将其发展为一种工夫论。他所谓闲邪主要在“动容貌，整思虑”，其实是一种内外皆主静整肃的工夫。

夏峰对《理学宗传》中收录的伊川语下批曰：“闲邪则诚自存，是工夫在闲邪上，而闲邪又只在自然生敬，直内为本。”可见，夏峰从伊川的思想中获得的闲邪为诚存之根本的结论，但至于何者为闲邪，夏峰又结合《大学》《中庸》发展出一套自己的学说，尤其是在和友人戴岩荦、田华石辩难的同时，自己的工夫亦日见纯熟，其闲邪诚自存的思想更为成熟稳健。

(一)与戴岩荦的讨论

夏峰真正面对这个问题，是在沧州戴岩荦提出以后，此时大约在顺治十七年(夏峰七十七岁)。我们现已无法确知戴岩荦来信的内容是怎样的，大约是自谓对“闲邪存诚”有心得，以求切磋。所以，夏峰在回信中说道：“闲邪存诚四字，道统学脉一言而尽，先生之得力深矣。”③半个月后，夏峰对此略有思考，作《再答戴岩荦》进一步说明自己闲邪以存诚的立场。他说：

> 来书以闲邪存诚相质，足见独得关键，某敢不略尽其愚，夫诚合下浑然，不存自存，天之事也。闲邪存诚，以人复天，诚之者事，大易闲邪以存诚，即所谓去人欲而存天理也。人欲去一分，天理自复一分。人欲尽去，天理全复矣。得力处只在闲邪。孔子之改过徙义，颜子之不二不迁，曾子之戒欺求慊，子思之不疚无恶，孟子之集义慊心。总之一闲邪而已，其着落在庸德庸言，其工夫在学问思辨，德成之后，博而化善，成而不伐，未成之先，不知几多困勉，由愧悔而愤发，鼓风雷之

① 孙奇逢：《理学宗传》卷三。

② 孙奇逢：《理学宗传》卷三。

③ 孙奇逢：《答戴岩荦》，载《日谱》卷十四之十二月二十日条。

益，见天地之心，立地便能超凡入圣。尧舜汤文孔颜思孟以迄周程诸大儒，总是一个功夫。天地古今，一诚流贯，原无封畛，无悖违，只有一邪以障之，举足成迷，骨肉相残矣。闲之熟，外邪不能入，内邪不得起，成性存存，仍嘘天地古今于太和元气之间，所谓反身而诚，乐莫大焉。①

他认为，存诚是本体，不期存而自存的，是天所赋予的；人所能为之工夫是恢复诚之本体，这个工夫就是闲邪。所谓“闲邪是存诚的工夫”②。闲邪不仅仅是伊川所谓“正容貌，整思虑”那样，只表现于容貌恭敬和思虑端正，他认为闲邪是学问思辨之事，落实于内在的德性修养和外在的语言表达，还行之于事，发之于行为之中，如“孔子之改过徙义，颜子之不二不迁，曾子之戒欺求慊，子思之不疚不恶，孟子之集义慊心”，在夏峰看来都是闲邪的工夫。他先是有内邪和外邪的划分，内邪即内在的欲望和不得其正的情绪等，外邪即外在的诱惑和迫力使心产生愤懥恐惧好乐忧患的情绪。等到他工夫熟以后，将内外打通，认为内邪和外邪是一致的关系。如果内心能于外在的忧患、诱惑和迫力能看破，则自然不会有所谓的内邪，外邪也随之不存在。“问：外邪易断，内邪难灭。此语然否？曰：是亦未尝深自体认，夫邪安有内外哉？大凡内念之胶固总因外景之牵缠，外之得丧、荣辱、横逆、忧患、死生，果能一一看破，而了无介介乎不能也。外不能了达，内何能断灭，原无内无外之道也。断除邪念，须先淡世情，处处让人，事事自反，把横逆事只看作平等，强恕而行，求仁莫近，积之既久，内念自平而笃实光辉，可渐次而至矣。”③因而，闲邪的工夫是从根本上做内在的工夫，先将诱惑看淡，将生死看破，事事只是反求自身，工夫久之，便自然能闲邪存诚。天地间原只有一个诚、一个邪。只是一邪障一诚，只要闲邪便能使诚重新流贯。

---

① 孙奇逢：《答戴岩荦》，载《日谱》卷十五之正月初四日条。

② 孙奇逢：《日谱》卷十九之二月十五日条。

③ 孙奇逢：《日谱》卷十七之六月初五日条。

他认为，闲邪工夫是勉之又勉、思之又思的困勉层次的工夫，但圣者如孔、颜、曾子，都自居于学而知之者，仍做下学的困勉工夫。这个困勉的工夫说起来就是迁善改过，夏峰所谓“安勉顿渐由来渐矣，其着力处总自闲邪始，而闲邪之功，尤在于发端处而致其决”①。夏峰以《夬》卦为例，说明迁善改过可以无咎，但要充实光辉还要从戒欺求慊的源头处做工夫。闲邪之“闲”已经超出它本来的“防御”之义，一方面，外在行为的不善与过，是已然发生的结果，通过迁、改的工夫可以保证下次不再发生；另一方面，则是更重要的，即从源头，即阳明所谓一念发动处，清理不善的念头，以惩、窒的工夫，保证无邪思、不出位。“夫忿与欲，不善与过，皆邪也；惩之窒之迁之改之，乃所谓闲邪也。邪与诚不并立，留得一分邪便减得一分诚，有纤毫间杂处即息矣。终与乾行不相似，净尽坚固田地，只是个反身而诚，乐莫大焉。”②

总之，在与戴岩荦的讨论中，夏峰认为诚作为本体，乃不期自存，无所谓工夫可言，而闲邪才是具体的工夫入手处，是以人复天、尽人合天之事。

(二)与田华石的讨论

不期两年以后，夏峰又碰到同样的问题，通过与田华石的讨论，他的思考愈发深入。《答田华石》云：

> 弟之宗指谓闲邪以存诚，先生宗指谓存诚自无邪。然亦非两事，无二功也。来旨云：“夫人一生自幼至耄，一日自子而亥，无一刻非邪之缘。其来不及拒，其发不及觉，其细不及检，纵日事提防，无论邪不能止。即止之，为劳已甚。稍懈焉邪将又伏，故不如以一诚为主。如《大学》之知止、《中庸》之慎独、曾子之忠恕、孟子之不动心。但使此物提醒不昧，则邪萌自消，即如杲日当空，魍魉自灭，如此，日日存自无邪。久

① 孙奇逢：《日谱》卷十七之六月初十日条。

② 孙奇逢：《日谱》卷十七之六月十一日条。

之不用闲，无弗诚矣。此是一了百当之法，只预存一诚自可省却许多闲邪工夫。静言思之，诚何能预存？曾子之忠恕，一生自省用多少戒欺工夫，方能有自慊之时，孟子之不动心，一生集义扩充长养，浩然不夺于外，岂一朝一夕可得此之境地？是欲净理还有不期存而自无不存之意。非决尽群阴闲邪之至，岂易语此？弟谓闲邪以存诚，下学也；先生谓诚存自无邪，上达也。凡可用功、可告语者，皆下学。上达即在下学里。以孔子之圣而曰：闻义不能徙，不善不能改；以颜子之贤而曰：有不善未尝不知，知之未尝复行，皆所谓闲邪也，下学也。来旨亦明言之，第未曾判定何为下学，从入门时论也，何为上达，从成德后论也。程子曰："穷理尽性至命，只是一事。"愚故谓："闲邪以存诚，诚存自无邪，亦非两事，无二功也。"要知邪非淫荡恣肆，显与名理背叛，只稍与吾性命相违拂，便非所谓未发之中，中节之和。君子戒惧慎独，致吾中，致吾和，急去其不中不和者，而诚存矣。诚无妄。邪者，妄也。留一分妄，蚀一分诚，两者争胜。谚云："道高一尺，魔高一丈。"学术治术，各有魔。声色货利，从外中之，然其根却伏于内惑忧惧；自内中之，然其弊却流于外，不迩不殖，惟汤非知仁勇，惟能祛惑忧惧。至比之害周，同之害和，欢虞小补之害，治均之皆蚀吾诚耳。大人不废闲邪之功，贞妇亦凛，即邪之诚，危乎！微乎！惟精者，闲邪也；惟一者，存诚也。允执厥中，不期存而自存，诚者，天之道也。生安不废学利，学问之事久矣，无人相商，故于先生不敢不尽其愚。幸直教之。①

闲邪存其诚与存诚自无邪二者，在夏峰看来，"非两事，无二功"，细究起来，其于工夫次第，孰前孰后，孰因孰果，又不可不辨。田华石以存诚自无邪为宗旨，认为邪之发细微不断，"其来不及拒，其发不及觉，其细不及检，纵日事提防，无论邪不能止。即止之，为劳已甚。"实质上，他认为闲邪是治末不治本的工夫，不

① 孙奇逢：《日谱》卷十八之八月十三日条。

能根本上阻止心体上邪之发动的问题；如果可以从心体上保证以一诚为主，则邪念自然不会生发，并用道教中的比喻“杲日当空，魍魉自灭”①来形容诚于中、发于外的情形。此外，田华石还提出一个“预存一诚”的说法，认为只要预存一诚，便可省去闲邪的工夫。所谓“预存一诚”，本质上便是保体而制用的方法，以涵养未发之体来预设发用之中节。这在理论上未必是不可行的。但如果行之于实事之考察，我们便不难发现其中预设的是工夫的疏懒，也不免暴露此一工夫本身的问题。夏峰通过前此与戴岩荦的几次书信探讨，对于此一问题的理解愈加深入，于其中的问题也看得更深。

夏峰指出以预存一诚省去闲邪工夫之懒惰态度是不可行的，他认为工夫是不能间断和无止境的。以曾子的戒欺求慊和孟子的集义养气为例，二者作为圣贤之士，尚且朝乾夕惕，世上岂有预存一诚这样一劳永逸的工夫？

夏峰认为闲邪存其诚与存诚自无邪是下学和上达的两种路径的工夫，但由下学而至上达是每个学者必经的工夫，以孔子、颜子之圣贤都不能例外，下学是入门的工夫，并贯穿工夫始终的，上达是成德以后的事，因而在无论成德前后，下学的工夫都是不可逾越的。而且，他认为上达之事并非语言文字可以指示，凡是可以语言说明者，都是下学的工夫，下学到一定的阶段自然可以上达，而上达是不需要语言讨论和指示的。更为重要的是，上达是不可以着力的。因此，存诚是自然而然的事。如果只是在存诚上着工夫，反而是助长，是知解，违背了诚的本来面目。下学就在上达之中，如果想上达，尽管只去做下学的工夫，上达的工夫就是下学，此外没有其他的途径。这样看来，诚存自无邪也是没有错的，只是它不再是工夫路径，而是成德后的境界。因而，闲邪诚自存和存诚自无邪统

① 明代三教归道的《性命圭旨》一书中有类似的说法：“尹师指出修行正路一条，教人打从源头上做起，若源头洁净，天理时时现前，识念自然污染不得。譬如杲日当空，魍魉灭迹，此一心地法门是古今千圣不易之道。”(佚名：《性命圭旨》亨集)《性命圭旨》相传为尹真人的弟子所作，其中“尹师”即指尹真人。

一在工夫过程的始和成两端是圆满的，而统一在工夫中，其实只是一个“闲邪”而已，“诚存”即“闲邪”的结果。

夏峰对于闲邪有一具体的说明。他认为所谓邪就是妄，不必是淫荡、恣肆那种明显和名理背叛的行为才叫邪，那些在人心深处隐微未发的妄意，都是邪，是需要时刻加以防范的。朱子说“独”是人所不知、己所独知之地。不惟如此，有些邪甚至是己所不知的未发之邪，如明道好猎之事。① 外在的得丧、荣辱、横逆、忧患、死生的声色货利的纠缠，无非是胶固于内的内邪。他说“声色货利，从外中之，然其根却伏于内惑忧惧；自内中之，然其弊却流于外”②，这两种内外之间的不一致都是由邪而生。邪与诚共生于心，二者是此消彼长的关系，消一分邪则存一分诚，因而实际的不间断的闲邪工夫是必需的。

这时，夏峰已经在与戴岩荦讨论时的观点上更进一步，认为诚是天道，不可人为的，但不是不可达至的。只有通过兢惕不已的下学功夫，诚存才是可能的。他将存诚与闲邪的工夫与阳明的惟一、惟精的工夫相对应，“惟精者，闲邪也；惟一者，存诚也。”③阳明曾说：“‘惟一’是‘惟精’主意，‘惟精’是‘惟一’功夫，非‘惟精’之外复有‘惟一’也。”④拟之于阳明，夏峰更加清晰地阐明了闲邪与存诚工夫的相互关系，我们也可以说：存诚是闲邪主意，闲邪是存诚功夫，非闲邪之外复有存诚也。夏峰关于闲邪和存诚工夫的体悟与理解都已经很成熟。

静思言之，田华石所谓“杲日当空，魍魉自灭”的思路，杲日当空则自然魍魉自灭；而一诚如杲日当空是如何达至的？这必然是象山那种本心自见的直接工夫。田华石“但使此物提醒不昧，则邪

① 孙奇逢：《理学宗传》卷一：“明道少年好猎，既见先生，自谓无此好矣。先生曰：何言之易也。但此心潜隐未发耳。一日萌动复如初矣。后十二年見猎者有喜心，乃知先生非虚言也。”

② 孙奇逢：《日谱》卷十八之八月十三日条。

③ 孙奇逢：《日谱》卷十八之八月十三日条。

④ 王守仁：《传习录》上，吴光、钱明、董平、姚延福编校《王阳明全集》上编一卷一，浙江古籍出版社 2011 年版，第 14 页。

萌自消”的观点，夏峰自是了然于心的。有人曾请教他“制欲非体仁，慎杂非慎独”的意思，夏峰亦有回答说：“克伐怨欲[①]，不行焉，是制欲也。体仁则从其仁之端，扩而充之，如火始燃，泉始达，何庸闭之使不行也。克伐怨欲，使之不行，是慎杂也。慎独则一诚当权，众私屏息，如大将登坛，兵卒自肃，又何用逐事而慎防之哉？”[②]“制欲非体仁，慎杂非慎独”出自罗近溪的问答，他主张体仁、慎独，认为先详察严治廓清纷杂的念虑是制欲和慎杂，有别于体仁和慎独。他视制欲和慎杂的方法是将心体和念虑分为二，而打破一个圆融的独知之境，因而心体照用之精神打散，去照管原不属于心体的念虑，心体因而有明、昏，定、乱之别，他称为“二而非一”[③]。所以，近溪的看法是不必寻费精神去照管这些念虑，而只是一心收拾“独知”，独知即心体之自在明觉，是知昏为昏、知乱为乱的知，收拾得独知光烁，自然如大将登坛，兵卒自肃。田华石的存诚自无邪，非常接近近溪的方法，偏重心体上的涵养，而忽略末节的工夫。

对于这种直指本心的修养方法，夏峰视之太高，主要是针对现实的工夫而言，一方面，少有学者可以达到一诚流贯的学力，一旦学力不足，所谓存诚不过落于随心所欲的放失；另一方面，阳明后学中，以现成良知派来看，其后继学者能自树起者极少，其最后的结果对于一开始便贪图简便者只能是不了了之。因而，相较而言，闲邪则是实实在在的受益工夫。正如唐君毅先生所言：“天下无不弊之言，而一切言工夫之言，无论言省察、涵养、言致知穷理，又无论其言之对学者为高远，或切近，学者如不善会其意，不善其用

---

① 引者按：罗近溪《一贯编》曰：“如何而克伐怨欲不行，如何而博施于民而能济众，而后圣可学也。顾不知仁不远人，道不下带，至圣优域，不出跬步间也。”(《一贯编》，明长松馆刻本)“克伐怨欲不行”语出《论语·宪问》“克伐怨欲，不行焉，可以为仁矣”。

② 孙奇逢：《日谱》卷十四之九月二十四日条。

③ 罗汝芳：《一贯编》。

心，则皆无不弊。”①

(三)夏峰“闲邪存其诚”工夫的得与失

闲邪与存诚的问题是理学工夫路向的一大课题。从境界上说，理学家皆追求洒落自然的气象，不过其进路不一，有以敬畏入洒落者，有因自得而入洒落者，亦有二者兼而有之者。大体而言，程朱属于前者，陆王属于后者，当然，这不是程朱与陆王的分水岭，在工夫论、境界论上两家大可相通，远不如其在本体论上的差异那么难以弥合。比如周敦颐、程颢是后者，阳明在早年也未尝不从敬畏兢惧而入手，阳明后学中如钱绪山、邹守益又属之前者。前者又通常谓修，后者谓悟，分别以程颐和程颢为典型。

之所以会有这两种不同，根本原因在于他们所处的体验阶段的不同，对于心、物关系的体认便不同，“闲邪存其诚”的重点是落在“闲邪”还是“存诚”，自然有差异，甚至闲邪和存诚的涵义随之也产生差别。程颢体会到万物一体的境界，对他而言，心具众理，也心纳万物，他认为心物之间本来没有隔阂、界限，一来只存有此诚自然不生邪念，再者，在其心物之间无异质的和乐世界，无物不在心体之中，心具众理，也具众物，物都是心之物，无需闲邪，是一非二。但在程颐看来，那些物质的欲望从来就是异己的，是人的道德修养过程中的障碍，应该加以摒除，本为二而非一。二者对心物关系的不同观念来自人的学力和境界的差异，从而直接产生工夫的差异。而人的学力和境界又几乎无不与工夫息息相关，工夫达到一定的阶段和层次，心、物的圆融化解就越好。毋宁说，工夫路径的差异与学者所处的阶段还是有很大的关系的。不过，因为学者自身气质的独特性，又不必然存在一条固定的工夫取径，工夫又是有其独立性的。只能说，越在工夫的高的阶段，学者自身的圆融取中越好，他的工夫也会随阶段而有所调整。所以，就理论上，我们很难判断工夫本身之是非对错，真实着手工夫总是对的，因为工夫有

① 唐君毅：《原德性工夫 朱陆异同探源》，《中国哲学原论》(原性篇)，中国社会科学出版社2005年版，第397页。

效与否在其适应性。

就效验上说，当然存诚是最好的，一诚则自然包含敬，不会有邪念起。但往往给人无处下手之感，以为是执自己的心去做，却能保持于中道。如何在工夫上既持敬又洒脱，既兢兢又和乐，就好比是让心既收缩又伸展一样的矛盾。

夏峰对于闲邪异常强调，这显然是从程颐、朱子的工夫论而来，阳明不喜言闲邪。阳明认为心当然是讲善念和恶念，他说："为学工夫有浅深。初时若不着实用意去好善恶恶，如何能为善去恶？这着实用意便是诚意。然不知心之本体原无一物，一向着意去好善恶恶，便又多了这分意思，便不是廓然大公。《书》所谓'无有作好，无有作恶'，方是本体。"①因而在阳明看来，这着意去闲邪的工夫只是为学的初级阶段，如果久之仍存着这个为善去恶的念头不放，不免把捉意思，就会造成这样一个问题：如果在善念和恶念之上，再存一个纯善的念或知，来存善念和去恶念，那么，谁又来保证裁决善念恶念的这个善念总是善的呢？如此，便陷入无限的道德判断循环之中，类似床上叠床。这是不符合阳明的意思的。他只是让人存一个善念，只要有这个善念存，自然使恶念去。因而，只要为存善念的工夫便可。这个工夫就是诚意。那些着意好善恶恶的意本不是良知本体，而为外在所加，有过之嫌，不是"好善恶恶"，而是"作善作恶"。

夏峰说闲邪诚自存，其实是故意将工夫说得很低，这也很符合他"极高远总不离真卑迩"的笃实学风。他明知诚存自无邪，和执着会偏的道理，只是认为"说的太精微，便令人无处把捉"②。对于初学者，讲诚存自无邪可能直接导致肆无忌惮，此外，执着也比不做任何工夫好。一旦学者学力加深，自然能领会执着的问题，便可以再寻解决，学问又有进境。大凡平常人总是邪多诚少，克制邪念使归于正是一个重要的办法。然而，即便邪念都能抵御了，也未必

① 王守仁：《传习录》上，吴光、钱明、董平、姚延福编校《王阳明全集》上编一卷一，浙江古籍出版社 2011 年版，第 37 页。

② 孙奇逢：《日谱》卷三十一之正月十一日条。

都能“诚自存”。很显然，佛教中也讲去除妄念，妄念去完的目的在于无念。这还是和儒学中讲的克念不同，儒家讲克念是先承认念头总是存在的，如孟子所说“莫知其乡”，只是对于不善的念头我们要加以克制、防闲，使它们重新回归到善的轨道上。“闲邪”总要和“存诚”一起讲才能和佛学的善恶虚无区别开，而不是什么“闲邪诚自存”了。

从工夫的难易而言，闲邪与存诚二者，闲邪更容易着手。夏峰认为：“夫诚合下浑然，不存自存，天之事也。闲邪存诚，以人复天，诚之者事，大易闲邪以存诚，即所谓去人欲而存天理也。人欲去一分，天理自复一分。人欲尽去，天理全复矣。得力处只在闲邪。”①在他看来，诚是自然存在于我们每个人心中的，正如善是根固于我们的人性一样，我们无法对它再作增减，所谓“无有作好”。诚是上天赋予我们的，人对此是无能为力的。实际上，诚在每个人心中的呈现却有不同，像金子一样不够足色，因而需要闲邪的工夫来提纯它，使我们本来具备的诚纯粹起来。这还是合乎《中庸》“自诚明”是天，“自明诚”在人的思路。只是不免使诚陷入了被动的静止状态，而不能主动地扩充长养，树立起来。

平心而论，如果“闲邪诚自存”是说“闲邪”是“存诚”的充分条件，其实是夸大了闲邪所起到的作用，更多的只是为了教法方便，理论的意义不大。正如唐君毅先生所说，低的工夫有低的工夫的弊端。“存诚”不是“闲邪”以后自然的事情。相反，如果主闲邪，需要一面存诚以助力，就人心振起一股力量，自我树立才可以。事实上，正如夏峰所说，心无常住，念头往来随时都有可能发生，克旧邪，来新邪，无有止期。反过来，如果说可以存诚，则心有所主，自然不会生邪念。

夏峰从自己的经验出发，在教法上强调下学的工夫为一般人所不可逾越。他在《理学宗传》王畿语录末披露自己的心得：“余爱其简易透彻，晚年始晰其流弊。”如果一开始便用上达的工夫，必会茫茫荡荡，虚度光阴。而且也不是如我们理论上可以推导出的克旧

① 孙奇逢：《再答戴岩荦》，《日谱》卷十五之正月初四日条。

邪，来新邪。实际上，当我们能常常将不善的念头克制在外时，也许在短期之内，是这样，时间一久，我们自然会产生一种心理习惯，不起邪念，就是夏峰所谓的“闲之熟”。因此，阳明在天泉证道时也将为善去恶作为上根人和中根人以下都需要的彻上彻下的工夫。

闲邪以存诚的工夫进路，除了理论上可能有床上叠床之弊和引入浮屠的微妙陷阱，还有一个效验的问题。本质上，夏峰所谓闲邪，其实是伊川的敬的工夫，使人怀疑其境界是否狭隘拘谨。阳明曾于这个问题有一个明确的解答：“君子之所谓敬畏者，非恐惧忧患之谓也。‘戒慎不睹，恐惧不闻’之谓耳。君子之所谓洒落者，非旷荡放逸之谓也。乃其心体不累于欲，无入而不自得之谓耳。夫心之本体，即天理也。天理之昭明灵觉，所谓良知也。君子之戒惧之功，无时或间，则天理常存，而其昭明灵觉之本体，自无所昏蔽，自无所牵扰，自无所歉馁愧怍。动容周旋而中礼，从心所欲而不逾，斯乃所谓真洒落矣。是洒落生于天理之长存，天理长存生于戒慎恐惧之无间。孰谓敬畏之心，反为洒落累耶？”①闲邪诚自存不可不谓是伊川和阳明思想的一个契合点。

三、戒惧慎独

闲邪存诚的问题直接促进了夏峰对于一贯工夫的思考，在这个意义上，闲邪不仅是存诚的工夫，更是其他工夫的始基。他说：“闲邪存诚之外，别无学术”②“三戒四勿，是闲邪功夫”③“求放心，正是时时用闲邪工夫。”④似乎不仅视闲邪为唯一工夫，更将其他工夫都囊括在闲邪工夫之中。但毫无疑问，闲邪在夏峰仍然不能统括

① 王守仁：《传习录》上，吴光、钱明、董平、姚延福编校《王阳明全集》下编一补录一，浙江古籍出版社 2011 年版，第 1559 页。

② 孙奇逢：《读〈阳明年谱〉》，《日谱》卷二十三之四月初五日条。

③ 孙奇逢：《日谱》卷二十三之四月十五日条。

④ 孙奇逢：《答钱升阶》，《日谱》卷二十九之四月初四日条。

所有的工夫，戒惧慎独才是最根本的工夫，是第一义的工夫。在如何闲邪的问题上，夏峰曾描述：

> 俟念起时，或理或欲，难欺独知。如其是欲，则穷究其根于何生，源于何发，无非以声色货利为着落，则急提吾本来阳刚之性，令他作主推求，攻治不遗余力，则私欲未有不退听者。一分欲去，一分理存，欲尽去而理尽还，思虑不期省而自省矣。①

我们不难从夏峰闲邪问题的讨论中看出一些端倪，即戒惧慎独是闲邪的工夫。戒惧慎独的工夫在夏峰的工夫论中占有核心的地位，并贯穿了他从早年到晚年的思想，最终发展成熟，成为他学术的宗旨。《日谱》卷二十六之十一月二十六日条记有："《慎独说》，稿入集。"这个集应该是夏峰的文集《岁寒集》，惜乎后来稿散失十者有八九，这篇《慎独说》亦不幸佚失。不过，他在《日谱》卷三十四中总结其学术："大哉！圣人之道！论本体，一性尽之矣。故《中庸》首揭天命之谓性。论功夫而复性之道，一慎独尽之矣。能慎独则中和而天地位、万物育，道岂有余蕴哉！"②从而建立其本体为性善，工夫为慎独的理论框架。《日谱》卷三十六中，夏峰在去世前一个月回顾生平，说："返顾生平，虽所见有时而迁，而独知之地不敢自欺，识得天理二字衡准经纬，原是千圣真血脉，非语言文字承当，故说个心即在事上见，说个己即在人上见，说高远在卑迩上见，说上达在下学上见。战兢惕励，不敢将就冒认者，只是慎独而已。数十年来奉教于师友者以此，印证于同学者亦以此。"③可见，慎独乃其生平自得之学。

（一）夏峰戒惧慎独思想的内涵

二程尚没有将戒慎恐惧和慎独作为工夫的前后次第加以考虑，

① 孙奇逢：《日谱》卷十之正月二十五日条。
② 孙奇逢：《日谱》卷三十四之七月初七日条。
③ 孙奇逢：《日谱》卷三十六之二月初十日条。

朱子在《中庸章句》中，结合《大学》工夫的层递之法，对《中庸》中的戒惧、慎独之工夫细加剖析，进一步将慎独划为《中庸》中的概念，与戒惧相区分。到阳明时，才将二者统合起来作为一个工夫看待。为便于进一步了解夏峰的戒惧慎独的哲学涵义，以下先略为介绍朱子、阳明关于此方面的论述。

朱子的工夫论主张先从有睹有闻做起，然后方可以做到不睹不闻。也就是从洒扫应对的外节做到心体工夫，前者是第一层工夫，戒慎恐惧只是在做到第一层工夫以后再向上一层工夫细研。朱子认为非礼勿视听言动和戒慎恐惧互为表里，都是畏天命的表现。就心之已发处诚其意，由诚其意进而正其心，由已发而至未发。但如何由诚意便可正心？由端诚心之发处，必然要对处在已发未发之间的几更为留心，进而于未发之处端本澄源。所以，朱子说“诚意方能保护得那心之全体”，只是于已发处用工，便保证了发而皆中节，可以澄明整个心体。

朱子所谓戒慎不睹，恐惧不闻，本质是敬和信。指人与物没有交接时，未有言动，心只是存养，令无纵驰、不放失。朱子曰：“程子谓：‘舜“鸡鸣而起，孳孳为善”，若未接物时，如何为善？只是主于敬。’此亦只是存养此心在这里，照管勿差失。便是‘戒慎乎其所不睹，恐惧乎其所不闻’，‘不动而敬，不言而信’处。”①又说：“《中庸》戒慎恐惧，皆敬之意。”②其戒慎恐惧而慎独所要存省的内容是理。

在朱子那里，戒慎恐惧只是未发的工夫，是心在未发时的提起和警觉，不是思。陈来认为是“使心处在一个有所警觉但又没有意念思考活动的临界状态”③。一旦思了，就是已发，便不属于存养而是省察的内容了。“‘戒慎恐惧是未发，然只做未发也不得，便

① 黎靖德编：《朱子语类》卷二十一，《朱子全书》册十四，上海古籍出版社、安徽教育出版社 2002 年版，第 722 页。

② 黎靖德编：《朱子语类》卷三十五，《朱子全书》册十五，上海古籍出版社、安徽教育出版社 2002 年版，第 1275 页。

③ 陈来：《有无之境——王阳明哲学的精神》，人民出版社 1991 年版，第 307 页。

是所以养其未发。只是耸然提起在这里，这个未发底便常在，何曾发？'或问：'恐惧是已思否？'曰：'思又别，思是思索了。戒慎恐惧正是防闲其未发。'或问：'即是持敬否？'曰：'亦是。'伊川曰：'敬不是中，只是敬而无失即所以中。''敬而无失'，便是常敬，这中底便常在。"①

朱子认为戒慎恐惧与慎独是上截和下截的不同的工夫。他说："戒慎恐惧是事之未形处，慎独，几之将然处，不可不精察而慎守之也。"②戒慎恐惧是在未发时防闲，不仅人所不知，己亦有所不知，戒慎恐惧就是在己所不睹不闻之地保持警觉。慎独则是在已发处防闲，朱熹所谓独，是人所不知己所独知之地，因而不仅是《大学》中那种小人闲居的情况是独，即在众人之中己心所思虑之域也是独。因而，慎独面临的是已发状态，尚未成行迹，但已有动几又未至于意。至于内容上，"不止念虑初萌，只自家自知处。如小可没紧要处，只胡乱去，便是不慎。"③慎独是初与物相接之几微处的工夫，这些独的念虑可能还无善恶可言，只是一些不重要的琐念，也是君子需谨慎的。朱子认为这一方面是子思对孔子思想的精细发挥，实际上，这种理解正体现朱子自己的工夫论非常缜密的地方。

《朱子语类》记曰："黄灏谓：'戒惧是统体做工夫，慎独是又于其中紧切处加工夫，犹一经一纬而成帛。'先生以为然。"④既然戒惧是统体做工夫，已经存得天理之本，那么又有何必要通过慎独于其中紧切处加工夫呢？按照朱熹的说法，致中与致和是两回事，致中了未必能致和。虽然相对于胡季随等人的静时涵养，动时省察，将动、静和涵养、省察截然二分，朱子已经强调不必如此刻意安

---

① 黎靖德编：《朱子语类》卷第六十二，《朱子全书》册十六，上海古籍出版社、安徽教育出版社 2002 年版，第 2027、2028 页。

② 黎靖德编：《朱子语类》卷第六十二，《朱子全书》册十六，上海古籍出版社、安徽教育出版社 2002 年版，第 2031 页。

③ 黎靖德编：《朱子语类》卷第六十二，《朱子全书》册十六，上海古籍出版社、安徽教育出版社 2002 年版，第 2032 页。

④ 黎靖德编：《朱子语类》卷第六十二，《朱子全书》册十六，上海古籍出版社、安徽教育出版社 2002 年版，第 2030 页。

排，动、静，中、和之间只是随分做工夫而已，能致中则发时大致也能离和不远，但是，致中不必然致和。“虽是存得天理，临发时，也须点检，这便是他密处。若只说存天理了，更不慎独，却是只用致中，不用致和了。”他认为戒慎恐惧和慎独虽然有分别，但不是截然分开的两截功夫，二者同样是惟精惟一的工夫。分而言之，戒慎恐惧是未发之中作持守的惟一工夫，慎独是于几微之处下防闲和针砭的惟精工夫，但持守不能离察慎的惟精工夫，察慎也不能离持守的惟一工夫。朱子所谓慎独，即“察其私意起处防之”。

这样看来，朱子所谓慎独、诚意和正心的工夫是非常相似的，三者的关系是由小至大，工夫由微细到明显的过程。独只是在几上，意却乘其几而露形迹。心言其统体，独是初与物相接时，意是就其中发处，所以他说：“正心，如戒惧不睹不闻”，“诚意，如慎独”。① 因而，从戒慎恐惧到慎独，再到诚意和正心，是从心之未发，到念、虑、意之微露，再到生发的四道关防，无不需合于天理。

以上朱子对于戒惧和慎独的解释，主要根据《中庸》首章语序而来。《中庸》说“道不可须臾离”，因而人无事时也要做工夫，这个无事时的工夫不是空无，而是在寂静中的不间断的涵养，也就是戒慎恐惧，有惺觉使不昏。朱子所谓戒慎恐惧虽不是思，但却是知觉，是动而未动的。朱子的未发是专指情的未发，性虽无所谓发与未发，但其发见却总是在的。这个发见即是未发之中昭昭灵灵的知觉，其实就是后来阳明所说的良知虚灵明觉。总体上，戒慎恐惧和慎独的工夫是无穷的，因为义理无穷。要合于无穷之义理，工夫必然只能是无穷的。在朱子看来，所谓未发之中，已发之和，只是大纲。相对于心之放失，大体上可以说是中、和，但并非即能达到中、和之极致，因而需要人不断致戒慎恐惧和慎独的工夫，义理才可以不断有进境。

对阳明而言，戒惧和慎独根本不存在未发之前和已发之后的分

① 黎靖德编：《朱子语类》卷第十五，《朱子全书》册十四，上海古籍出版社、安徽教育出版社 2002 年版，第 487 页。

判，二者根本上是一件事。本质上，这些不过是致良知的不同体现和说法而已。他说："故凡致知者，致其本然之良知而已。《大学》谓之'致知格物'，在《书》谓之'精一'，在《中庸》谓之'慎独'，在《孟子》谓之'集义'，其工夫一也。"①

关于戒惧和慎独二者，阳明有一段统合之说。

正之问："'戒惧是已所不知时工夫。慎独是已所独知时工夫'，此说如何？"先生曰："只是一个工夫。无事时固是独知，有事时亦是独知。人若不知于此独知之地用力，只在人所共知处用功，便是作伪，便是'见君子而后厌然'。此独知处便是诚的萌芽，此处不论善念恶念，更无虚假，一是百是，一错百错，正是王霸、义利、诚伪、善恶界头。于此一立立定，便是端本澄源，便是立诚。古人许多诚身的工夫，精神命脉全体只在此处。真是莫见莫显，无时无处，无始无终，只是此个工夫。今若又分戒惧为己所不知，即工夫便支离，亦有间断。既戒惧即是知，己若不知，是谁戒惧？如此见解，便要流入断灭禅定。"曰："不论善念恶念，更无虚假。则独知之地，更无无念时邪？"曰："戒惧亦是念。戒惧之念，无时可息。若戒惧之心稍有不存，不是昏瞆，便已流入恶念。自朝至暮，自少至老，若要无念，即是己不知。此除是昏睡，除是槁木死灰。"②

本来，朱子作此二分，是基于《中庸》首章的文脉，戒慎恐惧，不睹不闻，承上句"道不可须臾离"而来，慎独承"莫见莫显"而来，这样工夫的浅深次第便清晰出来，朱子认为，如果戒惧和慎独是一个工夫，则说明《中庸》语义有重复。

在阳明看来，朱子将戒惧看做已所不知，又把慎独作为人所不

① 王守仁：《与陆清伯书》，吴光、钱明、董平、姚延福编校《王阳明全集》中编一续编二，浙江古籍出版社2011年版，第1060页。

② 王守仁：《传习录》上，吴光、钱明、董平、姚延福编校《王阳明全集》上编一卷一，浙江古籍出版社2011年版，第38页。

知，其说不通，阳明认为二者都是已知而人所不知之地，戒惧也是慎独。事实上，朱子所谓“己所不知”，是指无声无臭的义理世界，是人所不能穷尽的，并不是说自己没有道德的自觉意识。对于未发之中的惺觉，正是朱子也承认的，被视为静中之动。阳明说“己所不知，是谁戒惧”，已经是将己知的内容与己知的主体作了一个偷换。不过反过来，我们正好也看出关于未发状态下，人作为道德主体的意识是觉醒的，这一点是朱子和阳明都认同的。

阳明与朱子在戒惧、慎独的问题上最大的分歧在于《中庸章句》中朱子所谓“自戒惧而约之，以至于至静之中；自谨独而精之，以至于应物之处”①。他说：“朱子于未发之说，其始亦尝疑之。今其集中所与南轩论难辨析者，盖往复数十而后决，其说则今之《中庸注疏》是也，其于此亦非苟矣。独其所谓‘自戒惧而约之，以至于至静之中；自谨独而精之，以至于应物之处’者，亦若过于剖析。而后之读者遂以分为两节，而疑其别有寂然不动、静而存养之时，不知常存戒慎恐惧之心，则其工夫未始有一息之间，非自其不睹不闻而存养也。吾兄且于动处加工，勿使间断。动无不和，即静无不中。而所谓寂然不动之体，当自知之矣。未至而揣度之，终不免于对塔说相轮耳。”②

阳明不赞同朱子分戒惧和慎独为两个工夫的理据是，他认为将戒惧和慎独作未发工夫和已发工夫的区分，即在未发时操存而已发后又做慎独的工夫，会造成工夫的支离和间断。因此，他将戒惧的工夫统一在慎独之中，以他的解释，慎便是戒惧的工夫，是一念灵明贯穿动、静和未发、已发；无论独处还是与人相接，就己心而言都是独知之地。因此，人要时时存有戒惧之念。

这个统合固然解决了工夫的间断问题，但也暴露了它自身的一个问题：如果动时的戒惧和未发时的戒惧是同一个戒惧的工夫的

---

① 王守仁：《答汪石潭内翰》，吴光、钱明、董平、姚延福编校《王阳明全集》上编一卷四，浙江古籍出版社 2011 年版，第 159 页。

② 王守仁：《答汪石潭内翰》，吴光、钱明、董平、姚延福编校《王阳明全集》上编一卷四，浙江古籍出版社 2011 年版，第 159 页。

话，那么这个戒惧一定包含了省察克治的工夫，而一旦包含了省察克治，则工夫已成已发，如何可以处于未发？如果这个戒惧只是像在未发中那样只是知觉，不做克治，那么必然在已发中另有工夫来作克治。如此看来，同一戒惧的工夫事实上是不能贯彻未发、已发的，只可同名，不可同实。如此，实际上，仍然是在未发中戒惧，已发中慎独的分别工夫。

对于此一问题，有人曾与阳明作过探讨，即戒惧之中常提念头不放，是否全功还是另加克治省察之功，阳明这样回答："'戒惧克治'，即是'常提不放'之功，即是'必有事焉'，岂有两事邪？"① 因为在阳明看来，一念常提其实就是一念善恶之转，因而克治和长提不放只不过是同时去恶存善之功。另外，阳明可以不必面对上面的问题，因为他对未发之中、已发之和的理解和朱子有所不同。在朱子看来，已发之和、未发之中只要是当下心体清明、廓然大公，便可谓之中和，虽不必达至中、至和，但大段不失为中、和。但阳明认为未发之中和已发之和作为全体之功，有未发之中则已发必定和，有已发之和必先有未发之中，未发之中为体，已发之和为用，因而未发之中与已发之和不仅是一种状态，而是念念存天理去人欲的学力的结果，已然是廓然大公的境界，因而不必面对未发和已发时克治省察的工夫问题。因为此时能中和的己身是真己，无时不戒慎恐惧，"才有一毫非礼萌动，便如刀割，如针刺"②。他说：

> 夫喜怒哀乐，情也。既曰不可谓未发矣，喜怒哀乐之未发，则是指其本体而言，性也。斯言自子思，非程子而始有。执事既不以为然，则当自子思《中庸》始矣。喜怒哀乐之与思与知觉，皆心之所发。心统性情。性，心体也；情，心用也。程子云："心，一也。有指体而言者，寂然不动是也；也有指

① 王守仁：《传习录》中，吴光、钱明、董平、姚延福编校《王阳明全集》上编一卷二，浙江古籍出版社 2011 年版，第 74 页。

② 王守仁：《传习录》上，吴光、钱明、董平、姚延福编校《王阳明全集》上编一卷一，浙江古籍出版社 2011 年版，第 40 页。

用而言者，感而遂通是也。”斯言既无以加矣，执事姑求之体用之说。夫体用一源也，知体之发以为用，则知用之发以为体者矣。虽然，体微而难知也，用而易见也。执事之云不亦宜乎？夫谓“自朝至暮，未尝有寂然不动之时”者，是见其用而不得其所谓体也。君子之于学也，因用以求其体。凡程子所谓“既思即是已发，既有知觉，即是动”者，皆为求中于喜怒哀乐未发之时者言也，非谓其无未发者也。朱子于未发之说，其始亦尝疑之，今其集中所与南轩论难辨析者，盖往复数十而后决，其说则今之《中庸注疏》是也。其于此亦非苟矣。独其所谓“自戒惧而约之，以至于至静之中；自谨独而精之，以至于应物之处”者，亦若过于剖析。而后之读者遂分为两节，而疑其别有寂然不动、静而存养之时，不知常存戒慎恐惧之心，则其工夫未始有一息之间，非必自其不睹不闻而存养也。吾兄且于动处加工，勿使间断，动无不和，即静无不中。而所谓寂然不动之体，当自知之矣。未至而揣度之，终不免于对塔说相轮耳。然朱子但有知觉者在，而未有知觉之说则亦未莹。吾兄疑之，盖亦有见。但其所以疑之者，则有因噎废食之过，不可以不审也。①

他不再将未发、已发作为一个过程的前后两步，而是在任何情况下，我们始终保有未发之体，因为未发之体无声无臭，不睹不闻，我们只能从用上求体。已发只是未发的表现，所以凡知觉、提念头的轻微工夫和克治的重工夫都是思了，已经在已发的层面上了，这些在用上的工夫实际上都是无声无臭的本体的自己工夫。这不仅化解了未发之中与已发之和的贯通问题，还解决了朱子在未发之中仍然有知觉的问题，把朱子将未发仅理解为情之未发的观点还原成未发是思虑与情都未发之意。

问题是，学者在未发不能中、已发未至和的情况下，仍然不能

① 王守仁：《答汪石潭内翰》，吴光、钱明、董平、姚延福编校《王阳明全集》上编一卷四，浙江古籍出版社 2011 年版，第 158、159 页。

免于一个问题，即未发之戒惧只有知觉之动，而已发之省察是除了有知觉之动，还需一番克治的工夫。这样，无论以知觉之动还是省察之功，都不能贯穿未发和已发，问题还是存在。阳明解决念的问题类似于心的问题，但我们知道，心只有一个心，念却出入往来，不只是一个念，运用相同的统括方法，可能在保持工夫的简洁不间断的同时，失之粗疏。

其实，朱子也曾经提过中体和用论，但最终他认为中、和都是道在人心中表现出来的现象，自身不能成为本质，中也不能是和的本质。他在《答胡广仲》的信中说："中和体用之语，亦只是句中少曲折耳。盖中者，所以状性之德而形道之体；和者，所以语情之正而显道之用。熹前说之失，便以中和为体用，则是犹便以方圆为天地也，近已用此意改定旧语。"①中和表象说使朱子走出延平中和说，使中、和二者必须分别达至，从而建立自己的涵养、格致的二分路线，并在涵养中又设戒惧、慎独二分的工夫路径。②

朱子所谓戒惧是惟一的工夫，慎独是惟精的工夫。在阳明看来，慎独涵括了戒惧的工夫，或者说，既是惟精也是惟一的工夫。阳明认为颜子之乐，"要在于穷理，其功始于慎独"。③ 又说："'格物'如《孟子》'大人格君心'之'格'。是去其心之不正，以全其本体之正。但意念所在，即要去其不正以全其正，即无时无处不是存天理，即是穷理。天理即是'明德'。穷理即是'明明德'。"④阳明所谓的穷理即存天理、明明德，所谓格物就是戒惧和慎独的工

① 朱熹：《答胡广仲》，《晦庵集》卷第四十二，《朱子全书》册二十二，上海古籍出版社、安徽教育出版社 2002 年版，第 1903 页。

② 详见牟宗三：《从陆象山到刘蕺山》第二章第三、四节，吉林出版集团 2010 年版。

③ 王守仁：《策五道》，吴光、钱明、董平、姚延福编校《王阳明全集》中编一卷二十二，浙江古籍出版社 2011 年版，第 906 页。

④ 王守仁：《传习录》中，吴光、钱明、董平、姚延福编校《王阳明全集》上编一卷二，浙江古籍出版社 2011 年版，第 71 页。

夫。[1] 这样，便将朱子穷理和格物两个向外求索的工夫转为向内收敛的工夫。

夏峰对戒惧和慎独的理解，既继承了阳明认为戒惧慎独是一体的观念，同时，又吸收了朱子将戒惧和慎独分为两个步骤的观点。这一方法可以方便地解决以上朱子面临的支离问题，又对阳明的解决有所吸取，产生自己的独特理解。

夏峰不赞成朱子将戒惧和慎独作为两个截然相分的工夫，从而避免了工夫的支离和间断。同时，也不同于阳明将戒惧和慎独作为一个工夫，他从来没有像阳明那样承认戒惧即慎独，对戒惧和慎独不加区分。他说："戒惧慎独是一套工夫。"[2]所谓"一套工夫"，是说戒惧和慎独既是不离的，又是有区别的。戒惧和慎独一体，相当于阳明所谓的慎独的工夫；在这一体的工夫中，戒惧是未发的工夫，慎独是已发之几上的工夫，这又是和朱子相通的。在《四书近指》衣锦尚絅章中，夏峰注说："首篇自天命说起而后，及于功夫末篇，自下学说起而直合于天命。首云修道，末云入德，内省即是慎独，敬信即是戒惧，不赏怒不显即中和之致，劝威天下平即位育之事。自源得流，以流合源，此之谓一部《中庸》。"他认为《中庸》首章天命谓性章和末章衣锦尚絅章是首尾呼应的，首章从天命下贯讲起，到人致中和位育是发展到人道之极；末章则从人道之至微处用功，一直到"上天之载，无声无臭"，是尽人以合于天，所谓"自源得流，以流合源"。而在首章的从上至下，末章的由下达上的过程中，工夫是一致的。所以他说"内省即是慎独，敬信即是戒惧"，末章"君子之德：淡而不厌，简而文，温而理，知远之近，知风之自，知微之显，可与入德矣。故君子内省不疚，无恶于志"。君子内省是于淡简温的理上细加工，夏峰说即慎独之意。末章谓"君子人之所不可及者，其唯人之所不见乎。《诗》云：'相在尔室，尚不愧于屋漏。'故君子不动而敬，不言而信。"夏峰认为这个敬信呼应

① 王守仁：《传习录》中，吴光、钱有、董平、姚延福编校《王阳明全集》上编一卷二，浙江古籍出版社 2011 年版，第 71 页。

② 孙奇逢：《夏峰先生集》补遗卷上。

首章的戒惧，君子不动不言的敬信状态其实就是未发时的状态。可见，夏峰的戒惧和慎独的意义有着细微的差别，狭义上戒惧是未发时的惺觉不昏，慎独是已发的省察。广义上，慎独不仅仅是对初动之几的防闲，也包括与事物相应接之后的反省。他说：

> 慎独即毋自欺。独不但此心初动之几，凡事物交集时有独，即事物应酬后亦有独。初动之独，有严防法；交动之独，有密证法；即动之独，有挽回法。总之是慎独。①

在人所不知、己所独知的方域中，夏峰将独分为初动之独、交动之独和即动之独，实际上就是将省察的涵义也纳入慎独之中。所谓初动、交动和即动，是心的初动、交动和即动，具体地说是情的初动、交动和即动，因为性是不能动的，而人的灵明知觉在未发和已发中都是动的。所以，讨论情的初动、交动和即动也更具有意义。夏峰认为，不但在初动的几微状态下，心要作慎独的工夫防御不善念头的出现；即便在与事物交接的过程中，仍然是己所独知的，也需要慎独的工夫于交杂的情绪、习气中细密辨析，存善去恶；甚至在与事物应接之后，不善之念已发，“挽回法”则通过悔过反省警觉过来，有一番悬崖勒马般的惊起克制住此念的流荡，迁善改过。如此，才是一套完整的慎独工夫过程。这要比曾子所谓“吾日三省吾身”更为周密。其中，“挽回法”尤其值得注意，因为朱子在戒惧慎独的工夫上用大力气，正因为他认为已发之后无可挽回，夏峰提出挽回法可谓是一种新说，也是对于濂溪迁善改过说的一种呼应。《中庸》于无事时以戒惧证“道不可须臾离”，夏峰的慎独三法，可以视为于有事时证“道不可须臾离”的新诠解。

戒惧和慎独都是在己所独知和人所不知之地的工夫。由于夏峰将戒惧和慎独的工夫看作一套工夫，因而，无论未发和已发在体用的意义上还是作为两种状态，戒惧慎独都可以贯穿二者，同时工夫不会支离间断。在未发、已发作为两种状态时，在未发、已发之间

① 孙奇逢：《晚年批定四书近指》卷一 所谓诚意章。

工夫要稍微做一个戒惧和慎独的转换。不过只要工夫熟，此一转换也是很自然的事情。随着夏峰工夫的持久，其慎独思想日渐成熟，并成为其思想宗旨的时候，慎独的工夫尤为细致绵密。可见义理之无穷。

夏峰肯定阳明的中体和用论，并进一步以独体为太极。他说："无极而太极，独之体也。一独耳，指其体，谓之中；指其用，谓之和。总是纯乎天理之极而无一毫人欲之私。"①他认为中和是一体的，有中必有和，有和必有中，因此，工夫虽有于未发之中或已发之和上做的不同，但都可以达至中和之境。从前两节所论静坐和闲邪为例，静坐是于未发之戒惧，闲邪是于已发之慎独，都是他所提倡的。因而，相对于朱子以涵养、省察两路在心上用功，阳明因本体着不得工夫而在致良知上用功，都是就用来做工夫，夏峰则是认为本体着得功夫，一面静坐、一面闲邪，在体、用两路进功。

有些情况下，夏峰慎独的概念又可以成为广义上的工夫，可以涵盖统括戒惧等其他的工夫。夏峰曾经说："慎独是一统的功夫，千圣万贤总只是这一件事。无内外，无精粗，无大小，一以贯之。"②此将于本章第二节详细讨论。

(二)工夫皆逆

夏峰从《中庸》的"道也者，不可须臾离也，可离非道也。是故君子戒慎乎其所不睹，恐惧乎其所不闻。莫见乎隐，莫显乎微，故君子慎其独也"出发，拈出于不睹不闻中戒慎恐惧是致中和位育的关键，是人唯一可以参与的地方。戒慎恐惧时不睹不闻的本源处的工夫，君子能不间断此工夫，便是与道无须臾离，未发可以中，发可以中节为和，致中和，大本达道，便是纯一不已的天道。朱熹《中庸章句》说："首明道之本原出于天而不可易，其实体备于已而不可离，次言存养省察之要，终言圣神功化之极。盖欲学者于此反求诸身而自得之，以去夫外诱之私而充其本然之善。"朱子的要点

---

① 孙奇逢：《日谱》卷三十四之七月初九日条。

② 孙奇逢：《语录》，《夏峰先生集》卷二。

在于不离不杂，即本体已经与道无一息离间，工夫则要去杂存纯。夏峰的要点在于纯一不已，即工夫既在于维持本体的不杂，也要维护本身的不间断，与道不须臾离。

朱子在备于己的本体和圣神功化的境界之间，点出关键在存养省察的工夫。夏峰认为，存养省察的工夫关键在于自己。对于一般人，从存养省察之要到圣神功化之极，需要极大的逆的工夫。夏峰说："日用平常非戒惧君子，纯全乎天者，谁敢冒昧承当。偶有未发，偶无执着，不可谓非一息之灵光，但恐不须臾而意必固我之盘结于中者已横决不自觉。依极喜吾丈之言及于此，然正可作工夫，不可遂据为实地，我辈要自家体认，勿随他人口头也。"①人在习气的洪流中不乏偶尔本心发见，但稍纵即逝，需要着实下手工夫，溯逆、冲破此习气的洪流，回复人之本体。

夏峰借用友人张沐"本体皆顺而工夫皆逆，学问全在逆上得力"②的说法，说明学问要有一番的逆的工夫方能自得。所谓本体皆顺、工夫皆逆，就是本体为性善，工夫皆慎独的意思。他在《题内黄摘要后》中说："《摘要》者，张仲诚与内黄绅士讲学之书也。如论逆力，'本体皆顺，工夫皆逆'，唯逆所以虽富贵不处也，贫贱则不去，总是逆力。性也，有命焉，命也，则又有性，总是逆力。如一念常在，不分遇事不遇事，俨然严师惮友之相随居处，自不容不恭，执事自不容不敬，与人自不容不忠。一念不在，便是气用事矣。"③

所谓"本体皆顺"，是说本源上，本体已然为善，工夫仅顺此善性扩充而已；所谓"工夫皆逆"，则考虑到事实上才论性时便有气相杂，虽然本性为善性，但现实层面的性是气禀之性，需要逆后天习染的气禀以呈露本体的工夫。另一方面，夏峰的"工夫皆逆"，也指逆境之中存心养性的工夫，所谓"富贵不处，贫贱不去"。根本上，逆外在环境而循理的工夫得力还在于逆习气"一念常在"的

① 孙奇逢：《日谱》卷八之四月二十一日条。

② 孙奇逢：《日谱》卷三十一之二月十三日条。

③ 孙奇逢：《题内黄摘要后》，《夏峰先生集》卷五。

内在慎独工夫。

在学理上，本心和性是自然，习气是后天；但现实中，习气反而是自然的。工夫皆逆是就现实的层面上说的。牟宗三先生讲象山沛然莫之能御的本心发见，同时也讲这种逆觉的体证工夫，“本心一有震动即示有一种内在不容已之力量突出来而违反那汩没陷溺之流而想将之挽回来”，此种警觉，牟先生称之为“逆觉”。① 牟先生说逆觉工夫与心之平平交互为用，心之平平即常惺惺，逆觉工夫即强挽回，正是夏峰所说的严防法、密证法和挽回法，其实是一个工夫。此是就心的醒觉自身而言，是逆习气、欲望、杂感之流而做工夫的。

戒慎恐惧提醒此心，总是不随境转，无论穷达，不改其志，如此方能随境生丕显。因而，生命的尊严建立在不因境遇转变的磐石之志上，不与生活的境遇作周旋。戒慎恐惧的工夫，在夏峰看来，其实就是孔子所谓的克己、周子所谓的寡欲，都是做减的工夫。而且，为了使生命有更大的承担力，夏峰将境遇推到极致，即临深履薄如直逼生命的结束，因为更多的情况是人们常常在大限来临的时候才会摒除杂虑，心体清明，因而能对生命意义作一严肃而真切的思考。如果能“念念不忘死候”，生命的意义在每一天都能获得突出的呈现。三世纪著名的基督教灵修士安东尼曾经在临死前对他的门徒说：“每天就好像自己快要死了那样生活，省察你自己，记住你们从我的说教中所听到的。”②虽然安东尼所谓关注你自己，其所思考和省察的内容主要是对越上帝，思考自我与上帝的关系，但其兢惧的生活态度和对生命意义的极大尊重，和理学中戒慎恐惧之心所持的态度一样，都引导一种严肃的精神生活。如果生命是在每一天都如临死期的情况下度过，真正到死期，人也可以没有什么抱憾

① 牟宗三：《从陆象山到刘蕺山》，吉林出版集团有限责任公司 2010 年版，第 106 页。

② “Live as though you were dying every day, paying heed to yourselves and remembering what you heard from my preaching.” Pierre Hadot, Translated by Michael Chase. *Philosophy as a Way of Life*. Blackwell Oxford UK & Cambridge USA, 1995, pp. 131.

地安然赴死。因为死的意义已经在生的意义中得到了最大的充实和完成。夏峰说："学问第一吃紧，当先透死生之关，此关透，功名富贵自可不消费力……《逸史》云：'常念病时，则尘心渐减，常妨死日，则道心自生。'有味斯语，因书此以自瞥。"①戒慎恐惧是对自我的承担，所谓成己，承担了自我才能去承担世界，即成己成物。

夏峰自己一生多历贫病困厄，可谓是兢惧对待生活的忠实实行者："尝闻之古人学问多于病中得力，盖病中之声华世味，一切俱淡，则真性遂尔出头，所以谓多病道心生，此亦是真实阅历语也。"②旧时鹿善继常与夏峰说，人不自经历贫困，所谓无谄无怨，都是虚谈。"贫贱原与道近，做圣贤全在此处体验。孔颜造下这局面，要入此门者，嫌贫贱不得。"③夏峰引为家训，作为传家之宝。他还对子孙常讲贫之于人的真实意义，其实离道最近。他一直将患难生死之间的境遇和逆境中作逆的工夫，看做人动心忍性的工夫用力处。

他认为，人在患难中之动心忍性是对于心、性之功的绝好工夫。他解释《孟子》舜发畎亩章时说："人每以困穷自阻，不知玉汝于成正在困穷。历观从古圣贤发迹的，那一个不自困穷拂逆中来，全在人之善承天意，自为砥砺，所以能动心忍性、增益其所不能。"④又说："通章不重天心、仁爱、圣贤，全重圣贤承天，不以忧患自摧折。"⑤他认为章旨为生于忧患。

夏峰尤为重视工夫层级之低者，以戒学者好高骛远之病。夏峰认为，戒惧工夫浅到可以人人有之，但只有体道君子才能不间断。他举例说："执行路之人而语之曰：汝欺心也。彼必不甘受；就英人知士而颂之以谨独，彼亦退然不敢自承。夫不甘受者何心，而不敢承者又何心也？此岂有真假耶！盖本心元不自欺，行路不甘受，

① 孙奇逢：《日谱》卷四之六月十四日条。

② 孙奇逢：《寄常二河》，载《日谱》卷二十八之十月二十一日条。

③ 孙奇逢：《日谱》卷五之十一月十六日条。

④ 孙奇逢：《四书近指》卷十九 舜发畎亩章。

⑤ 孙奇逢：《四书近指》卷十九 舜发畎亩章。

可验人心之皆有戒惧工夫，即须臾不离道之君子到底无歇手之时，彼自谓能谨独者，皆所谓将就冒认者耳。”①可见，戒惧无止境，而毕竟人于气质的夹杂中未泯的本心有一点自然呈露，使人能不甘堕落，若人能于此呈露稍加维持，不罔具有此本心，就是戒惧。因而，从工夫的入手来看，戒惧不仅是人人可能的，更是人人已具的，是任何人之可以不纯粹为恶者的依本体不甚着力便可具的工夫。这正是戒惧工夫的低与浅。同时夏峰提示学者，正是这低与浅的工夫，人若能纯粹心志地做去，却能弘道深远。他说：“不独至诚至圣，匹夫有志，一事足色则一事之补于天，一念足色则一念之补于天。”②他认为戒慎可以致中和位育，堪比炼石补天的参赞化育的工作。这也是他所说的贤希圣、圣希天。自古圣贤如尧舜周孔，也无不是将戒惧的一念无穷延伸，贯穿自我与世界，往圣与来贤，因而，低与浅的戒惧工夫同时又不可不谓之高和远。正是看似低浅的工夫才是人生存的实境。

夏峰这种特重逆之工夫的提法，其实与阳明后学中的修正派非常契合。冈田武彦先生在《王阳明与明末儒学》中说道：“修正派，一言以蔽之，就是主工夫而言本体。”③而且，他们针对现成派的无工夫论，也特别提出慎独的概念。冈田先生总结他们的学说：“所谓慎独、戒惧，就是为了保持天理和良知的精明纯真，而无一毫尘欲和杂糅，也可以说是端本澄源的工夫。因此，主张慎独和戒惧的修正派，提倡无欲和寡欲或者主静和克己等一系列的去欲工夫，是理所当然的。”④邹守益学说作为家学渊源之一，夏峰不独熟悉，且非常称赏，他在《理学宗传》中对邹守益评道：“文庄语间大精，实令人鼓舞，至阐发师门宗旨，尤深切著明。文成门人品行议论醇乎

① 孙奇逢：《日谱》卷十二之十二月初十日条。

② 孙奇逢：《日谱》卷八之正月二十日条。

③ 冈田武彦著，吴光等译：《王阳明与明末儒学》，上海古籍出版社2000年版，第150页。

④ 冈田武彦著，吴光等译：《王阳明与明末儒学》，上海古籍出版社2000年版，第148页。

不杂者，必以公为第一。”①并在《圣学录序》中说：“递及于明，薛子瑄、陈子献章、王子守仁，其最著已。如邹守益、罗洪先、顾宪成、冯从吾，皆醇儒。溯其源渊，盖明二祖列宗心学之密，直接一中之传，真以身行道于天下者也。”②将其列为道统中之正脉。修正派的工夫方法融合了致良知与穷理二者，回应了朱子学一脉对王学一脉只讲致良知不讲穷理的责难，于朱子学吸取良多。无论从内容上还是在工夫的路径上，夏峰都是与修正派一脉相承的。

工夫皆逆是将生死寿夭、得失利害的一切功利主义的考虑抛却，只就人生命的道德意义上讲的。皆逆的工夫只有一个标准，就是仁义。夏峰赞同以德为福的观点，认为：“不失己，虽祸亦福也；一失己，虽福亦祸也。”③但他绝不是受虐狂，这只是就祸来不得已要坚守道德操行而发的议论。在《复赵宽夫》的信中，夏峰说：“五伦攸叙，庆在太和，穷达寿夭，一齐扫尽，自是确论。然《诗》《书》所称‘一人有庆，万邦惟庆’等语，毕竟就荣昌顺适一边说，孔之‘杀身成仁’、孟之‘舍生取义’、颜之不幸短命，于庆之理无妨，毕竟不可为庆之事耳。所欲、所恶、所乐俱是性命之理。所谓‘本体皆顺而工夫皆逆’，学问全在逆上得力，迩来正与同人着力讲习此段。”④可见，他是在承认正常的祸福意识下，提倡对于道德的坚守，所以，他才说工夫是逆。

那么，我们有何理由去说服人们做逆的工夫？我们知道，儒家在本根上建基是纯粹以美德为目标的，但是实际上儒家从来分为道和教两个层面。道的儒家是完全纯粹主义的，也是非常理想的，是学者的为己之学；但往往为己之学的必然是要推己及人，因而在引导他人也走上正道方面，君子必须辅以说教，在引导无道德自觉的道德主体有所自觉之前，有道君子除身教之外，常不得不辅之以道德言传，这些道德言传往往以道德、幸福一致，来激发人们通过追

---

① 孙奇逢：《理学宗传》卷二十一。
② 孙奇逢：《日谱》卷十五之正月十一日条。
③ 孙奇逢：《日谱》卷十四之七月十七日条。
④ 孙奇逢：《日谱》卷三十一之二月十三日条。

求道德来追求幸福的。

在早期的经典中，祸福和德性的恶善是一致的，修德即是修福，在教的层面上作道德诱导的话语，比比皆是。“《诗》云：永言配命，自求多福”，《易·坤》云“积善之家必有余庆，积不善之家必有余殃”，此类戒恶扬善的训诫在《易》《书》《诗》等经典中随处可见。一方面，人能通过经典中的启示起到自我教化的作用；另一方面，修德却有被庸俗成为一种为了求福的自私行为的倾向，德只不过是手段，而福才是目的，一旦手段背离了目的，就有被抛却的危险，不乏功利主义的色彩。到孔孟，这种作为道的儒学和作为教的儒学也是双层并行的，但更主要的是宣扬作为道的儒学这一方面。典型如孟子贵贱论：“有天爵者，有人爵者，仁义忠信，乐善不倦，此天爵也。公卿大夫，此人爵也。古之人修其天爵而人爵从之；今之人修其天爵以要人爵，既得人爵而弃天爵，则惑之甚者也。终亦必亡而已矣。”(《孟子·告子上》)又说：“欲贵者，人之同心也。人人有贵于己者，弗思耳。人之所贵者，非良贵也。赵孟能贱之。”(《孟子·告子上》)孟子将人之为仁义作为最高的荣誉和职位，修天爵而能得人爵，固然是福，而不得人爵仅修天爵足以为福，孟子通过将德作为福的标准，使德最终转化成修德的目标，以德为福，达成德福统一。从这时起，儒家的学说真正建立起德性伦理，但在移风易俗的实行中，一直无法彻底否定这种功利主义的说教。到后来的宋明理学更是如此，从道德的本身裁定道德主体的行为，即以求道为人的最高目标；另一方面，民间的祸福观念夹杂佛道教的因果论和赏罚观，更是构成对人们行为的有效约束。

道的儒家和教的儒家其实是以纯粹道德求己和引导他人付诸道德行动的区别。为什么引导他人从事道德行为就可以放低要求，允许以功利为目的而只要行为道德就可以呢？这不仅是从道德上严以律己、宽以待人的问题。对于道德的教化者而言，真正的道德理应是人己对等的，在要求自己寻求纯粹道德的高尚情操的同时，也要求别人能达到同等的生命尊严才是合理的。而事实上，悖论的是，真正的美德又必须是发自于自心自性的，道德是自由的责任，不应该以任何他人(包括教化者)的期望值为其动力的，对于被教化者而言，教化者的任何行为都是外在的，因而不可能建立发自于自心自性上的真正美德。不过，这仅仅是在理论上。因而，道德教化方面低的道德目标的期许和高的道德目标的期许，其意义是一样的，关键是何者的效果更好。这个问题当然很复杂，牵涉被教化者的个性、教化的方法等一系列的问题。但不可否认的是，以低的道德期许如果可以有效引导被教化者的从善的自觉，这当然也不是一件坏事。

明清时期，《功过格》这种道德修养的形式普遍流行。[①] 夏峰对此也不无肯定。逢友人刻《功过格》，夏峰也会欣然为之作序。[②] 有人非议《功过格》这种形式只是讲报应，并非儒家之道。夏峰认为这种批评太苛刻了。他引《易》《书》中的话说明儒家的经典中也讲善恶为福祸之源的。《功过格》可以“开人为善之路，令贤、知、愚、不肖皆勃然蒸动，以感发其不容已之心”[③]，从而使不善者转而从善，也是一种功德。如果儒者在道的层面要求自己，又只在道的层面要求别人，那么势必会产生对他人在道德上的苛求，乃至道德上的绑架。而没有建立道德责任感的被要求者仍然只是受制于外在力量而应付道德之事，无法从内在自心自性上求一道德之自立，而只能流于道德之虚伪。《功过格》虽然是以功利为诱使，引人行道德之事，但至少是发自道德之真诚的求索，虽然在德福冲突时或有动摇，但绝大多数情况下，能使人保持道德生活。而更为重要的是，一旦道德的行为成为习惯，则外在的行为必然存在一相应的内在，反过来影响内在，引导人不断走向对更高道德要求的探索，而最终转变其功利的目的为道德的目的。所以，在教的层面上，学者往往不谈高远，只是于切近处先打开局面，由道德之实践先行，而引导人道德自觉与觉醒，从而完成道德的教化。所以，夏峰说《功

---

① 王汎森：《明末清初的〈人谱〉与省过会》，《明末清初思想十论》，复旦大学出版社 2004 年版。吴震：《明末清初劝善运动思想研究》，台湾大学出版中心 2009 年版。

② 孙奇逢：《日谱》卷十一之二月二十八日条：“为朱石者作《功过格序》。入《岁寒二集》。”

③ 孙奇逢：《日谱》卷九之九月二十四日条。

过格》“因人设教，此特就经言而阐发详说，启佑颛蒙，其心更苦耳”①。这种苦心，和夏峰工夫论上以教人实践为目的，从低的工夫入手，甚至在开始时把捉也无妨，总胜于无工夫者，二者在思路上是一致的。这种从心性之蒙蔽者中求一觉醒和开发，可谓求人之学，无疑也是逆的工夫。

(三)必有事与行所无事——工夫之自然

从周敦颐开始，理学的工夫都有自然的面向，程颢借用王安石的“智者，若禹之行水，行其所无事也”，很好地总结了工夫的这一发展路向，程门高弟纷纷引用，成为理学工夫的一项共识。工夫之自然的含义包括，工夫尽量避免硬把捉，把捉本身就是求助长，是道德功利主义的一种表现；通过工夫的自然过程回复的应该是先天固有之本体，而非以一种习气或者意见遮蔽或者代替另一种习气或者意见，而成为另一种遮蔽。

伊川、李侗要人体验未发之中都是要求人以自然之工夫复其自然之本体。王阳明曾这样诠释二者于未发之前求中的不同意见：“伊川恐人于未发前讨个中，把中做一物看，如吾向所谓认气定时做中，故令只于涵养省察上用功。延平恐人未便有下手处，故令人时时刻刻求未发前气象，使人正目而视惟此，倾耳而听惟此。即是‘戒慎不睹、恐惧不闻’的工夫。皆古人不得已诱人之言也。”②所谓“戒慎不睹恐惧不闻的工夫，皆是古人不得已诱人之言也”，就是工夫本应自然，一旦著于语言文字，就有落入把捉的可能。阳明常以必有事、常见在等说法，代替戒慎恐惧的说法。必有事焉是集义的工夫，心如临事而惧的状态。所谓常见在，就是心不放失。求放心、常见在和必有事焉，只是从不同的角度对心之戒惧状态所作的譬喻，其实就是戒慎恐惧。不过常见在、必有事只是描述性、情境式的语言，间接表达戒慎恐惧的工夫这种情境式的描述，其好处

---

① 孙奇逢：《日谱》卷十之正月二十日条。

② 王守仁：《传习录》上，吴光、钱明、董平、姚延福编校《王阳明全集》上编一卷一，浙江古籍出版社 2011 年版，第 25 页。

在于可以引人直达其境。若心持戒慎恐惧，结果必然是此心常见在，此人如必有事的，却避免了戒慎恐惧那种引人误解去把捉心的歧义。事实上，朱子也说“道着戒慎恐惧，已是剩语”①，说戒慎恐惧是提起心实在是有把捉此心，作助长工夫的意味，因而，他也常将戒慎恐惧说成是“不要昏了他”②。所谓“不要昏了他”，我们可以将其理解成本心的发见始终清澈明晰，没有或者较少杂虑在其中。

上面我们通过分析工夫之逆，说明既然是工夫，一定是要用力的。戒慎恐惧以致中和的工夫本身就是逆的工夫。显然，如果工夫可以不费逆力，则人人可为生知之圣了。全任心体的自然发明，自然无把捉之蔽，但同时也会产生因不辨细微之善恶，而使心体之发明掺杂人欲之流放，出现泥沙俱下的情况。对此，朱子早有预见，他解释“致中和”时说：“致者，推至其极之谓。凡言致字皆此意，如《大学》之致知，《论语》学以致其道是也。致其中如射相，似有中贴者，有中垛者、有中红心之边晕者，皆是未致。须是到那中心，方始为致。致和亦然，更无毫厘丝忽不尽，如何便不用力得?”一旦用力，又会陷入把持。有人问起“若戒慎恐惧，便是把持”，朱熹只说是把持，不是硬捉。③ 有些情况下，他只是回答说戒慎恐惧只是教人不要昏了。④ 只是有意去戒慎恐惧，便不免于可以矜持之嫌。首先，朱子也有这个意识，认为有难以语言指其精微但又不可无语言表征之难处，所以他说：“‘戒慎乎其所不睹，恐惧乎其所不闻’，这处难言。大段着意，又却生病，只恁地约略

---

① 黎靖德编：《朱子语类》卷第六十二，《朱子全书》册十六，上海古籍出版社、安徽教育出版社 2002 年版，第 2027 页。

② 黎靖德编：《朱子语类》卷第六十二，《朱子全书》册十六，上海古籍出版社、安徽教育出版社 2002 年版，第 2027 页。

③ 黎靖德编：《朱子语类》卷第五十九，《朱子全书》册十六，上海古籍出版社、安徽教育出版社 2002 年版，第 1904、1905 页。

④ 黎靖德编：《朱子语类》卷第六十二，《朱子全书》册十六，上海古籍出版社、安徽教育出版社 2002 年版，第 2027 页。

住。道着戒慎恐惧，已是剩语，然又不得不如此说。”[①]其次，朱熹所谓戒惧是一种很轻微的提醒此心的工夫。戒惧只是略微收拾此心，略省一省，不是惊惶震惧，大段用力。朱子认为，伊川的敬也不是大段用力，戒惧比敬还要轻。因而，甚至不能说就是把持。就朱子而言，他所谓的本体的理是自然的，而在工夫上，他也是很注重以比较自然的方式去涵化本体的，而不是通过强力去翻转。朱子用一个字叫“约”住，也就是存养此心不放失。“问：‘先生云：“自戒慎而约之，以至于至静之中，无所偏倚，而其守不失，则天地可位。”所谓“约”者，固异于吕、杨所谓“执”、所谓“验”、所谓“体”矣，亦只是不放失之意否？’曰：‘固是不放失。只是要存得。’问：‘孟子所谓“存其心、养其性”，是此意否？’曰：‘然。伊川所谓“只平日涵养底便是也”。’”[②]朱子认为像曾子那样战战兢兢、如履春冰，便是把捉去了；杨时“体验于未发之前”，“验”已经是已发，动静太大；延平“未发前观其气象”，不是着意去观，着意观便也是已发，延平是“不观观之”[③]。没有工夫，天理流行只是想象。道不可须臾离，所以人无事时也不可少戒慎恐惧工夫。

同样的问题也有人问阳明：“虽曰常提不放，而不加戒惧克治之功，恐私欲不去；若加戒惧克治之功焉，又为‘思善’之事，而于‘本来面目’又未达一间也。如之何则可？”阳明回答：“‘戒惧克治’，即是‘长提不放’之功，即是‘必有事’焉，岂有两事邪？此节所问，前一段已自说得分晓；末后是自生迷惑，说得支离，及有‘本来面目，未达一间’之疑，都是自私自利将迎意必之为病，去此病，自无此疑矣。”[④]这个问题显然是针对戒惧克治之工夫是否有

① 黎靖德编：《朱子语类》卷第六十二，《朱子全书》册十六，上海古籍出版社、安徽教育出版社 2002 年版，第 2027 页。

② 黎靖德编：《朱子语类》卷第六十二，《朱子全书》册十六，上海古籍出版社、安徽教育出版社 2002 年版，第 2049 页。

③ 黎靖德编：《朱子语类》卷第一百三，《朱子全书》册十七，上海古籍出版社、安徽教育出版社 2002 年版，第 3418 页。

④ 王守仁：《传习录》中，吴光、钱明、董平、姚延福编校《王阳明全集》上编一卷二，浙江古籍出版社 2011 年版，第 74 页。

把捉之嫌而发出的，阳明认为，戒惧克治就是像必有事那样自然而然，不必有什么把捉的顾虑，对“本来面目未达一间”的疑惑都是妄加臆测。阳明的这番回答不是意在理论上给予什么解决，对于不做任何工夫却瞻前顾后、畏首畏尾的学者，他只有一个办法，鼓励他们去行动。往往理论的讨论太多，使人无从下手，产生不做工夫的借口。阳明在《朱子晚年定论》中录朱子《答张敬夫》：“旧读《中庸》慎独、《大学》诚意、毋自欺处常苦求之太过，措词烦猥。近日乃觉其非。此正是最切近处、最分明处，乃舍之而谈空于冥漠之间，其亦误矣”①正是此意。不过，即便是理论上，他还是认为戒慎恐惧乃本体固有之功，本身是自然的，并非是人为加在本体上的。“须信得本体原是‘不睹不闻’的，亦原是‘戒慎恐惧’的。‘戒慎恐惧’，不曾在‘不睹不闻’上加得些子。见得真时，便谓‘戒慎恐惧’是本体，‘不睹不闻’是功夫亦得。”②又说：“尧舜之兢兢业业、文王之小心翼翼皆敬畏之谓也。皆出乎其心体之自然也。”③在阳明看来，戒惧即自然，自然即戒惧。这一点其后学王龙溪、邹东廓等都有所继承。④ 龙溪释自然即警惕，还是以自然为体，警惕为用，即阳明以自然、戒惧为心体之两面。

---

① 王守仁：《朱子晚年定论》，吴光、钱明、董平、姚延福编校《王阳明全集》上编一卷三，浙江古籍出版社 2011 年版，第 139 页。

② 王守仁：《传习录》下，吴光、钱明、董平、姚延福编校《王阳明全集》上编一卷三，浙江古籍出版社 2011 年版，第 116 页。

③ 王守仁：《答舒国用》，吴光、钱明、董平、姚延福编校《王阳明全集》上编一卷五，浙江古籍出版社 2011 年版，第 204 页。

④ 冈田武彦《王阳明与明末儒学》：“东廓和龙溪都指出，警惕是自然的警惕，也就是警惕即自然。”（第 148 页。）龙溪说：“夫学当以自然为宗。警惕，自然之用。戒慎恐惧未尝致纤毫之力，有所恐惧则便不得其正，此正入门下手工夫。”（《与阳和张子问答》，载周汝登辑《王门宗旨》，明万历刻本，卷十三）《明儒学案》卷十六：“彭山恶自然而标警惕，先生言其‘滞而不化，非行所无事也’。”（《明儒学案》卷十六，第 332 页）南野说：“夫身必有心，心必有意，意必有知，知必有事。若有无事之时，则亦当有无心、无意、无知之时耶？”（《明儒学案》卷十七，第 367 页）可见，南野认为事和知、意一样，是心自然必具的功能和活动。

无论是朱子还是阳明都承认本体上是着不得工夫的，这是基于本体之自然和完满的特征而来。矛盾的是，对他们而言，根本的工夫必须是不着于本体又不离本体，倚着本体来做的。朱子以性为本体，他认为性无增减，是不能着工夫的，所有的工夫主要是着在心体上，心之未发、心之已发都有不同的工夫来对治，以复本然不可增减的性之本体。他的工夫论有格物穷理的一面，但更重要的是内在居敬的部分，而戒慎恐惧是其一切工夫的紧要处。朱子的戒慎恐惧工夫虽在心体上，但直接是针对无声无臭不睹不闻的性体而来。对他来说，最紧要的工夫虽不着在性体上，但贴着性体非常紧。在工夫的问题上，朱子主要面对如何使工夫本身成为自然，而不是强行把捉。阳明以心体为本体，因而原来朱子在心体上所着的工夫都需要一番转化，这个转化主要包括两个方面：其一是将格物穷理的外求工夫全部转向内，其二是朱子在心体上所着之工夫，与本体打并合一，使工夫成为本体自发，变成心体本身的一项功能，而不是加在本体上的工夫。作为最为细微的戒惧不睹、恐惧不闻仍然是一项入手的工夫，但不再是加在本体上的工夫，而是心体的本来特性。事实上，这种指引还是因在王门后学中产生困惑，为了解决心体上不着工夫的问题，王学按照工夫路径的不同而分为几个派别。

冈田先生对于王学后学的工夫分为两种："本体的工夫"和"与本体相对的工夫"，他说："所谓本体的工夫就是'用功于本体'上；所谓与本体相对的工夫，则可以说是'用功而求本体'。"①他认为，修正派属于本体的工夫，而归寂派和现成派属于与本体相对的工夫。这一划分，大概是按照阳明的思路，以工夫的自然和人为程度而言，本体的工夫人为程度更多，与本体相对的工夫更加自然，从最后的效果而言，则都是呈现自然的本体。如果就本体与工夫不离而言，那么修正派、归寂派和现成派都属于用功于本体的工夫，最重要的是，工夫的发出者必然本自于本体，所有的工夫必然不是与本体截然相分的而与本体相对的工夫，而只能是用功于本体的

① 冈田武彦著，吴光等译：《王阳明与明末儒学》，上海古籍出版社2000年版，第152页。

工夫。

夏峰的戒惧工夫结合了归寂派的保任和修正派的克己工夫，既有任本体自然发露的一面，又有结合克制摒除欲念而成的工夫，对于“用功于本体”与“用功而求本体”的工夫都加以提倡，融合了朱子静时涵养、动时省察的工夫和阳明戒惧即自然的工夫，这种融合也可以理解为对阳明洒落的无事风格和朱子缜密的分析风格的会通。

夏峰说：“戒慎恐惧是全体功夫，慎独拈出关键，乃下手处也。”①为什么说慎独是关键，是本源处的工夫？《朱子语类》记“黄灏谓：‘戒惧是统体做工夫，慎独是又于其中紧切处加工夫，犹一经一纬而成帛。’先生以为然。”②可见朱子也是认同这个说法的。夏峰与黄灏表达极为相近，义则有不同。黄灏的说法主要从效验来考虑，由于慎独处于心之未发将发之几，要非常谨慎，一旦发而非中节，则成已发，是无法挽回的既成结果，因而是紧切处。这当然是从工夫的细密翔实上说，相比于其他工夫，则慎独更为绵密。

对于这个问题，为了分析的方便，我们不妨分工夫为两截来说。一般所谓的工夫，是一个由知推到行的工夫，关键在志，是通过动力和意志去实现的问题，即我们能否按照我们好善恶恶的本性来涵养和行事的问题，但这已经是工夫的第二义。工夫的第一义乃在于养成好善恶恶之心，则所好所恶能纯任义理，而不会有好恶恶善或者对善恶无所好恶的偏差，第一义的工夫就是时刻保持道德意识的自觉。有了第一义的自觉，才有第二义的按照这个知觉去做，才能由知去推行。第一义的自觉工夫即慎独，微微提醒此心不昏聩、不放失的工夫。没有这个第一义的工夫，根本谈不上其他的工夫，在这个意义上，夏峰说“戒慎恐惧是全体功夫，慎独拈出关键，乃下手处也”。但尽管如此，第一义的工夫和第二义的工夫决不可截然分开，有事时由知推到行的工夫自然是蕴含了此心惺觉在

① 孙奇逢：《四书近指》卷二 天命谓性章。

② 黎靖德编：《朱子语类》卷第六十二，《朱子全书》册十六，上海古籍出版社、安徽教育出版社 2002 年版，第 2030 页。

其中的，而提醒此心不昏的工夫也必然要将此知推到行的，否则只是提醒此心便没有其意义了。在阳明的致良知之中，此第一义和第二义是一齐俱出的，只是此一提醒，知便是行了。夏峰对于工夫入手处的细微分别也反映其在工夫下手方面更接近伊川、朱子的方法。

必有事是工夫之自然；行所无事既可以指工夫之自然，又可以是通过工夫所达到的自然境界。必有事到一定境界，就是行所无事的工夫。作为工夫之自然，行所无事和必有事是工夫的两面，即工夫既是不助不忘之自然，又是不间断的戒惧；作为自然的境界，行所无事和必有事的结果，先有必有事而后行所无事。故夏峰多次说："行所无事必自有事始。"①他认为，必有事与行所无事是不相矛盾的，必有事不是真有事，而是戒慎恐惧如遇有事的状态，而非心中有个实事和指向，心中有实事则是恐惧有所。所以无事时应该必有事，有事时反而应该行所无事。只有平时无事时持必有事的戒惧，涵养清澈的本源，有事时才可以行所无事，所谓体在用上见。夏峰对望雅等说："此心一日之闻不可令其无事，无事则非必有事焉之意。又不可令其有事，有事则非行所无事之意。然则相妨乎？曰：非也。无事则一饮食日用，悠忽无知之民耳，乌能行所无事哉？必有事者，集义而心慊，到得慊心时，自能行所无事矣。"②行所无事作为工夫的境界，其实相当于伊川说"天地之间只有一个感与应而已，更有甚事"③，即对应自然的本体的工夫无有丝毫造作和安排。感与应是不费任何安排的顺适，已经将戒慎恐惧、慎独之细微安排的意味更淡到极处，淡出自然。感与应也是工夫，但纯乎本体所发，又可谓是本体，夏峰甚至直接以感与应为道。④

夏峰说："行所无事必自有事始。"其实也说明在行无事和必有

---

① 孙奇逢：《日谱》卷一之十二月十三日条、卷三之九月十三日条、卷十四之九月初五日条。

② 孙奇逢：《日谱》卷三之九月十三日条。

③ 孙奇逢：《理学宗传》卷三。

④ 孙奇逢：《日谱》卷十四之八月初四日条。

事两者之间，他更注重必有事的方面，行无事是在必有事的基础上，不穿凿附会。念庵云："无事者乃所谓必有事而无为者。"①作为工夫结果的行所无事，其实已经达到了一个很好的境界。高荐馨对此困惑不解，问夏峰说："日用间只觉不能行所无事，如何？"夏峰回答说："此莫看得太轻易了，禹之行水疏瀹决排不知费多少心力，始能注之海、注之江，如不能得要领肯綮者，病痛全在一凿字。世本无事，庸人扰之，贤知有贤知之凿，愚不肖有愚不肖之凿，坚完之世界破裂多端，总只因不能行所无事。有一大圣人出焉，归清宁于天地，归安阜于民物，亦只是行其所无事也。然非朗然高悬一天地，万物之鉴，事物之纷，投时势之艰难，未免有迟回顾虑，沾滞不自得之处。行所无事一语是圣贤豪杰一了百当大本领。我辈不能行所无事，先自必有事焉始，久之自当省事而渐进于无事矣。"②荐馨此处所问主要是境界中不能行所无事，夏峰的回答前半段都在讲工夫中不能行所无事的根源在于凿，后半段再讲境界的行所无事。因为境界中不能行所无事的原因除日常不能必有事之外，也因为工夫中不能行所无事之故。《庄子·应帝王》有"日凿一窍，七日而混沌死"，朱子曾据此说"喜怒哀惧爱恶欲，情既炽而益荡，其性凿矣"，以人之七情泛滥为凿性。夏峰认为七情泛滥尚是可见之凿，贤知之用智是比较隐微、难以觉察之凿性，同样值得我们警惕。前者泛滥伤害自身，后者泛滥而形成语言就会误导、伤害他人。社会中充斥的各种穿凿的谎言、学说、派别有多少不是害性而能行所无事的呢？不但在那个年代，我们当下社会，"有一种程式化的科学性的舆论，它残暴地统治着、压制着和剥夺着判断的自由。在一些民族的人对另一些民族的人的评判中，在一个阶层的代表对其他阶层的代表的评判中，都存在着再明显不过的程式化的谎言，在这里，世世代代积累着谎言，这个谎言在民族的和阶级的意识中已经获得了规范性的特征，并被认为是善。……在美学评价中，假斯文发挥着难以估量的作用。……在家庭、民族、国家、历

① 罗洪先：《跋通书圣学章后》，《念庵文集》卷十。

② 孙奇逢：《夏峰先生集》补遗卷上；《日谱》卷一之十二月十三日条。

史、教会、道德、科学、艺术中积累着无数的程式化的谎言。存在着家庭的、民族的、国家的、教会的、科学的、道德的、艺术的程式化的华丽辞藻，这些程式化的辞藻就是谎言，是对存在源泉的偏离。"①别尔嘉耶夫的观察深刻地揭示在各领域中的贤知如何编造过和编造着远和本质不符的"真理"。而在不同时代，人们普遍遭受这种"真理"的蒙骗。这也解释了为什么夏峰反对朱子、阳明各派后学为争门户而对朱、王各位的学说进行穿凿附会的解说。

夏峰提醒学者不要拘泥文字的相反相对。"古来圣贤诸儒，言不可为典要，但看当日立言之意，各有对针，甚不可执着论也。如言舜其大知，又言所恶于智；言必有事焉又言行所无事；言思则得之而又言何思何虑；言敬而又言忘敬；言忘而又言忘即是驰；言不可如槁木而又言且静坐；言必存养而又言说甚涵养。此等语不能尽述。总之看道理万不可泥于一家言。曲士不可与于道者，拘于见也。"②一旦陷于一偏，则成凿性之说。

夏峰称"行所无事，谓其顺水之性而非凿也"③，行所无事就像大禹治水一样是顺着水性加以疏导，不是穿凿，以智逆水性。简而言之，必有事和行所无事就是工夫的勿忘勿助。

总结夏峰所说工夫之逆和工夫之自然，是统一在本体的现实和超越两层之中，针对现实本体求复原初超越本体，理解了这一点则一切不可解皆迎刃而解。而本体至密至隐，人不可见，就是未发之中。他说：

> 《中庸》忧道之失传，故直指天性以为发端，以为归宿，其用功处每点掇要旨，言道之原，则曰不睹不闻，曰隐、曰微、曰独、曰未发，启其端也；言学之终，则曰暗然、曰人不见、曰不显、曰无声无臭，要其归也；言学之功，则曰不可

① 别尔嘉耶夫：《论谎言》，《美是自由的呼吸》，山东友谊出版社 2005 年版，第 227 页。

② 孙奇逢：《日谱》卷十四之九月初五日条。

③ 孙奇逢：《四书近指》卷十七 天下言性章。

能、曰有所不知、有所不能、曰不见不动无为、曰不倚据，则不睹不闻之为中。戒慎恐惧之所以合乎中，断可识矣！知识、意见容不得一毫，体道君子须向此处着力。①

又说：

程子云：才言性，便已不是性，此言从无声无臭发源来，非但气习无着处，并戒慎恐惧都用不着，是真见未生前面目的人。《中庸》开口说“天命之谓性”，终之曰“上天之载，无声无臭”，须知子思从一切安排不得处，没奈何下个天命字，从一切不假造作处，没奈何下个率字，又从一气浑然不可名状处没奈何下个中字独字，正与无声无臭无具之诗遥相唱和。周濂溪“士希贤，贤希圣，圣希天”三个希字，是必要实到天上，此心方可以休歇。②

因而，本体、工夫俱在暗然中着力，工夫在“无声无臭处”终于本体无所加，正是工夫之致力与无为。

唐君毅先生将其提炼为心灵之凝聚与开发的问题，务求二者之协调得兼，一者偏重，必有闭塞或者流荡之蔽。③ 在夏峰的后学中，耿逸庵和赵宽夫于工夫上，一主敬，一主收敛，则是致力和无为各有偏重。赵宽夫所谓收敛非谨慎，务必使心恬适活泛，不坠枯槁；耿逸庵笃守之程朱学，意在主敬，工夫风格整端严肃。此一问题实乃工夫论中一个渊源甚久而又难以解决的问题，夏峰认为各人常随分去做才是一实际之解决。

(四)畏与乐

颜子所乐何事？按照朱子说法，颜子之乐，乐在无事，乐在本

① 孙奇逢：《日谱》卷十八之八月十五日条。

② 孙奇逢：《日谱》卷三十三之正月十七日条。

③ 唐君毅：《人生之体验》(续编)，广西师范大学出版社2005年版，第30页。

源，乐即是理。阳明也认为乐是心之本体。朱子认为颜子之乐和曾点之乐相似，然而曾点只是稍微窥见真乐，而颜子之乐是乐在本原，颜子之乐深微难知。颜子之乐，非初学者可寻。对于初学者，只能久存戒惧之功，充达上去，才能有所成就，大多学人是先有畏的工夫，后有乐的体验。阳明则以为人心同具畏与乐，只是人总是自求忧苦迷弃，“一念开明”①即一念戒惧慎独，则可重获真乐。

戒惧慎独，在朱子那里是一种很轻微的提起此心的工夫。而到了阳明这里，他忽略工夫的轻重，而提出做随事顺应的一体工夫。夏峰接受了阳明的这种统合，因而，戒惧的工夫实际上包含了克治的工夫，即不仅仅是稍微提起此心，而是对于此心所生之不善念头当下制住。针对大多数学者在刚刚下手做戒惧的工夫时，必定是不自然的，和已经养成的一些习气做斗争的逆的工夫，夏峰说：“畏久则乐生，戒惧之后，乃有此恬愉耳。”②一方面，是说通过戒惧的工夫久久不放，心体有一定的收束，渐符矩镬，反而可以形成一定的自由，在人欲方面越收束，在天理方面越自由，孔子所谓“从心所欲不逾矩”。另一方面，戒惧工夫越久，则对于本体的呈露越发清明，按照阳明所说，本体自身所具备的乐的本性就会散发出来。其实，在后来称要解放情欲的气氛来看，理学家的工夫已经越来越不见踪影了，真正致力于理学的工夫的人只是放弃通常意义上的乐，最终是追求乐之本体，即真乐。因而他们不以前苦为苦，也不以世俗所谓乐为乐。而恰恰相反，如果让他们追求声色之乐，他们必以之为身心之戕害，反而会如阳明所说“如针刺如刀割”，根本无乐之可言。

在夏峰看来，戒惧不是畏首畏尾，跼高蹐厚，戒惧是合于礼之慎。当然，也不是恐惧。恐惧是对具体的对象有所畏惧，夏峰所谓“人最怕恐惧有所”，比如恐惧死亡、恐惧祸事等，而戒惧是谨慎的一种状态，而无具体的恐惧对象。归根结底，恐惧是对于人力不

① 王守仁：《传习录》中，吴光、钱明、董平、姚延福编校《王阳明全集》上编一卷二，浙江古籍出版社 2011 年版，第 76 页。

② 孙奇逢：《日谱》卷十四之七月初三日条。

可控制的担忧，依照宋明理学的说法，是私的念头在作祟。戒惧甚至有时候不是思，只是知觉，它无对象，但也有其目的，即防御和阻止恶的念虑的生发。这样看来，戒惧也有其私的目的，为了保持内心的宁静，但关键在于，它不止如此，作为道德的目的，它是为了增进人的德性而进入廓然大公的境地。因而，戒惧的状态其实是一种道德增进的体验，它在充实自己的同时，也可以获得其本身带来的乐趣。

夏峰所谓“乐”不只是孟子的“三乐”，甚至也不只是“乐莫乐于良师友，乐莫乐于佳子弟”①之“乐”，是无所乐之乐。乐不是有具体可乐之事，它只不过是无事时的闲适心情。乐和畏一样无所指向，也无内容，因而，乐和畏不是在喜怒哀惧爱恶乐的一般情识，而是超越了情之动的心情，是恬愉的心态、心境。也就是孔颜之乐。阳明说：“乐是心之本体，虽不同于七情之乐，而亦不外于七情之乐。”②这一点，夏峰是很赞成的。夏峰曾论人生之苦乐，云：

> 一生苦乐，惟人自取，止争看的破、看不破。少之时，谋望于进取，得失分而忧乐形焉，得者几人？其壮也，驰逐功利，贵贱别而荣辱招焉，贵者几人？其老也，属意于子孙，贤不肖异而成败系焉，贤者几人？看得破，皆天定之数，岂容一毫介意于其间。此等处，既无介意，则无时无处而不可领天地四时之趣，视世人之毁誉欣戚、浮沉聚散，争如我山房白云之卷舒无定形，来去无定方也。古之达人高士，谁非吾师，谁非吾友，其无愧怍于心者，睟盎于面。故学者须寻孔颜之乐，无此乐，终难语自得。③

夏峰所谓“乐”是心体本来所固有。“孩提稍长时，其爱亲敬兄

---

① 孙奇逢：《日谱》卷三十五之十二月二十八日条。

② 王守仁：《传习录》中，吴光、钱明、董平、姚延福编校《王阳明全集》上编一卷二，浙江古籍出版社 2011 年版，第 76 页。

③ 孙奇逢：《日谱》卷三十五之五月二十二日条。

真是不知足之蹈之、手之舞之，何曾有丝毫情识安排，此方是真乐。”[①]成年以后，气质渐固泥真性，只有廓清欲望，呈露真体，任天理于心中流行，心体才能重有活泼泼的气息，即是乐。这依然是以工夫复其本体的思路。

夏峰在畏与乐之间，一直强调“畏久则乐生”，工夫是前提。他在工夫路径上更偏向于朱子严谨的作派。但在境界上，夏峰则更偏重阳明之乐。乐者为何？甚为难言，正如痛者为何甚为难言。但通过语言之间，我们可以多少获得不同的人对于乐的不同理解。朱子的乐是循理之乐，乐得清明，是理性的乐。阳明的乐，乐得洒落，是自然的乐。唐君毅先生曾经这样描述：“大率宋明儒之重功利之学，皆是子贡之学。唯务自得者，如康节白沙，皆曾皙之学。而天资高者，如龙溪与阳明，则皆近颜子之学，亦恒有曾皙之狂。唯阳明之早年之工夫，亦当是曾子之学；而晚年之化境，则如其诗所谓‘点也虽狂得我情’耳。”[②]夏峰之乐，乐得和淑，而去白沙、阳明之狂者气象，更近伯淳。

---

① 孙奇逢：《四书近指》卷十七 仁义之实章。

② 唐君毅：《中国哲学原论》(原教篇)，中国社会科学出版社 2006 年版，第 239 页。

第六章　作为一以贯之的宗旨：慎独说（下）

夏峰关于工夫的思想含义丰富，在不同的时期有不同的表现，慎独是其中的一以贯之之处。傅山曾说夏峰学问不是笼统，而有其头脑。夏峰自己也说："学问要有头脑，无头脑从何处下手？下手做到何处，终身茫荡，毕竟一无所成。高忠宪曰：'学问起头要知性，中间要复性，了手要尽性，只一性而已。尧舜汤文周孔诸大圣人，满不得此性之分量，其下手做工夫总之一敬而已。'"①夏峰借高攀龙之说阐明了自己的学问头脑所在。对此夏峰有更清晰的表述：

> 大哉！圣人之道，论本体，一性尽之矣。故《中庸》首揭天命之谓性，论功夫而复性之道，一慎独尽之矣。能慎独，则中和而天地位、万物育，道岂有余蕴哉？②

从完成人性的工夫而言，一切工夫都统之于慎独。那么，夏峰是如何将各种工夫统之于慎独的？其以慎独通贯其他工夫的客观依据何在？换句话说，其一统之处何以是慎独而不是其他工夫？从思想史来看，诚如唐君毅先生"宋明儒者亦大皆言慎独"③的观察，王

---

① 孙奇逢：《日谱》卷三十五之五月二十九日条。高攀龙《与许涵淳》："学问起头要知性，中间要复性，了手要尽性，只一性而已。性以敬知，性以敬复，性以敬尽，只一敬而已。"（《高子遗书》卷八下）

② 孙奇逢：《日谱》卷三十四之七月初七日条。

③ 唐君毅：《中国哲学原论》（原教篇），中国社会科学出版社 2006 年版，第 304 页。

门后学中的修正派、明末清初的东林学派、刘蕺山、李二曲等人都非常重视慎独思想，虽其说各具特色，但都以慎独为各自学说的头脑，这种共识透露出慎独确为儒家精义之所在。它在儒学思想的发展中因不断地被创造发展，一直富有生机，在现代儒学中仍然具有重要的意义。

一、夏峰慎独的统合义

夏峰使用慎独的表述甚多，大体上有分别义和统合义两种之不同。分别义上的慎独，是已发、未发之间的工夫，如他说："未放而守之，此存养之学问；虑放而防之，此慎独之学问；已放而收之，此善反之学问。此外复何事哉?"①此类似于朱子所说的慎独工夫。在更多时候，夏峰是以统合义言慎独的，如他说："圣人之道，论本体一性尽之矣。故《中庸》首揭天命之谓性；论功夫而复性之道，一慎独尽之矣。"②又说："一独耳，指其体谓之中，指其用谓之和，总是纯乎天理之极而无一毫人欲之私。"③这无疑说明独乃中和一体，因而慎独即致中和的工夫，也当为一体之工夫。至于偶尔在狭义上使用慎独的工夫，旨在从不同的方面说明不同名称的工夫侧重的角度不同。

所谓以慎独统合其他工夫，其主要有三层含义：第一，等同于慎独的工夫；第二，其他工夫的核心和本质是慎独；第三，在第一义的慎独面前，其他工夫被推到第二义。

夏峰之慎独，与其所谓学、求放心、闲邪无欲、随时随处体认天理等都是一个工夫。

(一)论"学"

孔夫子曰："学而时习之，不亦说乎?"王肃云："时者，学者

① 孙奇逢：《四书近指》仁人心也章。
② 孙奇逢：《日谱》卷三十四之七月初七日条。
③ 孙奇逢：《日谱》卷三十四之七月初九日条。

以时诵习之。诵习以时学，无废业。所以为悦怿也。”①又邢昺曰："孔子曰：学者而能以时诵习其经业，使无废落，不亦悦怿乎？”②他们认为，学乃学经业，具体说来，即黄侃所谓诗书礼乐等，习乃诵习之义。对于先秦儒家的“学”，杜维明先生总结其包括五部分："诗、政、社会、史、形而上学。”③并认为五者之间相互关联。

从北宋开始，“学”之含义发生了明显变化。周敦颐《通书》认为，学乃效法圣人。周敦颐尤其推崇伊尹、孔子和颜回，不仅反复追问孔颜所乐何学，而且要求学子“志伊尹之所志，学颜子之所学”④，认为圣可学，学圣以无欲为要，无欲则动虚静直，明通公溥。二程严厉批评词章训诂之学，将儒者之学与之分开，更清晰地表达了周敦颐学圣成德乃学问根本所在的思想。朱熹和吕祖谦编撰的《近思录》设“论学”一卷，凡一百一十一条。北宋诸儒大体都认为学之根本在于成德，他们虽不排斥读书为学，但观书是为了自求变化气质，所谓“学者学所以为人”⑤。

阳明认为孔子说“学而时习之”，学的是存天理、灭人欲而已。有人问“学而时习之”是否“以学为效先觉之所为”，他说：“学是学去人欲，存天理；从事于去人欲，存天理，则自正。诸先觉考诸古训，自下许多问辨、思索、存省、克治工夫，然不过欲去此心之人欲，存吾心之天理耳。若曰效先觉之所为，则只说得学中一件事，亦似专求诸外了。”⑥所谓“以学为效先觉之所为”针对的是北宋理学家对于学的普遍理解而来。周子《通书》曰“圣人可学”，张载“学必如圣人而后已”，二程自十五六岁时便脱然欲学圣人等，皆可谓益学为效先觉之所为。阳明则认为“‘拔本塞源’之论不明于天下，

① 何晏：《论语集解》。

② 何晏集解，邢昺疏：《论语注疏》。

③ 杜维明：《道·学·政》，载郭齐勇师、郑文龙编《杜维明文集》第三卷，武汉出版社2002年版，第507页。

④ 孙奇逢：《理学宗传》卷一。

⑤ 张载：《张子全书》卷十二。

⑥ 王守仁：《传习录》上，吴光、钱明、董平、姚延福编校《王阳明全集》上编一卷一，浙江古籍出版社2011年版，第35页。

则天下之学圣人者将日繁日难。”[①]因此，在阳明看来，效法前圣的行为只是学的一个方面，但不是根本的方面，根本上来说，学是存天理、灭人欲。王畿接着阳明说：“致此良知，洁洁净净，不为功利所滑扰，不为见解所凑泊，便是学圣人真功夫。”[②]以致良知为学圣人。

夏峰也说“学所以为君子也”[③]，其所谓学有几层涵义。他曾说：

> 学之一字，从古有之，至独辟此门，专习其事，自孔圣人始。故孩提之童，从抱书本入小学，人便呼为学生；即至三公九卿，仍自称为学生，已为圣贤豪杰，忠臣义士，名公宰辅，无不从此入门，从此起家，则天地间之最美最乐者，诚莫如学矣，然人习其事而不能享其乐者，只未尝实致其力耳。夫子入孝出弟一节，孟子事亲从兄一节，此便是真实用力处，夫子之道尽于此，尧舜之道尽于此。[④]

可见，夏峰所谓学，既有洒扫应对之小学，也有修身经世之大学；既有语言文字方面的学习，通常所谓学问、斯文，也有与人事相处交往的学习。表面上看来，学的范围比慎独要大得多。究其实质，夏峰认为学之最主要的方面是复性。他说：“学以复性为主。《大学》之知止、《中庸》之修道，皆是复性功夫。帝王贤圣，总不越此‘学而时习之’之字。虽无把柄可指，然总是这件事。两论所载，逐章逐句皆是时习这件事也。尧以是传之舜禹汤文周孔，孔以是传之颜曾思孟周程张朱，皆是这件事，了然于心，遇事接物自无明而复昧、认欲为理者，明昧相乘，私欲间之，仍是穷理未到。穷

① 王守仁：《传习录》中，吴光、钱明、董平、姚延福编校《王阳明全集》上编一卷二，浙江古籍出版社 2011 年版，第 59 页。

② 孙奇逢辑：《理学宗传》卷二十六。

③ 孙奇逢：《兼山堂讲语一则》，载《日谱》卷二十九之七月十四日条。

④ 孙奇逢：《寄赵介兹》，《日谱》卷三十一之四月十六日条。

理尽性以至于命。学问之道，始终一穷理而已。"①复性是学的主要内容，要复性又在于求仁。

夏峰认为《大学》之学来自《尚书》，《大学》之学即《尚书》之学。他认为最早的"学"字出现在《尚书·说命下》的"旧学于甘盘"，"《大学》之统绪，肇于此"②。此学之名也。而学之实则自尧舜禹汤始，"危微精一、安止几康，尧舜禹之学也；制事制心、懋德建中，汤之学也；缉熙敬止、亦临亦保，文之学也；迨至仲尼，于《大学》括之曰'明德亲民，止至善'，其言曰'时习'，而说是学之的也。"③又说："天地间第一等事，第一等人，第一等乐，只一学字全收之，无奈其不学遂未免全失之。"④

他多次提到孝弟可以尽道，认为《孟子》七篇中皆以孝弟寄思仁义礼智乐，说《孟子》"七篇之中，陈王道则以孝弟而为王道，明圣学则以孝弟而为圣学，无一句话、一桩事离了孝弟"⑤。所谓孝弟乃仁之本也。而孝弟只是学之表现，学之工夫乃在于求仁。夏峰逝世前一个月，答人问学，说："学而时习，悦乐不愠，所以存养此心，勿令之放也。圣门学问功夫，总之是求仁。"⑥学即是求仁，是所以求放心。学之目的乃在于复性，也即慎独。他说："人性本善，自形隔气分而重之以习，非学无以复性。只争有诸己、无诸己是分途处，千圣万贤都从有诸己三字立基。惟有诸己，则天理必存，人欲必去。"⑦

夏峰不仅承阳明之绪以"存天理、灭人欲"来说学之义，而且进一步贯通《论语》《大学》，以"大学之道"的"学"解释"学而时习"的"学"。夏峰的挚友鹿善继曾说："《论语》开卷这一个学字是学个什么，时习是什么事，寻常论学动以博文为解，记诵、考究便是工

① 孙奇逢：《日谱》卷二十三之二月十七日条。

② 孙奇逢：《书经近指》卷三《说命下》。

③ 孙奇逢：《书经近指》卷三《说命下》。

④ 孙奇逢：《日谱》卷三十之十一月二十五日条。

⑤ 孙奇逢：《日谱》卷三十一之正月二十三条。

⑥ 孙奇逢：《日谱》考终录。

⑦ 孙奇逢：《日谱》考终录。

夫，却不知博文离不得约礼，离礼言文便不是学孔子，原是正经注脚，则大学之道是也。以明德为头脑，以天下国家为着落，以诚意为把柄，诚意只是慎独，此外无学也。”①鹿善继认为，学的内容是大学之道，学的工夫最终归结为慎独，夏峰在这一点上与他一致。所不同的是，鹿善继并没有直接将《论语》“学而时习之”之“学”等同于《大学》“大学之道”之“学”，而是以“学而时习之”之“学”与《中庸》“修道之谓教”之“教”互释。而夏峰以为《论语》“学而时习之”作为首句，和《大学》“大学之道”之“学”、《中庸》“修道之谓教”之“教”是一致的。他说：“此个学字，即夫子学而时习之学字，合千古帝王贤圣做此一件生活不尽，所以为大道在合德与民，而归于至善之地。”②此处“做此一件生活不尽”，即上述“存养此心，勿令之放”的求放心，本质上即慎独。关于求放心与慎独，以下再具体说明。

《四书近指》之《大学》篇末，夏峰说：

> 一经十传，只修身为本一句尽之。合格致诚正而始为身之修，总齐治均平而始满修之量，此学之所以为大也。然其指趣既已无穷，而工夫自不容有间，故夫子曰学而时习之。③

《四书近指》之《中庸》篇末，夏峰又说：

> 夫子一生只是下学，而祖述宪章，上律下袭，于此立极。一部《中庸》皆修道而教之事，总不出“学而时习之”一语。④

夏峰认为，《大学》以修身为本，向内格、致、诚、正，对外修、齐、治、平的工夫做满才可称身修，此所谓大学之大，指工夫

① 孙奇逢：《讹约》，载《理学宗传》卷二十四明儒考。

② 孙奇逢：《四书近指》卷一大学之道章。

③ 孙奇逢：《四书近指》卷一。

④ 孙奇逢：《四书近指》卷三。

之实；学而时习是就工夫之无穷与不间断而言。因而，“学而时习之”之“学”就是“大学之道”之“学”。这样，《大学》《中庸》都可以归结到《论语》的“学而时习之”一语中。《论语》中的“学而时习之”之“学”又为何？夏峰认为：“开口说学字，所学何事？便是要尽人以合天。”①因而，从表面上看，有若无、实若虚、犯而不校、迁善改过、先难后获等好学之表现，都与慎独所涵具之义不相若，但本质上，学为复性，为尽人以合天，好学之表现又无不由慎独中生发，则学不过是慎独之事。自阳明将学解释为存天理、灭人欲，由诵习之知转为知行并进，由外在博文约礼之事转向内在潜潜自修，成为明中晚期思想进展的一个趋势。

（二）论“求放心”

慎独也即求放心。《孟子·告子上》：“学问之道无他，求其放心而已矣。”求放心和慎独是一个工夫，是夏峰得以将程朱陆王的理论融通起来的一个关键，也可以很好地说明慎独是如何统合其他的工夫的。朱子说：“孟子言学问之道惟在‘求其放心’，而程子亦言‘心要在腔子里’。今一向耽着文字，令此心全体都奔在册子上，更不知有己，便是个无知觉、不识痛痒之人。虽读得书，亦何益于吾事耶？”②他认为求放心是人之一心在外者要收入来。③ 象山更是将求放心工夫作为自己学说的主脑，他说：“古人教人不过存心、养心、求放心，此心之良人所固有。今日向学而又艰难支离，迟回不进，则是未知其心，未知其戕贼放失也，未知其保养灌溉。”④他们所说的求放心都是复其心的本体。象山认为，放心是因为不识本心，因而也不识心之放失和存养；朱子说人心放失在书册上浑然不觉，不识痛痒，也是因为无知。因而，要知本心、求放心。夏峰

① 孙奇逢：《四书近指》卷四。

② 朱熹：《答吕子约》，《晦庵集》卷四十七，《朱子全书》册二十二，上海古籍出版社、安徽教育出版社 2002 年版，第 2202 页。

③ 孙奇逢：《理学宗传》卷六。

④ 孙奇逢：《理学宗传》卷七。

说："象山每教人求放心，正是教人认本心。"所以他接着象山说，知本心和求放心二者之间知本心更重要，一知其本心，则本心已经复明了，"'知求'知字最得力，非求诸已放之心，盖求之心之未放也"①。夏峰认为，心之放也只是因为戒惧工疏所致，② 求放心是一面戒惧以防止，一面闲邪以收放心，只是保有本心一个工夫，是专一之道。求放心不是要找回那个已经放失的精力和关注，而是反观那个省察和警觉还在不在，有此省察和警觉才有所谓的求放心，否则，更不知放，何以知要求？这正是慎独的提起本心的工夫，也即朱子的提起知觉不昧的工夫。阳明后学中，王畿其实强调的正是这一点，即本心的明和觉，只是他过于夸大了这一点，并认为只此工夫便一了全了。当然，若心体明觉透彻，固然更无需工夫。但实际上往往无此透彻，此一步只能是工夫之开始，有待不间断的提醒和打磨。因而，夏峰特别强调象山所说，评语曰："不知有心，遂至戕贼放失，知求放心应须保养灌溉，故学问之道求放心而已矣。"③

在这个意义上，我们可以说夏峰的慎独即知求放心的工夫。若依阳明知行合一说，再推一步，求其放心便即知求放心，真知求放心定会求放心。知求放心的工夫实际就是求放心的工夫。像夏峰这样赞同阳明的知行合一说，我们如此说便无不可。

求放心的工夫其实也就是前所说闲邪存诚的工夫。象山说先立乎其大者的工夫类似存诚，是正面的工夫；求放心类似于无欲、闲邪的工夫是逆向的工夫，二者在本质上都是慎独的工夫。夏峰认为，人之所以有放心，多半因为产生欲望追逐外在的声色货利而迷失本心，不过智、愚、贤、奸的表现有所不同，"稍与本心不相符合"都是放心。对于求放心下手工夫，夏峰说：

人心之放，其根源总在好货好色等项，令人浸淫不自知。

---

① 孙奇逢：《四书近指》仁人心也章。
② 孙奇逢：《日谱》卷十三之四月二十八日条。
③ 孙奇逢：《理学宗传》卷七。

今欲下手只时时刻刻考察此心，偶起一念，莫自瞒昧，则急宜痛责此志，志之倒塌，人不成人，果真切自讼自悔，私欲自不能容，渐去渐复，心始迁舍。然又非一还遂不复放，一刻昏昧又复放逸。道学自修是终身用不尽工夫，莫言须臾不离，终食无违，只时时防此心之放。放矣便急追之，此外原无他学问也。①

求放心的工夫是反复循环的，一有放失便知去求，所以要时时戒慎恐惧。既然放心是欲望所致，则求放心和闲邪、克己、存天理灭人欲无异。所以夏峰又有如下说法："颜子克己与孟子求放心乌容二"②，"求放心正是时时用闲邪工夫"③，"求放心即所以求仁也"④，"不以仁存心，心便放了，求放心亦只是令此心生意盎然"⑤。所谓生意盎然，也即程子所说"性其一本而心则万殊也"⑥，以性为一本的万殊之心。从义理上说，求放心和求仁是一事，在《四书近指》第十九卷仁人心也章中，夏峰引罗念庵的话说："仁至难言，孔子答问皆止言其用力之方，孟子亦未尝明言其义。其曰：仁，人心也。盖即此以明彼，见其甚切于人而不可失，故延平谓孟子不是将心训仁。"所谓放心，即本心不存之意，本心不存其实是未以仁存心之故，求仁便是求本心的工夫。

此外，正如上一节中所说，求放心、常见在、必有事等，虽表述不同，但都是以仁存心之意。以仁存心，也即敬以存心，求放心也即敬的工夫。

王文成曰：只存得此心常见在，便是学。愚谓常见在三字极平易、极高远，孔子之时习，孔子之常见在也；曾子之日

① 孙奇逢：《日谱》卷五之十月初十日条。
② 孙奇逢：《日谱》卷二十五之三月十八日条。
③ 孙奇逢：《日谱》卷二十九之四月初四日条。
④ 孙奇逢：《四书近指》卷十九仁人心也章。
⑤ 孙奇逢：《日谱》卷二十九之五月初一日条。
⑥ 孙奇逢：《日谱》卷三十四之七月十五日条。

省，曾子之常见在也；颜子之四勿，颜子之常见在也；孟子之勿助勿忘，孟子之常见在也；子思之戒慎不睹恐惧不闻，子思之常见在也。无一刻不在，便是至诚之无息，天道之不已，稍杂以物欲则此心时在时不在，全为物欲所锢蔽，则此心一放而不复存矣。只一心不在，便不可以为人，孟子求放心三字是起死回生之手。①

常见在的工夫就是存心，其实也正是求放心、复性、慎独的工夫。李明辉认为阳明的致良知、复本体就是孟子所谓求放心。他说："阳明答徐爱说：'圣人教人知行，正是要复那本体。'此'本体'正是指良知而言，'复那本体'即是孟子所谓'求其放心'之意，此即涵'致良知'之旨。"②求放心即复其本体，但致良知并不如求放心的工夫一般内收，而是将良知之天理推致到事事物物中，如何可谓是复其本体？他借用牟宗三先生的解释认为："'复'必须在'致'中复。复是复其本有，有后返的意思，但后返之复必须在向前推致中见，是积极地动态地复，不只是消极地静态地复。"③他的意思是说良知本体之呈现正是通过向事事物物推扩良知之天理而实现的，阳明确实说过"道修而性复矣"④，致良知之天理于事事物物即尽吾心之天理。那么，这种致良知的工夫是否就可以直接等同于慎独的工夫呢？

在以上讨论求放心和慎独的关系时，曾说到夏峰之慎独其实是知求放心的工夫，而从其认可阳明的知行合一论，可以推出知求放心也即求放心。类似地，夏峰所谓的慎独工夫并不直接等同于致良知的工夫，逻辑上是先有使知为良，好善恶恶的工夫，然后才有推

---

① 孙奇逢：《日谱》卷十四之十月二十九日条。

② 李明辉：《从康德的实践哲学论王阳明的"知行合一"说》，《中国观念史》，中州古籍出版社 2005 年版，第 526 页。

③ 李明辉：《从康德的实践哲学论王阳明的"知行合一"说》，《中国观念史》，中州古籍出版社 2005 年版，第 526 页。

④ 王守仁：《修道说》，吴光、钱明、董平、姚延福编校《王阳明全集》上编一卷七，浙江古籍出版社 2011 年版，第 282 页。

致良知之天理至事事物物的工夫。且看夏峰说："第知之非艰，行之惟艰，非清好恶之源，真是非不出，恐好恶之源正未易清也。惟仁者能好人，能恶人，惟纯王无作好、无作恶，是岂可以口头袭取者乎？仁人之是非好恶与流俗之是非好恶，万不同也。心有纤毫未纯，则是非好恶便有纤毫未当，水静则明，非明之难而静之难，镜莹则照，非照之难而莹之难，清好恶之源，须自格致始，而格致之功总归慎独，此阳明知行合一之旨，是在忱信而力行之耳。"①

分析地看，致良知固然承认先知良知之为良，但更强调良知之天理于事物的推致；慎独的结果必然是落实于事物之间，但确实比较侧重本体内在的收敛、凝聚和专一。因而逻辑上说先有慎独工夫保证一线灵明的知觉清明，好恶为真可好恶，是非为真是真非，再有此知觉之主宰、判断和推致等的致良知工夫，也是合理的。前者正是狭义上的慎独。在这个意义上，我们甚至可以说慎独的工夫为第一义，而致良知的工夫反而被推到第二义上。

当然，在工夫的过程中，保证知之良和推致良知之天理的工夫是一齐俱下的，也即真知和真行总是一齐俱有的。阳明说过："盖不睹不闻是良知本体。戒慎恐惧是致良知的工夫。学者时时刻刻常睹其所不睹，常闻其所不闻，工夫方有个实落处。久久成熟后，则不须着力，不待防检，而真性自不息矣。"②他认为"'格物'即'慎独'，即'戒惧'"③，可知在阳明看来，慎独就是致良知的工夫，一旦有戒惧之提起知觉的工夫，必然有推致天理于事事物物，知即是行。从这个意义上讲，正如知求放心即求放心，保证知之良，即与推致良知之天理至事事物物，慎独即格致，即致良知，二者都是知行合一的。所以夏峰又说："清好恶之源，须自格致始，而格致之功总归慎独。"④因此，夏峰所谓的格物的工夫也是慎独。

① 孙奇逢：《日谱》卷十九之二月二十三日条。

② 王守仁：《传习录》下，吴光、钱明、董平、姚延福编校《王阳明全集》上编一卷三，浙江古籍出版社 2011 年版，第 134 页。

③ 王守仁：《传习录》下，吴光、钱明、董平、姚延福编校《王阳明全集》上编一卷三，浙江古籍出版社 2011 年版，第 133 页。

④ 孙奇逢：《日谱》卷十九之二月二十三日条。

如上一节我们所说的静坐工夫，其本质上也是慎独的工夫。此处不赘述。其他如《大学》之知止、《孟子》之不动心都是以慎独为第一义的工夫。夏峰说："吾心之本体，非知止乌能得止？非慎独乌能知止？"①在夏峰看来，不知止即中摇外撼，知止也即不动心。此外，诚意、敬信、精一等工夫本身就是慎独的工夫。因而，由以上所述，夏峰所有的工夫都可以总归到他的慎独学说，可见，慎独是一统的工夫。值得注意的是，夏峰生平最后一年，绝少提到敬的工夫，显著的一次是引高攀龙说明下手做工夫总之一敬。这说明他几乎完全以慎独的工夫代替说敬的工夫。

二、慎独乃书经与易经的精义——对《书经近指》与《读易大旨》的分析

夏峰注《尚书》和注《四书》一样，都以周敦颐的《通书》为纲领。此外，还有一些历史的原因。洪武二十三年(1390)十月，明太祖朱元璋"命礼部试侍郎张智、翰林刘三吾同征至耆儒临安钱宰等修纂《书传》。上以蔡氏《书传》注说多有未安者，命儒臣开局翰林院，凡蔡氏传得者存之，失考证之，又集诸家之说，足其未备。书成赐名《书传会选》，命礼部刊行，并令儒臣修《孟子节文》。先是上览《孟子》至'草芥寇仇'之说大不然之，谓非臣子所宜言议，欲去其配享，诏有谏者以不敬论，且命金吾射之刑部尚书，钱唐抗疏入谏，舆衬自随，袒胸受箭，曰：臣得为孟轲死，死有余荣。上见其诚恳，命太医院疗其箭疮而孟子配享得不废。至是乃命修《孟子节文》。凡不以尊君为主，如'谏不听则易位'及'君为轻'之类皆删去，诏刊行韵会定正"②。

夏峰作为明代的忠臣遗老，一方面，作为耆儒，他极为拥护孟子亲亲仁民的主张；另一方面，他并没有谴责明太祖的荒谬，反而认为没有一个好的谏臣给予更好的解释，此外，对于明太祖建立明

① 孙奇逢：《日谱》卷二十七之三月初五日条。

② 陈建：《皇明通纪集要》。

朝，他甚至暗含汤武革新殷的赞美。在《四书近指》汤放武伐章中，他这样说道："残贼之人谓之一夫。一章之案在此。二字以'诛'字易'弑'字，是春秋之笔。汤武此举犯古今大难，亏孟子看得真，判得定。宋高宗问尹焞曰：'纣，一君也。孟子何以谓之一夫。'焞对曰：'此非孟子之言，武王誓师之辞也。独夫受洪，惟作威。'高宗又问曰：'君视臣为土芥，臣便视君如寇仇。'焞对曰：'此亦非孟子之言。《书》云：抚我则后，虐我则仇。高宗大喜。'由此观之，孟子皆本《尚书》，非自为一家之说明。太祖不喜孟子，视君寇仇之言，惜当日诸臣不能以焞语入告耳。倘以焞语入告，则引经断义，岂非格心之正哉？"①夏峰向来认为经世和传道不二，治统与道统统一。但明初统治者对于《孟子》产生了很大的误解②，订《孟子节文》。《孟子》的限君仁民思想既然来自《尚书》，夏峰便有意注解《尚书》，了断这一段公案，表达他的态度。

《尚书》也是理学概念的重要来源之一，除以上"抚我则后，虐我则仇"外，比如六经言"性"始于《五子之歌》，陈栎认为此"性"即人性论的源头；夏峰认为，孟子"求放心"来自《毕命》"收放心"等。

《书经近指》篇目以蔡沈的《书经集传》为蓝本，参考胡广的《书传大全》，平时涵泳悠游，兼与门生切磋琢磨而成。但《书经近指》撰写之意与蔡沈的《书经集传》侧重解释字句文义不同，也与《书传大全》逐句说明不同，其重单篇整体文意融贯，先点明题旨，再疏通各节文脉，最后结合全书意旨总结阐发各篇义理。

夏峰认为《尚书》全书要旨在一个"敬"字。他说：

> 蔡子九峰之言曰："二帝、三王之治本于道，二帝三王之道本于心，得其心，则道与治固可得而言矣！"然心何以得也？静言思之，曰："惟一敬。"夫敬，德之聚也。道妙莫测，靡有

① 孙奇逢：《四书近指》卷十四 汤放武伐章。

② 容肇祖：《明太祖的〈孟子节文〉》，《容肇祖集》，齐鲁书社 1989 年版，第 170~183 页。

攸定。惟敬，始能凝聚此理于心，而无所放逸。倘或不敬，则君心纵恣，而天德亡，百体懈弛，而物则废，将于何处问道法？更于何处觅治法乎？①

可见，夏峰认为敬可以得心，其实也就是敬以存心。他认为尧舜禹相授受的心传“惟精惟一，允执厥中”，惟敬才可能精而不杂；汤武之建中建极，皋、夔、伊、传等君臣同心同德，亦无不以敬为本。在《尚书》中，典为谟、训、告、誓、命的头脑。典以敬为本，《尧典》以“钦”字为纲领，钦即敬；《舜典》始终不外乎一“敬”。“自五十八篇推，而至于六经之旨，亦无一不本于此”②，《尚书》五十八篇无不以敬为本。

夏峰之所以认为六经之旨为一，其根本在于他以尧、舜、禹、汤、武之史为迹，虽有不同，而其体现的天道则是一。有人说，尧、舜官天下，夏禹家天下，汤、武又放伐天下。③ 这样，如何能说他们是统一的呢？夏峰说：“相远者迹，相近者天。”“必明于天之道，然后可以读唐虞三代之《书》。”④有此天道为一，则有一敬，可与天道不离。关于敬，夏峰侧重说明其两个方面，一则不息，一则不杂。

《尚书》主旨是告诫统治者畏天、顺天、敬民、恤民，其敬多是敬事。因而，夏峰认为一敬可以贯穿全书。那么，敬为何意？夏峰解《洪范》“五事”时说：“二五事节，朱子曰：‘恭’、‘从’、‘明’、‘聪’、‘睿’，皆德之本然。‘肃’、‘乂’、‘哲’、‘谋’、‘圣’，其用之自然。知其本然之德，则所以敬之于未发者，用此矣！知其自然之用，则所以敬之于已发者，用此矣！‘圣’，只是‘思’之德，勿作造诣所至言。按‘吾事’以‘思’为主，而‘思’必以‘貌’、‘言’、‘视’、‘听’为先。‘貌’、‘言’、‘视’、‘听’在外

① 汤斌：《〈书经近指〉自序》，《征君孙先生年谱》卷下。
② 汤斌：《〈书经近指〉自序》，《征君孙先生年谱》卷下。
③ 黄文焕：“尧舜皆官天下，禹乃家天下。”见《楚辞听直》楚辞卷三。
④ 孙奇逢：《书经近指》凡例。

而可见者也，‘思’在内而不可见者也。敬者，内外夹持之功也。”①因而，在夏峰看来，外在的敬事就是内在的钦敬心的体现，所谓“内外夹持之功”，而这一点体现在理学中，即敬贯穿于未发、已发，未发为体，已发为用，已发是未发的体现。

《说文解字系传》说：“敬，慎也。”敬畏与戒慎其实为一事。夏峰曾在《立政》中说：“敬者慎之，存于心。慎之敬之，见于事。慎谨之心，一敬畏之心也。”并在《大禹谟》中说：“精微之理，敬畏之心，戒慎之辞，一也。”敬就存心而言，慎是就事上说，慎事最终还是要归本于心敬。

《益稷》中禹对帝舜说“慎乃在位”，“安汝止，惟几惟康”，以警示舜兢业务政。孔安国注曰：“言慎在位，当先安好恶所止念虑几微，以保其安其辅臣必用直人。”夏峰注：“‘慎乃在位’，慎字着眼安止，合内外工夫，几康即安止中事。安止惟在‘几’处，审几，又惟求仍归于安而已。”进而评论说：“‘安汝止’，何‘止’也？几、康，其止也。几非康非止也，不康非止也。康不几亦非止也。惟几则微者微几，惟康则危者平是，至善之止也。《大学》‘定’、‘静’、‘安’语‘康’也，其虑，几也。得止，则文思而安安。帝钦明安安，重华精一危微，禹汝止几康，三圣一德矣！何也？所造者天也。”②

几、康是居安思危，惟有止才可以几、康。夏峰的解释以慎德入手，与孔安国《正义》一样，结合《大学》之“止”对“安汝止”之“止”作解释。因而，“慎乃在位”也就不仅仅是观察外在政势之几微，更要恒有一颗戒惧之心，省察内在念虑之几微，敬而不豫，才是不尸居其位。之所以要于几微处省察，乃在于防止品行的转化导致局势的转变，像《五子之歌》《无逸》《酒诰》中训诫的那样。所以，君臣自始至终保持敬慎，都非常重要，而对于转化而言，慎始则显得更为重要。《蔡仲之命》中的“慎厥初，惟厥终”，《太甲下》中的“终始慎厥与”，都是这个意思。唐君毅先生也说：“在人之有

① 孙奇逢：《书经近指》洪范。

② 孙奇逢：《书经近指》益稷。

自觉理性之运用时，中国先哲言内心之道德修养，亦重在于过恶之机初动时，即加觉察，不俟其发出而泛滥，再加以阻遏。此重省察之工夫，亦在本始上用工夫之一端。”①

虽然《尚书》中慎之义偏重于慎事，但究其总体意思来看，敬是于“惟微、惟危”中保持精一的工夫，对内是要持中，保持与天道不离，仍然是慎独之义。

夏峰从六十七岁开始与三无老人②在苏门闻啸楼读《易》，并开始撰写《读易大旨》，至八十六岁，已经几易其稿，而其修改乃至毕生。汤斌《年谱》九十岁条记曰：“山阴姜定庵③遣其子垚来问学，定庵为刘念台门人，寄其师遗书暨易说至。”夏峰得刘念台《周易古文钞》已九十岁，而《读易大旨》的定稿中，我们可以看到刘蕺山易说的引语。可见，《读易大旨》在夏峰九十岁以后定稿。④ 相比《四书近指》和《书经近指》，夏峰对《读易大旨》倾注了更多的心血，二十余年身体力行，体贴易理，此外，引证的前儒、时贤的学说达五十余家，其中绝大多数为理学家。夏峰的理学思想也在其中得以充分展现。

在夏峰看来，易道本身为一。天地万物无不可以统括到《易》中。“愚尝谓：易之统体只是一道，任从何处领悟无不可会到本本原原之地。如神妙万物而为言，只此一句尽易之蕴矣。”⑤易作为天地之道，纳天地之理于其中，而“《易》之为道，总之一性命之

① 唐君毅：《中国先哲之人生道德理想论》，《中国文化之精神价值》，广西师范大学出版社 2005 年版，第 167 页。

② 三无老人，名李崶，字霞表，雄县人。

③ 姜希辙(？—1698)，字二滨，号定庵，浙江会嵇人。明崇祯间举人。

④ 《周易十卦解》为孙夏峰对《大壮》《晋》《明夷》《家人》《睽》《蹇》《解》《损》《益》《夬》等十卦解释的手稿集，与《读易大旨》中此十卦的解释比照起来，大体一致，有少量文字增删；此外，在夏峰的著作及其后学的著作中，尚无提及有此书，可见，《周易十卦解》的手稿是《读易大旨》成书中的部分稿，在《读易大旨》定稿过程中又有所修改，因而关于此十卦，二书不完全重合。

⑤ 孙奇逢：《读易大旨》卷四。

理”①。易有天、地、人三才之道②，天道曰阴阳，人道曰仁义，地道曰刚柔，三者虽若不同，然人道融合天道与地道，仁者阳刚之理和义者阴柔之理，其实一也。卦体现合而爻体现分，分之以见两在之机，合之以见一原之妙。

夏峰认为，爻是分之无可再分，而卦是合之无可再合。统合的最后结果是乾卦一卦可以概括一部易经，而乾卦之九三爻辞“君子终日乾乾，夕惕若”又可以概括乾卦。他说：“一部易经括于乾之一卦，乾之一卦括于‘君子终日乾乾，夕惕若’一爻。其所为终日乾乾者，何也？进德修业欲及时也。德之进也，无迹可寻；业之修也，有事可据。忠信以进德，立诚以修辞，忠信与诚岂二物哉？进德修业岂两事哉？故曰：吾道一以贯之，天地之道可一言而尽也。一者，诚也。”③

夏峰将易分为四个层次：“此章（按：《系辞上》第九章）有五层：至精至变至神是圣心之易，卦爻辞占图书变象是所作之易，极深研几是阐卦爻而发图书作易之事，无思无为能寂能感神易合一，在图书卦爻先是造化本来之易，通志成务在作易后是斯民咸用之易。有本来之易，然后有圣心之易，有易书之易，有咸用之易，井井条条，一以贯之。”④所谓“圣心之易”，亦即陆九渊高弟杨简所说的心易，其义正如刘宗周所说：“圣人于道体指出一易字，大是奇特，只此一字，将天地间无一事不摄入于吾心，近取诸身，远取诸物，只见得此理平分物我，无大无小，直是活泼泼地，令人不可思议。”⑤造化本来之易与圣心之易是体，而所作之易与咸用之易是用。圣心之易是圣人对造化本来之易的理解和体知，其可以与本来之易相吻合。严格说来，先图书卦爻的本来之易，其无思无为，寂然不动，感而遂通，无人可以捉摸，惟圣人可以极研，从而领悟其

① 孙奇逢：《读易大旨》卷四。
② 孙奇逢：《周易·说卦传》。
③ 孙奇逢：《日谱》卷三十五之五月二十八日条。
④ 孙奇逢：《读易大旨》卷三。
⑤ 孙奇逢：《日谱》卷三十四之八月初五日条。

中消息。因而，学者若要得本来之易的要义，只有二途：一者以自心体圣心，待自心为圣心时，即可以极深研几；一者于所作之易和咸用之易显现出来的用上按图索骥，以得造化本来之易。而其中的第二点归根结底还是要通过心易去领悟。

卜筮之占、图书之象，用易之人据此可知吉凶，则用易之人可与卜筮图书之法同一。而圣人以神智洗心，得聪明睿智，可以无卜筮、图书之占、象，而藏往知来，是以“圣人之心易乃作易之本”①。可以说，一方面，圣心之易乃本来之易之照察。心无体，以众体为体。易经中山川日月、眼耳口鼻、牛马鸡豕等，众体之灵即是吾心；另一方面，易也随圣人之心而变易，变易之易“所以尽心之变也”②。那么，圣人之心易为何？

> 圣人以敬为传心之法，在帝王则为忧勤惕厉，在易辞则为危惧，盛德得此者也，末世反此者也。内圣外王，始终之要，只在一敬，故曰：其道甚大，虽近而一身远，而天下国家凡平者，皆生于危；凡倾者，皆生于易。若常以危惧为心，则凡天下之事物，虽百有不齐，然生全成于忧患，未有倾覆而废者矣。故圣人系易之辞，惧意终始，不敢始危而终易者，大约欲人恐惧修省至于无咎而已。此则易之道也。易之兴谓衰而后兴，当纣之世无道极矣，而易乃兴则纣固生文王之忧患耶！③

圣人之心易乃戒慎恐惧，夏峰认为这是“千圣传心之要”。对于人而言，《易》所要告诫的重点是敬慎始终，和书经中《蔡仲之命》所说的“慎厥初，惟厥终”、《太甲下》中的“终始慎厥与”是极为一致的。

夏峰认为，孔颜精神正在于此。《系辞下》曰“子曰：‘知几其神乎。’”，又说：“子曰：‘颜氏之子，其殆庶几乎！’”郑玄注：

---

① 孙奇逢：《日谱》卷三十一之三月初五日条。

② 孙奇逢：《读易大旨》卷五。

③ 孙奇逢：《读易大旨》卷三。

“庶，幸也。几，觌也。”①但夏峰说：“‘庶几’之‘几’，即‘知几’之‘几’也。几者，动之微，吉凶之先见者也。先见乎吉，故常知乎善，常行乎善。先见乎凶，故常知不善，不复行不善。”②他认为知几之学即孔子所谓博文约礼，是孔颜之学与易学的贯通处。无论是否已先觉悟善之本体，都要勤勉修德；只是预见先几，更能促人内省，免于逸乐。能先见，则能克己复礼，见吾心。夏峰所谓吾心，也即天地万物。万物为博文，吾心为约礼，《复》卦“见天地之心”，便是见我之心。学颜子之几，也是学《易》之所在。

程颢说：“知《易》者，莫若孟子。”③理由是孟子指出孔子乃圣之时者。有人问《孟子》七篇不言《易》，如何看出孟子知《易》？夏峰回答：“《易》不可见，孔子一身，语默动静，无之而非《易》也。故能发孔子之蕴，便是知《易》之深。”④孟子不独对《论语》之义理细加阐发，更为重要的是，他身行以教后世，便是深知孔子者。因而，不必穷究孟子之言易，而看孟子之身易与心易便知。

那么，曾子与子思子于易又如何？夏峰答曰：“二子之于易，深矣。”⑤他认为，伏羲先天图无时无刻不动不定，因而常动常静，只是一个至诚在其中，诚乃有“天行健”。而《大学》明新至善，本于诚意；《中庸》“中和位育”，本于诚身。二子能主忠信，立诚德，皆是合于易之一爻一卦者。存忠信于身，就是终日乾乾之义。“《学》《庸》正《易》之深处，故均能发圣人之蕴，教万世于无穷。”⑥尤其是《中庸》，夏峰说“《中庸》之书，大易之征，一诚为主，万圣同归”⑦，可见《中庸》与《易经》之合。

综上可知，在夏峰看来，《四书》正可阐发易蕴。而易蕴乃知

---

① 郑玄撰，王应麟辑：《周易郑注》系辞下第八。

② 孙奇逢：《兼山堂答问易》，《读易大旨》卷五。

③ 程颢、程颐撰，王孝鱼点校：《二程集·河南程氏遗书卷第二十五》，中华书局1981年版，第327页。

④ 孙奇逢：《兼山堂答问易》，《读易大旨》卷五。

⑤ 孙奇逢：《兼山堂答问易》，《读易大旨》卷五。

⑥ 孙奇逢：《兼山堂答问易》，《读易大旨》卷五。

⑦ 孙奇逢：《日谱》卷二十一之正月二十日条。

几之学，“主于念头者，谓之几；发于事为者，谓之义”①，知几与仁义其实一也。也是四书与易相合的关键所在。

回到以上所言可以概括《易》之全体的《乾》卦九三爻辞“终日乾乾，夕惕若”，夏峰认为此正是圣学最吃紧处。

> 问：“终日乾乾，夕惕若”与“戒慎不睹，恐惧不闻”其旨同否？曰：此最圣学吃紧处也。《易》曰：天行健，君子以自强不息。《中庸》曰：维天之命，於穆不已。文德之纯，纯亦不已。终日乾乾，夕惕若。是一日之内，子而亥，一月之内，朔而晦，一岁之内，春而冬，无时不兢惕，如天之运转，如日月之往来，不使有须臾之间断。戒慎不睹，恐惧不闻，是见道之不可须臾离者，无物不有，无时不然，故由睹而密之不睹，由闻而密之不闻，无刻不戒惧，已发以求未发，养未发以全已发，不使有须臾之乖离，此德之所以纯，于穆同一不已，君子之所以自强与天地同一健也。②

此处夏峰已经说得很清楚，《易》之精蕴，也是圣学之关键，是《易》“终日乾乾，夕惕若”与《中庸》“戒慎不睹，恐惧不闻”，也即慎独。

具体说来，六十四卦三百八十二爻，其道为一。其中所透消息颇多者，除乾之朝乾夕惕，尚有复卦见天地之心，艮卦知其所止，泰卦内君子外小人等，可见道之无穷，易蕴之无穷。

三、对于宋明各家理学中“慎独”义的统合

夏峰的弟子田友兰说：

> 先生《读易大旨》成，而羲、文、周、孔之道传；《尚书近

① 孙奇逢：《兼山堂答问易》，《读易大旨》卷五。
② 孙奇逢：《读易大旨》卷五。

指》成，而尧、舜、禹、汤、文、武之道传；《四书近指》成，而孔孟之道传；《理学宗传》成，而后世诸儒之道亦无不传。①

《理学宗传》一书载汉(4)、隋(6)、唐(3)、宋(64)、元(21)、明(66)儒者凡164位，其编撰大旨亦是道一。夏峰说："学以圣人为归，无论在上在下，一衷于理而已矣。"②夏峰所谓"理学"，即本于天理的儒者之学，也就是儒学。顾名思义，理学宗传，就是承传天理之宗统。无论是大宗还是小宗，其共同点都是本天之学，"论学之宗传，而不本诸天者，其非善学者也"③。实际上，《理学宗传》所列的164位儒者，其学虽各有所宗，但在夏峰看来，其中相异者只是小德之川流，而其相同者才是大德之敦化。黄宗羲曾经评价《理学宗传》："钟元杂收，不复甄别，其批注所及，未必得其要领，而其闻见亦犹之海门也。"④这一批判恐怕不尽然，夏峰因所居穷乡，资料之搜罗未备是事实，也是其一大局限，但"杂收，不复甄别"则不然。如果我们以夏峰一贯宗旨慎独为线索，对《理学宗传》做一番考察，就会发现《宗传》有一条明晰的内在线索，此线索也是其朱陆融合说的依据所在。

按时代顺序，我们将《理学宗传》中提及慎独为极重要的工夫论或者宗旨的学者依次列出：李翱、程颢、游酢、李侗、朱熹、黄榦、詹体仁、王守仁、邹守益、南大吉、崔铣、吕柟、鹿善继、邹元标、刘宗周、金铉，其中以邹守益、鹿善继和刘宗周三人论慎独为最多。从程颢、到游酢、李侗和朱熹是明显的程朱洛学一系，到朱熹、黄榦、詹体仁为朱子学系，再到王守仁、邹守益、南大吉为阳明学派，崔铣、吕柟为明代的朱子学者，鹿善继、邹元标、刘宗周和金铉为东林人士或与东林人士过从甚密的朋友，他们的学说都

① 孙奇逢：《日谱》卷三十六之正月二十六日条。

② 孙奇逢：《理学宗传》叙一。

③ 孙奇逢：《理学宗传》叙一。

④ 黄宗羲：《明儒学案发凡》，《明儒学案》，中华书局1985年版，第14页。

本于王学，又极具朱、王融合的特色。他们都非常重视慎独，或者以慎独为重要的工夫学说，充分说明夏峰认为程朱、陆王之学在本质上具有可以沟通之处。虽然，我们首先要承认在不同的学说体系下，慎独学说的内容和含义会有出入，不能尽相一致。但一方面，通过分析，就慎独的语义联结而言，我们仍不难发现其在慎独的根本义上有通约之处；这并不妨碍我们说明，夏峰的慎独学说综合吸纳了各家第一义的学说中所蕴含的意义，有些理学家并非以慎独名其义，但其如求放心、知止、格物、诚意等学说，实际上正与夏峰慎独说相通。这也解释了以慎独统合程朱陆王是夏峰《理学宗传》的题旨所在；反过来，说明了为什么夏峰要以慎独作为自己思想的宗旨，乃至何以如此多的儒者也是以慎独为自己学说的宗旨。实际上，通过对五经、四书到汉唐宋明诸儒各家学说的梳理，正说明客观上，慎独学说乃中国儒学的精蕴所在。

此外，《理学宗传》中如钱绪山、罗洪先、顾宪成等，也是以慎独为重要的工夫论者，《理学宗传》并未收录其关于慎独的学说。

朱子在《中庸章句集注》中并没有将戒惧慎独放到一个很高的位置，实际上，他重视的是诚。黄幹谓："朱先生以诚之一字为此篇之枢纽，示人切矣。"①黄幹进一步扩展此论，认为《中庸》一篇之要点有三：戒惧谨独、智仁勇和诚。他认为《中庸》言性与道、中与和、费与隐、下学与上达等都是分别言体和用的，只有戒惧谨独、智仁勇和诚三者是全道之体用而言的，因而是《中庸》的大旨。他所谓的戒惧谨独就是收拾身心、克念作善，对于欲望，"防其所未然而察其所将然"②。戒惧谨独、智仁勇和诚三者在黄幹看来是有次第层阶的，并不是全副融通，他以戒惧谨独为先，智仁勇为次，最后是诚，他所认为的戒惧谨独，是承继朱子在《中庸章句集注》末章对戒惧谨独所作的定位，是一种下学工夫。不过，黄幹说："曰戒惧谨独者，静存动察之功也，能若是则吾之具是性而体

① 黄幹：《中庸总论》，《勉斋集》卷第二十三。
② 黄幹：《中庸续说》，《勉斋集》卷第二十六。

是道者，固已得之矣。”①又明确将戒惧谨独作为《中庸》要旨之一，这已经有一个界定上的突破了。

曾经有人问朱子：“《中庸》首章只言戒惧谨独、存养省察两节工夫而已。篇末《尚絅》一章复发此两条。然学者须是立心之初，真个有为己笃实之心，又能知得‘远之近、风之自、微之显’，方肯做下面谨独存养工夫。不审‘知远之近、风之自、微之显’，已有穷理意思否?”朱子回答：“也须是知得道理如此，方肯去慎独，方肯去持养，故‘可与入德矣’。”②可见，在朱子看来，第一义是有为己笃实之心，有此第一义的笃实之心才能有意与志谨独和持养。谨独只不过是笃实之心的表现而已。但以上所见朱子对谨独工夫之轻描淡写，这其实并不能全面代表朱子的态度，《中庸章句集注》曰：“自戒惧而约之，以至于至静之中，无少偏倚而其守不失则极其中，而天地位矣。自谨独而精之以至于应物之处无少差谬，而无适不然，则极其和而万物育矣。盖天地万物本吾一体，吾之心正则天地之心亦正矣。吾之气顺则天地之气亦顺矣，故其效验至于如此，此学问之极功，圣人之能事。”可见，朱子认为，戒惧谨独是致中和的工夫所在，这正是黄幹认为戒惧谨独是《中庸》要旨之一的依据。朱子甚至在己丑之悟有悔言：“先言慎独，然后及中和，此意亦尝言之。但当时既不领略，后来又不深思，遂成蹉过，辜负此翁耳。”③

需要指出的是，朱子之特重慎独并不表现于他对于字面上的“慎独”所作出的讨论。毕竟朱子所谓慎独，其义甚狭，仅仅是防其所未然而察其所将然。而在阳明的慎独学说中，慎独之义方得到大大拓展，本章第一节中已有详述。朱子言“提撕此心”使不昏昧，

① 黄幹：《中庸续说》，《勉斋集》卷第二十六。

② 黎靖德编：《朱子语类》卷六十四，《朱子全书》册十六，上海古籍出版社、安徽教育出版社 2002 年版，第 2148、2149 页。

③ 朱熹：《答林择之》，载《晦庵集》卷第四十三，《朱子全书》册二十二，上海古籍出版社、安徽教育出版社 2002 年版，第 1980 页；又见孙奇逢辑：《理学宗传》卷十六。

或曰敬时，才非常接近夏峰所言慎独之意蕴。朱子曰：“人之为学，千头万绪，岂可无本领。此程先生所以有‘持敬’之语。只是提撕此心，教他光明，则于事无不见，久之自然刚健有力。”①如此颇多。换言之，夏峰名之曰慎独者，在朱子是以心之知觉自我提撕，使心不放不昧，其主宰者为朱子所谓心之虚灵知觉。而后阳明及其后学以慎独相沟通者，亦是以此义为把柄。

王阳明不仅将朱子区分的戒惧和慎独两个工夫合二为一，也进一步打通黄榦区分的戒惧谨独与诚，认为“独知处便是诚的萌芽”②，独知处以诚面对才是慎独，他进一步说：“古人许多诚身的工夫精神命脉，全体只在此处，真是莫见莫显，无时无处，无始无终，只是此个工夫。”③王阳明已经视戒惧为全体的工夫。此前程颢曾说过：“洒扫应对便是形而上者，理无大小故也。故君子只是慎独。”④所以杨开沅注：“纯公处处提倡慎独，不待蕺山也。”⑤王阳明此处说慎独并非得自明道，而是针对朱子的“支离”而来，但客观上恰恰和明道欲沟通形上和形下二者工夫的精神一致，虽然他们所谓的慎独之意有所不同，此处不赘言。

从《理学宗传》的文本来看，特重慎独的王门后学是邹守益。他因读《中庸》揭慎独产生疑问，而结缘阳明，并最终成为领会王学精神最深的弟子之一。其实，王门后学中，重慎独工夫者甚众，如钱绪山、季本、欧阳南野、罗洪先、王畿、李材、罗近溪等，但是在《理学宗传》中并未特别表出。其原因可能有二。

一方面，夏峰肯定邹氏对阳明学的传学之功。夏峰曾说：“文成门人品行议论醇乎不杂者，必以公为第一。”⑥黄宗羲《明儒学

① 黎靖德编：《朱子语类》卷十二，《朱子全书》册十四，上海古籍出版社、安徽教育出版社2002年版，第370页。

② 孙奇逢：《理学宗传》卷九。

③ 孙奇逢：《理学宗传》卷九。

④ 孙奇逢：《理学宗传》卷二。

⑤ 黄宗羲撰，全祖望补修，陈金生、梁运华点校：《宋元学案》第一册卷十三，中华书局1986年版，第566页。

⑥ 孙奇逢：《理学宗传》卷二十一。

案》也曾说：“姚江之学，惟江右为得其传，东廓、念庵、两峰、双峰其选也。再传而为塘南、思默，皆能推原阳明未尽之意。是时越中流弊错出，挟师说以杜学者之口，而江右独能破之，阳明之道赖以不坠。盖阳明一生精神俱在江右，亦其感应之理宜也。”①江右之学乃王门之真传，而邹氏居其首。此外，依唐君毅先生之见，邹守益言戒惧，其上承阳明，结合彭山之言警惕、龙溪之言自然二者，下启王一庵、王塘南至刘宗周。② 刘宗周认为，罗近溪本悟之学也溯诸于东廓戒惧谨独之功③，其中启承转化之功甚伟。

另一方面，邹守益虽为王门高弟，但于程朱学相当亲近。这可能是夏峰在《理学宗传》中表彰邹守益的更深层原因。邹守益的戒惧说更引程朱的慎独论，融合王学之良知说。邹守益的慎独说是以戒惧谨独之功复良知之精明之体，如镜常照。他所谓的戒惧是从心体之情常发处见性，在他看来戒惧这种觉本身便是常发之情，而这一灵感来自朱子。

> 介庵章子问：“静中体认，觉得无喜无怒，无哀无乐，此莫是未发时？”曰：“公看得喜怒哀乐粗了。既云体认，既云觉，是有情无情？”曰：“谓之无情则不可；谓之有情则未形。吾更思之。”曰：“昔人论体用一原，或譬诸种，曰未扣而声在，及扣而声出。或譬诸镜，曰无时而不光，无时而不照。公所言，钟说也；某所言，钟说也。近见东石子录晦庵公一段，甚精确。曰：‘有天地后，此气常运；有此身后，此心常发。惟当于常运处见太极，于常发处见本性。若离常运而求太极，离常发而求本性，恐不免佛老之荒唐也。’公请从心体体认，莫从书策校勘。”明日，聚拟岘台，曰：“吾得之矣！情是常发，性是常未发，戒慎恐惧即是情。故程门慎独，不分昼夜，

① 黄宗羲：《明儒学案》卷十六，中华书局1985年版，第331页。

② 唐君毅：《中国哲学原论》（原教篇），中国社会科学出版社2006年版，第239页。

③ 黄宗羲：《明儒学案》师说，中华书局1985年版，第12页。

破我数十年之疑。”①

上述所引朱子语，见于《答张敬夫问目》，据陈来《朱子书信编年考证》，此信时间为1170年，己丑之悟后。② 所以章衮得出“情是常发，性是常未发”是合乎朱子之意的。按照邹守益的看法，戒慎恐惧既是常发，因而是情。虽然朱子认为戒慎恐惧的工夫在未发之时，但戒慎恐惧始终是思和有所发的，二者微有不同，却又可相通。朱子的戒慎恐惧有思，其实就是邹守益所谓良知之精明所在。因而，邹守益的戒惧工夫不直接在本体上，而是在本体的发用上。也正在这个意义上，邹守益说：“但令无往非戒惧之流行即是性体之流行矣。离却戒慎恐惧，无从觅性。”③

邹守益之戒惧针对当时学者的两个弊病而发：一者恐戒惧工夫影响工夫之自然，遂引为多余或者不当，此乃龙溪学所易起的误解；一者以戒惧为静，走入寂静枯槁，此乃念庵学所易引之流弊，因而称“戒慎恐惧，非动而何?”④因而邹守益之戒惧合动与静、已发未发，又特重动与已发的工夫。邹守益之戒惧既不同于聂双江之慎独，亦不同于季本之龙惕。他认为双江从寂和未发上用工，感和已发自然为效验，是寂感二分，裂心体为二；他也不同意季本针对无工夫说，而过度标榜警惕，摒弃自然一面的态度，则警惕只是心体外之强加，滞而不化，不能行所无事。

邹守益识戒惧为情、为动的工夫，大率是以性体为寂、心体为感。既然如此精微的戒惧都是动的工夫，则工夫无有不动者，没有静的工夫或者静的一面可言。罗洪先则认为戒惧是念，是无时可息的念头，恰恰是静中的工夫。虽然心体非因静而知、因动而不知，

---

① 邹守益撰，董平编校：《邹守益集》下册，凤凰出版社2007年版，第743页。

② 陈来：《朱子书信编年考证》，生活·读书·新知三联书店2007年版，第73页。

③ 黄宗羲：《明儒学案》卷十六，中华书局1985年版，第332页。

④ 邹守益著，董平编校：《邹守益集》下册，凤凰出版社2007年版，第743页。

不应因境而转，但毕竟心有所扰，如水之浊，不能尽知。罗洪先认为《周易》言知几之几，非有无之间，而是有无不形，但"吾心之感，似涉于有矣，然虽显而实微，虽见而实隐，又近于无"，"必常戒惧，常能寂然，而后不逐于动，是乃所谓研几也"①。濂溪、朱子之言论证先有心体诚定寂静，再有戒慎恐惧和知几。如果知几是知有无之间、显微之间之几，则与《中庸》"不睹不闻"相背离。

邹守益之慎独与罗洪先之慎独，虽因其工夫路径不同而方法有异，但二者仍不乏共通者。二者所认同者为良知之本体，其慎独工夫即本体常在自觉，又是工夫一。此心之主宰提醒，或曰明觉，或曰观照，其不因二者工夫之动静，已发未发而动摇，而是常见在。罗洪先"归寂以知止于一枯槁寂寞之境"②，终归于保持此心之灵明，其实与邹守益警惕戒惧之主宰者同。夏峰之慎独是将邹守益之动的戒惧与罗洪先之寂静中的戒惧结合起来，他说："若真能戒惧慎独，不问动静，无一毫夹杂，无一息间断，则念前之心即未发也。"③即戒惧慎独是不分动静、寂感的。

其实王畿的慎独说真能和寂感、动静、自然与警惕为一的。但从《理学宗传》卷二十六引录内容来看，并无体现。王畿说："戒惧即自然，自然即戒惧。"此语正体现心体之自然与警惕的本然两面，但易生将警惕归为自然之弊，夏峰因而没有引入《理学宗传》中。但其中所引："千古圣学，只从一念灵明识取，只此便是入圣真血脉路，当下保此一念灵明便是学，以此触发感通，便是教随事，不昧此一念灵明谓之格物，不欺此一念灵明谓之诚意，一念廓然不可得，此便是究竟语。"④此一念灵明不失，便是慎独之精髓，与邹守益说良知之精明、罗洪先说心体之寂定皆是一事。只是知此一念灵明，仅仅是良知之一线发见，不可以为是良知全体，更要长养推

① 罗洪先著、徐儒宗编校：《答陈明水》，《罗洪先集》上册，凤凰出版社 2007 年版，第 302 页。

② 唐君毅：《中国哲学原论》（原教篇），中国社会科学出版社 2006 年版，第 242 页。

③ 孙奇逢：《日谱》卷二十七之三月二十四日条。

④ 孙奇逢：《理学宗传》卷二十六。

扩，不容间断，此亦是几家都能肯定者，故而虽慎独之功各异，而溯其本则不能不归一。

夏峰之慎独其实融摄多家，尤其以邹守益、罗洪先为甚，究其因，二者皆能融合朱子、阳明之说为一炉，以克己、无欲为实事，邹守益于已发之际照察，罗洪先则真实收敛，从未发之心体验，皆对夏峰以慎独为收拾检点的下学通往上达的工夫论提供了极大的启迪。故夏峰一贯兢兢于下学处，而于不可人力为之的形上之域不作为，即兢惧方可达自然。

高世泰曰："昔朱子立三样主敬法：一伊川之整齐严肃；一上蔡之常惺惺；一和靖之其心收敛不容。"①其实，朱子说整齐严肃，常惺惺和心收敛恭敬三者为一，高世泰强调其各有偏重。如果说邹守益之慎独接近于程颐的整齐严肃之敬，罗洪先之慎独接近于和靖收敛不容之心，那么，吕柟的慎独则近于谢良佐之常惺惺之敬。"康恕问：戒慎恐惧是静存，慎独是动察否？先生曰：只是一个工夫。静所以主动，动所以合静，不睹不闻，静矣，而戒慎恐惧便惺惺，此便属动了。如大易闲邪存诚一般，邪闲则诚便存，故存养省察工夫只是一个，更分不得。"②吕柟作为明季朱子学者，他首先承认朱子涵养省察，戒惧慎独的区分，本朱子慎独所以致中和而来，同时也结合了阳明，融合二者的学说，认为涵养省察、戒惧慎独无二工，是融贯动静的。他以知得善恶为独，以好善恶恶为慎。泾野将独界定在隐微之地，虚静之时的清晰时空之下，因而它是人己所不睹不闻的。他认为省察克治处应先以人之病痛紧要处为先，偏重

① 高世泰：《复张秋绍书》，载高廷珍辑《东林书院志》卷十七。《朱子全书》卷二载："或问：先生说敬处举伊川主一与整齐严肃之说与谢氏常惺惺之说，就其中看谢氏尤切当。曰：如某所见，伊川说得切当，且如整齐严肃，此心便存，便能惺惺，若无整齐严肃，却要惺惺，恐无捉摸不能常惺惺矣。""问：和靖说其心收敛，不容一物。曰：这心都不著一物，便收敛他。上文云：今人入神祠，当那时直是更不著得些子事。只有个恭敬，此最亲切。今人若能专一，此心便收敛密，都无些子空罅。若这事思量未了，又走作那边去，心便成两路。"

② 吕柟：《泾野子内篇》卷十五。

于看得见的已发工夫。所以他又说："慎独无有作好作恶，无纤毫私意。"[①]强调闲邪的工夫。夏峰对于泾野能容纳朱子阳明二家的气度非常钦佩，赞其"有一段高明广大之意"，"识度过人远矣"。[②]

可见这种折中在明中后期的朱子学者和阳明学者中都有所体现，到明末东林党人如顾宪成、高攀龙等更为明显。不过东林党内本身思想归属比较复杂，学术界说法亦不能统一：如唐君毅先生认为"东林之学与蕺山之学，皆是为救王学之蔽而起"[③]。冈田武彦先生则认为东林学是"通过方山而溯源到朱子学，并以此为根本而建立起来的学说"[④]。无论其东林学术其本为何，其中学说多元是肯定的，如邹元标尊奉阳明学，冯从吾尊奉朱子学。

高攀龙和顾宪成之学皆以慎独为宗旨。顾宪成认为戒惧、慎独二者既不是完全等同，又不是不相关涉。慎独包含在戒惧之中，"乃就中点出一个动静关也"[⑤]。慎独是戒惧的关键。此是循朱子之说。对于独字解法，他认为言其与物无对，是性体也可；朱子言独知之地也可，终归要在自身上体贴。高攀龙认为凡人可以为圣人，只在慎独。独是"复以自知"，慎独即是"不远复"[⑥]，内能不昧己，外能对越天命。此外，他主张静中体验慎独，因为行有不慊者可以在静中显现。高攀龙的思想中特重敬，唐君毅先生称其"以穷理格物言主敬，而又先有王学中之心悟为本"[⑦]，他并没有将敬的学说

---

① 吕柟：《泾野子内篇》卷九。

② 孙奇逢：《理学宗传》卷二十二。可见，即便在明季，朱子学仍然有权威和强势。但凡阳明学者能折衷朱学，援引朱子的工夫学说，如邹东廓、罗念庵等，东廓还亲疏请明初朱子学者薛瑄从祀，论者常以为当然；而朱子学者如能敞开胸怀接纳阳明学，则识者便大为激赏，可见一斑。

③ 唐君毅：《中国哲学原论》(原教篇)，中国社会科学出版社 2006 年版，第 289 页。

④ 冈田武彦著，吴光等译：《王阳明与明末儒学》，上海古籍出版社 2000 年版，第 356~357 页。

⑤ 顾宪成：《小心斋札记》卷十三，《顾端文公遗书》。

⑥ 高攀龙：《高子遗书》卷一。

⑦ 唐君毅：《中国哲学原论》(原教篇)，中国社会科学出版社 2006 年版，第 297 页。

与慎独联系起来，高攀龙说："戒惧慎独亦不过一灵炯然不昧，知是必行，知非必去而已。"①戒惧慎独是所以敬者，不等同于静。此一语道破机括，也是诸贤慎独义之所同处。总体上，顾、高慎独学说顺朱子说者多，于其支离处少有纠合而已。

相较之下，鹿善继的慎独则本于王学，着重从复还人之生成本体处言之，以慎独和诚意为一义，诚意是主意，慎独是工夫。其重一意为真、复还本体之念却可以沟通朱王两家。就工夫而言，夏峰比鹿善继更多融合了朱学。

总体而言，慎独学说有多义，于动静上，有言已发后的克治工夫，有言未发时的防闲工夫，有言未发已发之间；于方所上，有言寂的工夫，有言感的工夫；有言戒惧是情的工夫，有言独即是性体等等不一而足。黄宗羲曰："儒者人人言慎独，唯先生始得其真。"②明中后期，刘宗周的慎独学说不言最真，至少自成一家言，具有代表性。因而，以下拟对刘宗周之慎独与夏峰之慎独学说作一总体的比较，以期对夏峰的慎独学说的独特性有更多了解。

四、蕺山与夏峰慎独学说之比较

明代末期，理学已经发展到最为精微的程度，学风也越来越转向内在观省，明中晚期以慎独为学说宗旨的学者非常多，像东林党的孙慎行，从东林分出来的刘宗周，关中大儒李颙等对于《中庸》的慎独学说都各有发挥，以刘蕺山的慎独学说最有特色，其对于朱、王两家的学说吸收、融合、批判都极为成熟，具有代表性，牟宗三先生甚至以刘宗周为理学殿军，认为刘宗周之死成此学绝响。本节将探讨蕺山之慎独学说对于夏峰有无影响及其异同。

(一)夏峰接触蕺山思想

夏峰与蕺山生前都重气节，蕺山（1578—1645）虚长夏峰

① 高攀龙：《答耿庭怀》，《高子遗书》卷八上。

② 黄宗羲：《明儒学案》卷六十二，中华书局1985年版，第1514页。

(1584—1675)七岁。夏峰自言:“徒弱冠时知向慕公,后王念尼[①]从公游,公亦知有余也。沧桑既变,始得其《人谱》与《改过三说》,辑入《宗传》。”[②]但地缘一南一北,夏峰终生只倾慕蕺山为人,而未得一见,但蕺山南学和夏峰北学之间的交往不断。除夏峰的朋友王念尼师从蕺山以外,夏峰的弟子高荐馨曾游学东南,与倪元璐的弟弟结识,连接起南北学之间的桥梁;蕺山的弟子黄梨洲也向慕夏峰,二人有书信往来。[③]

夏峰弱冠之时只是于蕺山之节烈有所耳闻。他说:“沧桑既变,始得其《人谱》与《改过三说》,辑入《宗传》。”[④]但《人谱》和《改过三说》并不是了解蕺山思想的很好著作。《日谱》三十卷以前从未涉及蕺山思想,在六、七、八几卷涉及者只是表彰蕺山气节。夏峰较早接触的是《明儒学案》中《师说》的内容。《日谱》卷六记曰:“刘念台以方正学为明儒之首,非所谓读书种子乎!”[⑤]蕺山以方孝孺为明儒之首,这部分内容现在只见于《明儒学案》的《师说》。而《明儒学案》成书于康熙十五年(1676),乃夏峰逝世以后之第二年。据《黄梨洲先生年谱》卷下:“太夫人八十寿辰,孙征君夏峰先生(引者按:夏峰时年九十),寄到《理学宗传》一部,并寿诗一章。”[⑥]我们可略知夏峰与黎洲的交往,但无资料推知,夏峰是在《明儒学案》付梓前先读了《师说》部分,还是《师说》的内容在当时另有他书。总之,夏峰在七十二岁以前便读到现在收入《明儒学案》的《师说》的这部分内容。

从《日谱》来看,夏峰真正了解蕺山的理学思想,应该是在他八十五岁以后。康熙七年前后,夏峰始读蕺山《学言》《古易钞义》《圣学宗要》等书,读《学言》大约在康熙七年,读《古易钞义》《圣

---

① 王念尼,清苑人。

② 孙奇逢:《理学宗传》卷二十五。

③ 陈祖武:《蕺山南学与夏峰北学》,《中国社会科学院研究生院学报》1998 年第 5 期。

④ 孙奇逢:《理学宗传》卷二十五。

⑤ 孙奇逢:《日谱》卷六之六月二十三日条。

⑥ 黄炳厚:《黄梨洲先生年谱》康熙十二年癸丑公六十四岁。

学宗要》大约在康熙八年，他对于其中的一些观点非常认同，于是，摘引《学言》入《理学宗传》，《古易钞义》入《读易大旨》。并将《理学宗传》中原引的《人谱》和《改过三说》全部换成我们现在在《理学宗传》中看到的《学言》中的内容和《题圣学宗要后》。夏峰于康熙六年告竣《读易大旨》，此时只是完成他个人的解读。夏峰自康熙八年四月十七日开始重订《读易大旨》，并参考各家易说，其中就有蕺山《周易古文钞》一书。因而，夏峰对蕺山思想的真正接触是在夏峰八十五岁以后，主要通过《学言》《周易古文钞》二书。

《圣学宗要》借鉴友人刘去非《宋学宗源》体例，合濂溪、横渠、明道、紫阳和阳明五子重要著作而成，以五子为宋明之孔颜曾思孟，称"自有天地以来，前有五子，后有五子，斯道可为不孤"①。这和夏峰《理学宗传》树十一子，以阳明为朱子之正宗意见相同，夏峰八十五岁才读到《圣学宗要》，只说明二者不约而同，不可谓蕺山对夏峰的影响。

当夏峰接触到蕺山的《学言》和《周易古文钞》的时候，夏峰的基本学说已经大体确立，蕺山关于义理、气质之性，道统观点和以慎独为儒家精义等的学说只是更加坚定夏峰对于自己学说的自信。

对于蕺山的有些观点，他实际上并不接受，并认为蕺山学说过于精细。就《理学宗传》卷二十五刘念台宗周而言，夏峰选《学言》所记十一条，及《圣学宗要后》一篇。摘录如下：

1. 情动而溢者，昏于性也。事过而留者，歉于理也。

2. 处纷而不乱，在乐而不淫，吾以观其养矣，君子哉！

3. 人心不可一息藏杀机，看万物遂生复性，各得其所，是何等气象！

4. 凡人一言过，则终日言皆婉转，而文此一言之过；一行过则终日行皆婉转而文此一行之过。盖人情文过之态如此，

① 刘宗周：《圣学宗要引》，《刘宗周全集》第二册，浙江古籍出版社2007年版，第228页。

几何而不堕禽兽也。

5.《中庸》是有源头学问，说本体先说个天命之性，则率性之道、修道之教在其中矣。说工夫只说个慎独，独即中体，识得慎独二字则发皆中节，天地万物在其中矣。

6. 喜怒哀乐之未发谓之中。先儒教人看此气象，正要人在慎独上做工夫，非想像恍惚而已。伊川谓不当于喜怒哀乐未发之前求中，正恐人滞在气象上，将中字作一物看，未便去做工夫，岂不辜负？昔日如温公念个中，伊川便谓他不如持戒珠。

7.《大学》是一贯血脉，不是循序工夫。今人以循序求《大学》，故谓格致之后，另有诚意工夫；诚意之后，另有正心工夫；岂正心之后又有修齐治平工夫耶？

8. 盈天地间皆道也。而归管于人心为最真，故慈湖有心易之说。太极阴阳四象八卦而六十四卦皆人心之撰也。圣人近取诸身如此，既而远取诸物如此，大取诸天地亦如此，方见得此理平分物我，无大无小，直是活泼泼地令人不可思议。

9. 人心径寸耳，而空中四达有太虚之象，虚故灵，灵故觉，觉有主是曰意，此天命之体而性、道、教所从出也。(觉有主是蒙创见)

10. 理即是气之理，断然不在气先，不在气外，知此则知道心即人心之本心，义理之性即气质之本性，千古支离之说可以尽扫。而学者从事于入道之路，高之不堕于虚无，卑之不沦于象数，道术始归于一乎！

11.《示韩参夫》云："力划浮夸之习，深培真一之心。"又曰："从闻见上体验，即从不闻不见消归。从思虑中研审，即向何思何虑究竟，庶几慎独之学。"

12.《题圣学宗要后》曰："愚按孔门之学，其精者见于《中庸》一书而慎独二字最为居要，即《太极图说》之张本也。乃知圣贤千言万语说本体说工夫总不离'慎独'二字。独即天命之性所藏精处，而慎独即尽性之学。独中具有喜怒哀乐四者，即仁义礼智之别名。在天为春夏秋冬，在人为喜怒哀乐，分明一气之通复，无少差别。天无无春夏秋冬之时，故人无无喜怒哀乐之时而终不得以寂然不动者为未发，以感而遂通者为已发，可知也。盖止一喜怒哀乐而自其所存者而言，谓之中，如四时之有中气。所谓阳不亢、阴不涸是也。自其所发者而言，谓之和，如四时之有和气。所谓冬无愆阳，夏无伏阴是也。山中达和，故谓之大木，达道只是一时事，所谓动静一原、显微无间者也。中为天下之大本，即隐即见，即微即显，和为天下之达道，即见即隐，即显即微，故曰：莫见乎隐，莫显乎微。而独之情状于此为最真，盖独虽不离中和而实不依于中和，即太极不离阴阳而实不依于阴阳也。中阳之动也，和阴之静也。然则宋儒专看未发气象，未免落于边际，无当于慎独之义者，故朱子初年不喜其说，退而求之已发，以察议端倪为下手，久之之义无所得，终归之涵养一路。其曰：以心为主则性情之体，中和之妙，各有条理，正指独而言，而不明白说破。止因宋儒看得独字太浅，中字太深而误以慎独之功为致中和之功故也。阳明子曰：良知即未发之中，仍落宋儒之见。又云：无前后内外而浑然一体，庶几得之。第以质之《中庸》往往似合似离，说中说和，无有定指，总之诸儒之学，行到水穷山尽，同归一路，自由不言而契之妙。但恐《中庸》之教不明，将使学慎独者以把捉意见为工夫而不覰性天之体，因使求中者以揣摩气象为极则而反堕虚空之病。既置独于中之下，又拒中于和之前，纷纷决裂，几于无所适从，而圣学遂为绝德。故虽以朱子之精微而层摺，且费辛勤，以文成之简易而辩难不遗余力，况后之学圣人者乎！因稍为之拈出，以俟学者。

夏峰对于蕺山的著作虽然所选不多，但于其紧要的地方都有涉及。蕺山学说最有特色的地方在喜怒哀乐为性，打破朱子未发为性、已发为情的二分，认为性情皆贯未发、已发(第 6、12 条)；诚意说以意为主，反对宋明儒将意字认粗(第 9 条)；理气说“气即理”，气质之性即是性而无义理之性(第 10 条)；独体即中体，反对宋儒置中于独之下(第 5、12 条)，尤其是朱子认为慎独是致中和之功。总结起来，即唐君毅先生所谓“心体中之当有一纯情、纯意、纯气”①，这些都或多或少在《理学宗传》的摘引中有所体现。但“气即理”和“喜怒哀乐为性”的部分没有直接体现出来，原因恐怕在于夏峰对于此二说不能认可。且以意为心之主，他也不能赞同。他将《学言》中“心无体，以意为体；意无体，以知为体；知无体，以物为体；物无用，以知为用；知无用，以意为用；意无用，以心为用。此之谓体用一源，此之谓显微无间”②解释为：

> 人心虚明，灭然无累，如皎日之在长空，忽乘于物感，或理或欲，纷纷起灭，皆意也，而此心遂着于意上。故曰：心无体，以意为体，而意之或欺或慊，人所不知而己独知，故意无体，以知为体，而知之戒欺求慊非悬空揣度，总归着在物，故又曰知无体，以物为体，据此则物无用，以知为用，知无用，以意为用，意无用，以心为用，此之谓体用一源，此之谓显微无间。③

蕺山所谓“心无体，以意为体”的意思是心体虚空，心之所存为意，意之精明为知，知之所在为物。蕺山认为阳明的心是良知而忽视意，他补充说心其实也是善意，心既是良知也是善意。良知是知善知恶，意是好善恶恶。知和意是一齐具有，不分先后的。有知善知恶之知，即有好善恶恶之意；反之亦然。知善知恶和好善恶恶齐备，才是阳明所说的知行合一，也是明诚合一。“意无体，以知为体”正是说意与知不是对立，而是契入的关系。蕺山认为阳明的“有善有恶意之动，知善知恶知之良”将知善知恶和好善恶恶拆在两处，是蕺山所不能赞同的。在这个意义上，《大学》说的致知、诚意和正心只是一个工夫、一件事。心只是一个心，就其存主而言谓意，就其存主之精明而言谓知，就其意中至善无恶谓物，心中有

① 唐君毅：《中国哲学原论》(原教篇)，中华书局1985年版，第313页。

② 刘宗周：《学言》一。

③ 孙奇逢：《日谱》卷三十之九月初八日条。

意，意中有知，知中有物，互为体用关系。夏峰所谓人心“乘于物感，或理或欲，纷纷起灭”之意，仍然是阳明有善有恶的意，相当于蕺山说的“念”。这或许是夏峰于蕺山的“意”说理解不深，抑或时节因缘未至故尔。

总体而言，夏峰与蕺山的慎独思想精神风格相同，义理间架相异。蕺山之学针对阳明以良知释心，将《大学》的心意知物的序列中独独落下意，因而专门提《大学》“诚意”的意字，以意为心之主宰，在阳明良知之知善知恶之外，补充意之好善恶恶，以完善其知行合一之旨。因而，在蕺山看来致良知并非第一义，知行合一才是第一义的工夫。既然好善恶恶之意主宰人心，那么，好善恶恶之情必也内置人心，正因为有情有意，心才是虚而不空的。在蕺山看来，喜怒哀乐不同于七情，它们既是情，也是性，不独已发之时有喜怒哀乐，未发之时喜怒哀乐也藏于心中，因而朱子以未发为性、已发为情在蕺山看来也是不对的。蕺山所谓意也就是独，他说“好恶两在而一机”①就叫做独，他解释“机”不是发，是“发动所由”②。因而慎独的工夫主要在于主静，以保持不偏不倚的中的状态。蕺山主静说主要吸取了濂溪、白沙和念庵等人的主静学说，其所谓静是超越了动静的静。其思路是涵养未发之中，则已发必然和，合乎阳明的中体和用之旨。同时，他评价朱子：“湖南中和问答转折发明，内有以心为主，则性情各有统理而敬之一字，又所以流贯乎动静之间等语，庶几不谬于慎独之说，最后更以察识端倪为第一义为误，而仍归之涵养一路，可为善学延平者。”③又与朱子的居敬涵养一路颇为接近。

夏峰之慎独乃在于贯穿动静合一、有无之间的研几之学。几是动而未形，在有无之间，其能辨善恶，能无欲守寂，不追逐动。研几之学亦是知善知恶与好善恶恶一齐而出的，几先知吉凶，而可知善恶、好善恶恶，进而行善而去恶。知几之学既即天地万物而博

① 刘宗周：《答史子复一》，《刘蕺山集》卷八书三。

② 刘宗周：《学言》三。

③ 刘宗周：《学言》一。

文，又即一以贯之而约礼，又不着空、不着物，可以见吾人之心体。所谓“寂中之感，既向于动，感中之寂，仍归于静”①。就本体言之，常感常寂，知能合一。夏峰既承认阳明之未发之中为体、已发之和为用的体用理论，又能兼摄朱子静中涵养、动中省察的工夫学说，并偏重主静，因而在归结上和蕺山的慎独说有着殊途同归之妙。从体中工夫进而发为用，倡导体用合一之学。针对当时腐儒曲士，“有体而无用”②的现实，主张诚与忠信一体，有忠信有学可为圣人，有忠信无学止于乡人，行于从天而克己之学。

如以上所说，二者学说之所以在精神气质上相同，主要与蕺山和夏峰所处的时代环境与问题、所受到的思想渊源，以及学说的出发点的相同有关。加之蕺山与夏峰的为学历程都是由程朱转信阳明，又由阳明之学出发反省阳明学的局限和弊病，援借程朱学重实践和工夫，形成己学。夏峰借助之资源主要是江右王学的代表。蕺山则受早年许敬庵师教导之益，自己探寻一条结合王学和程朱学的路子，其推尊者方志孺、吴与弼、曹端、胡居仁、陈选、蔡清、王阳明和吕柟等人③来看，不少是纯粹的程朱学者。蕺山和夏峰的慎独也都本于王学的精神，直接针对晚明王学高蹈空虚和朱学训诂章句的流弊，以朱、王二者相互取资，挽合道统之裂变而来。

慎独是存人之几希之法，是所以致中和位育的所在，是尧舜周孔之所以为尧舜周孔的原因；更重要的是，慎独作为君子存之之法，以戒慎恐惧还不睹不闻之本体，以中和还喜怒哀乐之真情，以仁义还父子君臣之伦常，以位育还天地万物之本然面目。④ 戒惧几微之独，则成慎独复性之功，致中和位育，中本和用，一致俱致，基于此《中庸》之慎独为二人之所同。⑤

蕺山认为性只是气质之性，义理为气质之本然，其所以为性；

① 孙奇逢：《读易大旨》卷五。

② 孙奇逢：《日谱》卷三十四之五月初一日条。

③ 东方朔：《刘蕺山哲学研究》，上海人民出版社 1997 年版，第 45 页。

④ 刘宗周：《人说》三，《刘蕺山集》卷十一。

⑤ 刘宗周：《中庸首章说》，《刘蕺山集》卷十一。

心只是人心，道是人心之本然，其所以为心，因而，性为一性，心为一心，工夫只是一静存，主敬，而无省察、穷理。他认为，濂溪《太极图说》是本《中庸》而来，主静立人极正是慎独的最好解释。不同于以往学者认为慎独学说的来源在于明道，蕺山认为慎独实自濂溪“主静立人极”始。他特重主静工夫，说：“如静存不得力，才喜才怒时便会走作，此时如何用工夫？苟能一如其未发之体，而发此时一毫私意着不得，又如何用工夫？若走作后，更觉得便与他痛改，此时喜怒已过了，仍是静存工夫也。”认为工夫只有在未发时着，已发时则着不得工夫。此外，视独为几微之地，直到无声无臭，及本体与工夫的自然主义路向都是二者慎独学说的特质。

(二)二者慎独学说之异

蕺山和夏峰都能融合朱陆，但蕺山独创新说，本体上以意为心之所存，工夫上以静存摄动察，进而贯通未发、已发，将喜怒哀乐之情纳入性中，融合性情。因而，蕺山和夏峰的慎独说异在义理间架。蕺山独特的义理间架，包括独体说、主意论和性情说，主要针对阳明四句教和朱子动静分离而来。夏峰对于朱子的动、静，中、和二分的学说也有所调整，但阳明四句教却是其始终尊奉的，其所不满阳明的是其学说有引人重体轻用的倾向，使心体常常被着空。这也是他们之所以对于朱子和阳明的学说都有所吸取和调整，但最终产生大异又大同的原因。

蕺山的慎独学说以独体为中，是心之本体，他说：“喜怒哀乐之未发谓之中，此独体也。”①蕺山的独包含丰富的内涵。但简单说来，其所谓独即中。

关于独体，夏峰受到蕺山影响，曾说：“无极而太极，独之体也。一独耳，指其体谓之中，指其用谓之和，总是纯乎天理之极而无一毫人欲之私，故无欲二字直下做到圣人。濂溪可谓窥圣蕴矣。白沙诗云：无极老人无欲教，一番拈动一番新。”②此段作为夏峰现

---

① 刘宗周：《中庸首章说》，《刘蕺山集》卷十一。

② 孙奇逢：《日谱》卷三十四之七月初九日条。

存著作中仅有的两见之一，明显从蕺山《学言》中而来，蕺山谓：

无极而太极，独之体也。动而生阳，即喜怒哀乐未发谓之中，静而生阴，即发而皆中节谓之和，才动于中，即发于外，发于外则无事矣。是以动极复静，才发于外即止于中，止于中则有本矣。是以静极复动，一动一静，互为其根，分阴分阳，两仪立焉。若谓有时而动，因感乃生，有时而静，与感俱灭，则性有时而生灭矣。①

又谓：

一独耳，指其体谓之中，措其用谓之和，只此喜怒哀乐而达乎天地，即天地之寒暑灾祥，达乎万物即万物之疾痛疴痒。②

又谓：

只无欲二字直下做到圣人，前乎濂溪，后则白沙，亦于此有得。白沙诗曰：无极老翁无欲教，一番拈动一番新。或曰：周子既以太极之动静生阴阳，至于圣人立极处，偏着一静字，何也？曰：阴阳动静无处无之，如理气分看，则理属静，气属动，不待言矣。故曰：循理为静，非动静对待之静。③

此外，夏峰著作中另一处独体之说也是来自蕺山。夏峰说：

“从来圣贤学问只是一个功夫。凡分内分外、分动分静、说有说无，劈成两下，总属支离。吾丈既有悟于《西铭》之旨，

① 刘宗周：《学言》一。
② 刘宗周：《学言》一。
③ 刘宗周：《学言》二。

则一体万物之中，何内何外，何动何静之可分与？此吾丈之所已明者，非他人代为松活也。至谓本源不能洞彻，别有大病，不能洞察，此却不然。只是慎独功夫未到精纯处耳。读《中庸》末句尚炯之诗而识独体之蕴焉。所谓暗然日章是也。读潜伏而知君子慎独之功焉。读屋漏、读靡争，又读奏格、读不显，知君子慎独之功之至焉。由不见处一步推入一步，而独体只是暗然，慎独之功亦只是于暗处下一章字，此才是圣学之极诣，而慎独之尽境也。”①

类似的话见蕺山《学言》：

读尚炯之诗而识独体之蕴焉。所谓暗然日章是也。天下文章莫著于是而却藏于至暗之中，不可得而睹、不可得而闻。淡简温三句正见独体之妙，分明中庸真面目。知远之近三句独中自有之，真知也。善学者时时提醒此，便是圣路，便是天衢。故曰：可与入德。又读潜伏之诗句而知君子慎独之功焉。首从人所不见处杜其疚病之门而犹虑其孔昭也。又读屋漏之诗而愈知慎独之功焉。同是尔室之中，又向屋漏处讨消息，并已不可得而见矣。又读靡争之诗而愈知慎独之功焉。当奏格之时，止有一湛然纯一之气象并喜怒且不可窥而民已化赏，谓心赏之，即喜也。对下怒字，又读不显之诗而愈知慎独之功焉。一理浑然名言莫措，并其德且归之不显，而百辟已刑之。当此之时，内外两忘，而化于道，只是笃恭而天下平，慎之至也。又连咏明德之诗而知君子慎独之功之至焉。由人所不见处一步推入一步，微之又微，曰不大，曰如毛，曰无声，且无臭。呜呼！至矣！无以复加矣！可见独体只是个微字，慎独之功亦只于微处下一著字。故曰：道心惟微。以此慈湖言无意，阳明子谓不免著在无意上了。可知才言无意便是意也。②

---

① 孙奇逢：《答陈子石》，《夏峰先生集》卷七。

② 刘宗周：《学言》一。

夏峰以独为体在他的现存著作中仅此二见，《答陈子石》的信现仅存于《夏峰先生集》中，不见于《日谱》，我们无法推知其具体的写作时间，但《日谱》卷二十九之五月初三日、卷三十二之十月十二日、卷三十四之十一月十三日条三条分别记有“答陈子石书 稿入集”、“答陈子石问学 稿入集”和“答陈子石问学 稿入集”字样，可初步推断此书信出自夏峰86岁前后。其内容言及独体之尽境亦可推知当属之晚年。但其他地方，夏峰并没有进一步就独体为心之本体进行阐述，这仅仅二见的《日谱》中的材料，我们只是将之看作夏峰读《学言》的笔记而已，尤其是《答陈子石》已能明显说明他对蕺山的独说有所认同，但不足证其在独之为本体上有自得和创发。

相较之下，夏峰慎独学说最然也是最终将复本体的戒惧工夫推到不睹不闻的境地，却有蕺山所谓“独体”之实而无“独体”之名。夏峰说：“若说可离便不是道，戒惧慎独是须臾不离之功。盖天下有无形声时，无不睹闻，则‘其所’二字直须指性说，此性在不睹不闻中自有睹闻，未见形而见心，未闻响而闻寂，是吾心之睹闻也；此性在睹闻内却有不睹不闻，形声接而寂若不为之动，是睹闻中之不睹不闻也。戒慎恐惧即是不睹不闻之惺体，此际着力不得，只有默默检点工夫，则即工夫即本体耳，此兼动静乃根尘不及之处。”①其戒惧慎独的工夫是直指性体而来，心之睹闻也即性之睹闻，心之不睹不闻也即性之不睹不闻，其所谓“惺体”类似于蕺山的“独体”。夏峰说此性“在不睹不闻中自有睹闻”，“在睹闻内却有不睹不闻”，即蕺山所谓“即睹即不睹，即闻即不闻，独之体也”②。即复性工夫的最微一步。

既然蕺山的独体在其学说中被提到本体的位置，其自然有着独特之处。独体本质上就是天命之性，独是天命之性的别称。在蕺山看来，“天命之谓性，以其情状而言，则曰鬼神；以其理而言，则

① 孙奇逢：《晚年批定四书近指》卷二《中庸》。

② 刘宗周：《学言》一。

曰太极；以其恍兮惚兮而言，则曰几曰希；以其位而言，则曰独。”①蕺山认为虽然《大学》言心不言性，《中庸》言性不言心，但《大学》尽心工夫到极处便是性，《中庸》尽性工夫到极处便是心，尽心尽性的工夫都是慎独。只是从形而上而言，独是性体；从形而下而言，独是心体。从性体上说，独是思虑未起、鬼神不知的；从心体上说，独又是有思虑，是吾心独知的，不睹不闻的性体即在有睹有闻的心体中看出。独之体为中，独之用为和。所以，蕺山说“独是虚位”②。

因而，我们不难总结出，蕺山的“独”是试图将有无、心性、中和、体用、见隐、显微、动静、未发已发、不睹不闻及有睹有闻统合起来的一个概念。其实，前引夏峰《理学宗传》收录的第12条蕺山《题圣学宗要后》，已经将蕺山提“独体”的寓意明白表出，其曰：“盖独不离中和，而实不依于中和，即太极不离阴阳而实不依于阴阳也。中，阳之动也；和，阴之静也。然则宋儒专看未发气象，未免落于边际，无当于慎独之义者。故朱子初年不喜其说，退而求之已发以察议端倪为下手，久之又无所得，终归之涵养一路。其曰以心为主，则性情之体，中和之妙，各有条理，正指独而言，而不明白说破，止因宋儒看得独字太浅，中字太深，而误以慎独之功为致中和之功故也。阳明子曰：‘良知即未发之中。’仍落宋儒之见。又云无前后内外而浑然一体，庶几得之，第以质之中庸，往往似合似离，说中说和，无有定指。总之，诸儒之学行到水穷山尽，同归一路，自有不言而契之妙。”③蕺山认为，伊川、李侗教人看的未发前光景即独，朱子所谓性情之体、中和之妙即独，阳明仅仅说良知是未发之中，脱离和言中，便落于一偏，而说以和求中更不可取。可见，独是他提起专门为言养未发之中气象的本体概念，是他认为的根本所在，一切发用都源于此。

蕺山的学问头脑在慎独，而其慎独学说又“直指此心之意根，

① 刘宗周：《学言》一。
② 刘宗周：《学言》一。
③ 孙奇逢：《理学宗传》卷二十五。

为独之所在，亦真己之所在”①，认为“心之体有善而无恶也。故好恶两在而一机，所以谓之独”，“独即意也，知独之谓意，则意以所存言，而不专属所发，明矣”。②

蕺山的诚意说大致意为，心体必先有所存，后有所发，如果以意为心之所发，则心之所存无相应之物；如果以心为所存，意为所发，心和意成为对立的概念；如果以知为所存，意为所发，知和意又是对立的两个概念。那么，所存和所发便成为对立的二者，而不能一贯。所以，要使所存和所发一贯，只能以所存该所发而不能以所发遗所存。蕺山以意为心之所存又是涵盖了心之所发的。以下主要参见蕺山《答史子复》三书和《学言》总结其从各个角度证明意为心之所存的学说：

第一，如果意在知先，则知随意后，不得为良知；知在意先，则良知之后，不可有恶意；如果意在心之外，则非心内原来具有，因而只能说“除意”，不能说诚意。③ 因而通过分析意与知的先后关系及心和意的内外关系，他认为意在心内，且必是良意。

第二，既然意之所在为物，如果意是已发，那么致知都在已发上面用功。在已发上用功如去控制离弦之箭是不可得的，只有在未发上用功才得力。蕺山向来认为未发该已发，存得未发之中必然有已发之和，致知之功在诚意上，诚意当然是心之所存。

第三，意为心之所存，则诚意自然是静存工夫。这与朱子说戒惧是于未发处戒惧，慎独是在将发之际防闲有所不同。蕺山认为静存工夫既不是在所发处用功，也不是在将发处用功。所发处无可用功；在将发处用功便已经是滞后工夫，也会使学人陷入将迎意必之中。

第四，如果意为心之所发，则诚意和正心分为已发和未发两个工夫；但若意为心之所存，则诚意和正心不是两事。可见体用一

---

① 唐君毅：《中国哲学原论》(原教篇)，中华书局 1985 年版，第 304 页。

② 刘宗周：《答史子复一》，《刘蕺山集》卷八书三。

③ 刘宗周：《学言》三。

源，显微无间。意是心未发的几微，比起知是知善知恶，意是知好善知恶恶，因而是心的主宰。

蕺山诚意说，以意为心之所存，以所存该所发，直接针对的是阳明的有善有恶意之动不符合《大学》宗旨，而是好善恶恶是意之动。如他所谓："弟所吃紧者总之不争存发二字，而争'有善有恶意之动'非《大学》本旨，终不若认定好善恶恶为意之动为亲切也。"①

以上我们已经论及夏峰对蕺山意说理解不深。与蕺山的重诚意之意为先天本有的良意相比，夏峰论诚意总还在诚字上。他说：

> 士君子立身行己第一着，以诚实为主，大学之道大矣！蔽之以一言曰诚意。中庸之德，至矣乎！蔽之以一言曰慎独。独不慎而意自不诚，纵有声闻未免为色取义袭，君子之所耻也。余平生最敬爱程伯淳，接人应事总以至诚出之，诚自生明，明自生威。②

蕺山说格物致知、诚意正心本是一个工夫，乃承接阳明而来，也为夏峰诚意题中之意。如果说以意为好善恶恶的内容，夏峰确实于此重视不够，大抵其所谓知善知恶的知便已包含了好恶，知而能行毕竟是默认了好善恶恶而去行的，他的行中便包含了好善恶恶的。他说："诚意传中，如恶恶臭，如好好色，岂空空无着者乎？格致已在其中矣。"③关于意的学说，夏峰说过：

> 父母生此身元来无坏，修亦修其本无坏者而已。此心元来不偏，正亦正其本无偏者而已。此意元来无欺，诚亦诚其本无欺者而已。此知元来无蔽，致亦致其本无蔽者而已。元来者斫丧殆尽，认后来添入之情识，意想以为元来皆自失其宝，所谓

① 刘宗周：《答史子复二》，《刘蕺山集》卷八书三。

② 孙奇逢：《日谱》卷三十二之闰七月十四日条。

③ 孙奇逢：《日谱》卷二十三之二月十四日条。

罔之生也。可哀也！①

这段话出自夏峰七十二岁时，此时是他晚年中的早年。此元来之身、心、意、知皆为纯善之宝，这个意和蕺山认为的纯意是一个意思，只是后来夏峰并没有进一步发展此说，其多数时间所谓意并非纯意，是人心“忽然承于物感，或理或欲，纷纷起灭”的意，其诚意也是诚其驳杂之意的意思。因而，夏峰的诚意其实是闲邪的工夫。夏峰与蕺山不同的是，他既肯定主静涵养中体的本源工夫，以此为主，同时也赞同辅以本源以外的枝叶的工夫，即在已发的意和念上加以省察和克治。这既与阳明说本体上着不得工夫不同，也与蕺山说已发时工夫无可下手不同，而是在初动、交动和即动之独知之地，分别致以严防、密证和挽回三法，在未发、已发和未发已发相交接的情况下补充事前、事中和事后的工夫。不过，这其实也成为蕺山所诟病的三段工夫。

蕺山的慎独工夫说到底是未发的涵养工夫，此涵养又不同于朱子将中和分为两节的涵养，而是以中贯通和的涵养功夫，因而，他主要以不间断的涵养未发掌控未来之所发，是直面当下、指向未来的工夫。这项工夫很少回顾过去，进行自我的反省。他认为工夫的根本在于立住心中的根本准则，使将发之事无有过失，而不注重从已发的事情上分析和追究教训。针对曾子每日三省身，他解释为“曾子独标此二义(引者注：忠信)于此日日提醒，毫无渗漏，方是为学问立根基，而又从事于传习之间，孜孜不息，以进于道，则反身之能事毕矣。”②因此，他认为曾子三省身的内容不是对自己过去所为的反省，而是当下念念提醒以避免现在和将来过失的出现。并且，他将解释的重点放在对根本问题的检点上。伯淳曾说邢七一日

① 孙奇逢：《日谱》卷七之十月十六日条；《夏峰先生集》卷一；《岁寒居答问》卷二。

② 刘宗周：《论语学案》卷一上论。

三检点的行为："可哀也哉！其余时多会甚事？盖仿三省之说错了。"①曾子一日三省是从三个方面反省自己，而不是一日只三次检点自己的行为。所以蕺山说"倘检点处无分晓，虽时时检点，成甚勾当"②，曾子内省是省察根本所在，根本不误，则发用自然不误。对他来说，过失以后人是不需要详细辨明便可知的，并且一旦有过，人自然有悔过改过的心。上文《理学宗传》引录第4条："凡人一言过，则终日言皆婉转，而文此一言之过；一行过，则终日行皆婉转，而文此一行之过。盖人情文过之态如此，几何而不堕禽兽也。"所谓文过饰非，是自然而然，不需要什么工夫的。蕺山虽然有《人谱》详细分析人的种种过与恶，但它们并不是指向过去而是直接针对当下和未来的。这是蕺山工夫论的一个特色。但是，如果学者可以像蕺山一样知之明，且将人的种种恶相看得如此清晰，基于此种知之明，则只作当下和未来的工夫也是可以无泄漏的。人之一心如果只是一味悔恨，对于已发其实是于事无补且于未发是有危害的。因此，蕺山的工夫比较适合知之明但行不力的人。而夏峰在工夫中则不分巨细高下，有则改之，无则防之，是彻头彻尾的践行，并以知带行，以行促知的。毕竟学者工夫的开始并不能一开始就能于本体认得很真，知之明不是所有人都可以达到的。有人曾经问夏峰："应处不合，初亦详慎，后竟有悔，此何也?"夏峰回答："此正吾知未致耳。知未莹彻，疑似相蒙，错误乘之，阳明一生得力全在此处着手。知之明，故应之当莫看的容易。"③而对于大多数明诚者，其知之明是要通过多次的行不慊的经验反省、纠正才获得的。夏峰在此方面的工夫更接近朱子的无事涵养、有事省察，涵养为本，以未发贯穿已发，但已发之后又有工夫补足，是比较完整的。如果仅从分析的角度将知、行分开分析的话，从知不明到行不慊，到知之明到行之慊，是逐渐变化气质的过程。行不慊到知之明

① 程颢、程颐撰，王孝鱼点校：《二程集》河南程氏外书卷第十二，中华书局1981年版，第427页。

② 刘宗周：《论语学案》卷一上论。

③ 孙奇逢：《日谱》卷十四之八月初四日条。

之间必然要经过反省的过程。如果知之明却行不慊，固然是涵养本源不力；但首先知不明，则如何能涵养得本源。所以，蕺山对于知不明到知之明之间的下学工夫，其实是比较薄弱的。

夏峰的性情学说前后有所变化。先前的性情观接近于董仲舒的性三品说，认为性善情恶。他说："六欲七情种种皆戕贼吾心吾性之具"①，"所谓善者，性之真体；为不善者，情之浮用"②。其后夏峰逐渐接受朱子的性情论，他在解释阳明教旨时说："人有性，有情，有才，当浑然未发时，无才之可见，并无情之可言，只有一至善而已。故曰：无善无恶心之体。其发也，则情生焉。虽未见才而有善有恶便非浑然之体。故曰：有善有恶意之动。"③说明夏峰此时不仅性、情为对立，还接受朱子关于性为未发、情乃已发的结论。他赞同赵御众所说圣人性其情，贤人化情于性，常人情其性，主张化性于情。不过在其后《与刘震之语》中，他说：

> 天所赋为命，人所受为性，感于物为情，统性情为心，根于性则为仁义礼智之德，发于情则为恻隐羞恶辞让是非之端，形于身则为手足耳目口鼻之用，见于事则为君臣父子夫妇兄弟朋友之常，此虽黄勉斋所亲受于紫阳之言，而孟子"仁者，人也"合而言之道也。④

说明夏峰已经全然接受朱子性情论，认为性体情用，心统性情，情是四端的表现，其所好恶亦可顺性，且保留性为未发、情为已发的观点。他进一步将心性才情统归为性，彻底改变情为不善、情性对立的看法，认为"人无有不善，水无有不下，此之谓性，思则得之，不思则不得也。先立乎大小者，不能夺，此之谓心，孺子入井，皆有怵惕恻隐之心，嘑蹴而与，行道之人弗受，此之谓情。

① 孙奇逢：《日谱》卷五之十月初十日条。
② 孙奇逢：《日谱》卷七之十二月初九日条。
③ 孙奇逢：《日谱》卷十四之七月二十四日条。
④ 孙奇逢：《日谱》卷二十之九月二十七日条。

凡有四端于我知皆扩而充之，苟能充之，足以保四海，此之谓才。性从命之于天者言心，从具之于身者言情，从发之于事者言才，从用之于力者言源本于性，随处异名，总是性之流露”①。他甚至将孟子“乃若其情”之“情”当做性情之“情”，说明情乃为善。夏峰的性情论可谓是全从朱子而来。

关于心性才情，他的解释还有：“天地间，理一也。得于心为德，本于生为性，蕴于性为情，达于情为才，亶於初为命，体于自然谓之天。得其一而万事毕，中焉而已，狃于一隅殊乏通方，举一而废百，君子之所恶也。”②

此段看似与上段所说大体一致，但吾人可注意“蕴于性为情”与以上“从具之于身者言情”有所不同。前者谓情乃在性之中，而非具于身，非性之用而已，则情已不只是已发。实际上，夏峰“蕴于性为情”的说法来自蕺山，蕺山说：

> 理一也。得于心为德，本于生为性，蕴于性为情，达于情为才，亶于初为命，体于自然谓之天。故曰：诚者，天之道也。惟天无外，人得之以为人，物得之以为物，天得之以为天，地得之以为地。尽则俱尽，亏则俱亏，不由乎我，更由乎谁？是为性宗，是为人造。③

但其实夏峰于此处并没有全盘接受，他引程子所曰“心统性情”④，“朱子曰喜怒哀乐，情也。其未发则性也。景逸先生曰：情之发，性之用也”⑤。都说明其最终坚持朱子的性情说，而《日谱》卷三十所记与蕺山《学言》完全相同的材料，只是夏峰的读书笔记，不足为其接受蕺山性情论的表征。

---

① 孙奇逢：《日谱》卷二十二之十一月初五日条。

② 孙奇逢：《日谱》卷三十之九月十一日条。

③ 刘宗周：《学言》三。

④ 孙奇逢：《日谱》卷三十四之七月十五日条。

⑤ 孙奇逢：《日谱》卷三十五之五月三十日条。

夏峰虽然后来承认情可以为善，但并不认为情全然为善。而蕺山认为“凡所云性，只是心之性，决不得心与性对；所云情，可云性之情，决不得性与情对”①。他认为情乃性之所蕴。蕺山的性情论主要针对朱子而来，他说：

> 朱子以未发言性，仍是逃空堕幻之见性者，生而有之之理，无处无之無，如心能思，心之性也，耳能听，耳之性也，目能视，目之性也，未发谓之中，未发之性也，已发谓之和，已发之性也，搏而跃之，可使过颡，激而行之，可使在山，势之性也。②

他认为朱子将性局限在未发，情局限在已发，使明心见性的工夫流入虚玄之中，实际上，已发之和就是已发之性，性是贯穿已发、未发的；而情蕴于性中，亦可以是未发的，他甚至说喜怒哀乐就是性。因而，蕺山的性情论以未发统摄已发，已发在未发之中。这是他与夏峰很大的不同，实际上，也正是蕺山与朱子的不同。

总之，蕺山认为朱子学和阳明学自身存在着理论上的问题，因而他从义理结构上对二者的学说作出调整，夏峰则认为朱子学和阳明学本身固然有着实与虚的问题，但更重要的在于二者之后学错用精神，导致其学说之流弊。因而，夏峰学说的重点在于使二者的真精神凸显出来。

蕺山之慎独在心之本源上着力，也即在心之性情上着力，贯穿未发、已发和动静。夏峰之慎独虽然也打通动静、未发已发，但通过以已发之情顺未发之性，摄用归体，而不是将情内在于性；此外，夏峰也主张着工夫于性，打破见性工夫的神秘性，但他并非如蕺山转换性之义为心之性乃至五官之性，而仍然沿袭统一心性、明心见性的思路，使性之善在心之好好恶恶上见。蕺山独特的工夫学说其实与其对本体的界定相关，他认为喜怒哀乐为性。独体自有喜

① 刘宗周：《学言》三。

② 刘宗周：《学言》二。

怒哀乐，则喜怒哀乐之各种形式并非必定在发处见，而是未发之喜怒哀乐也在此独体中。既然天命之性是一气流行，生生不息之性，独体中所具之已发未发之喜怒哀乐便皆是此一气通复。那么，人之喜怒哀乐便不得以感者为已发，寂者为未发。不离性体言心体，蕺山着重显发阳明良知教中所含的性体义，阐发心性并举，尤重性体的慎独之学，并以慎独之学融于诚意之论。相较而言，夏峰尽管融合慎独、诚意，却无意突出意字。不过，二人以心体显发性体义却是一致的。在风格上，二人皆笃行刻厉，坚苦清毅，只是夏峰稍微和润一些。

第七章　夏峰思想的归宿：道统观

如果没有一个人能比较完美地体现道，则道为不可实现；如果有一个人能完美地体现道，则道是有限的。所以，道统是可能且必要的。道统是夏峰思想的最后归宿。理解这一点，则其主忠孝、重下学而上达、统合程朱陆王乃至汉儒，以及他热衷乡里事务、化民成俗，其一切思想和行为都可以得到合理的解释。本章就夏峰观念中的道统谱系、道统与学统和治统的关系等问题进行探讨。

一、道统学说源流

荒木见悟认为："所谓道统论，是指明确道的传统路径或道的传授由来，确定后学者所应遵循的前进方针。也就是说，须要明确真实的道由古及今具体地由谁传授给谁，直到自己为止又经过了怎样的过程，以此制定古圣至自己的一以贯之的系谱，并以此为据，使得自己在思想史上的地位得以正当化。"①荒木对道统的定义一方面延续了中国思想史上所一贯强调的道的传续的意义，如程端蒙在《性理字训》中说："大中至正，百圣相传，是曰道统。"②道统是道传授的统续。另一方面，他也说明了道统对于当世思想界的统一意义。在夏峰看来，道统的传续虽曰传续，但非点滴摩画，它超越了时代、师承、学派等界限。虽然统一，但又是"判然各不相袭，亦

---

① 荒木见悟：《道统论的衰退与新儒林传的展开》，载吴震、吾妻重二主编《思想与文献——日本学者宋明儒学研究》，华东师范大学出版社 2010 年版，第 1 页。

② 程端蒙：《性理字训》。

不相非”①的同归殊途。

从这个意义上，毋宁说道统是解释天道天理落实于人的情况。在天为道，在人为圣。道统是天人结合的历史。但事实上，如真实的历史与书写的历史一样，书写的历史总是对真实的历史依仿摹画，而不能作完全的重现，拟定的道统也应该是对道统本身所作的依仿摹画，而不能与道统完全一致。更重要的是，道统是否真实，这本身就构成一个问题。众所周知，历史是真实存在的，占据着过去的时间和空间。而道统则完全依赖人心而成，如果在历史中，总是有人以道自任，那么，这个历史的印迹连缀起来便构成了道统。因而，如果说历史上人们的思想中确实一直存在着道的观念，并且不断有任道的愿力的人出现(且不论承担道统的宏愿与能力的标准如何)，那么道统就显现了。而对于没有亲眼见过道统担当的人，我们可以说至少道统的观念史是真实的。道的真实性承载于它所揭示的意义世界。

那么，这个道统的观念是什么时候开始的？从韩愈开始，他认为道统观念始于孟子，因为孟子说：“由尧舜至于汤五百有余岁，若禹、皋陶则见而知之，若汤则闻而知之。由汤至于文王五百有余岁，若伊尹、莱朱则见而知之，若文王则闻而知之。由文王至于孔子五百有余岁，若太公望、散宜生则见而知之，若孔子则闻而知之。由孔子而来至于今百有余岁，去圣人之世若此其未远也，近圣人之居若此其甚也，然而无有乎尔，则亦无有乎尔！”(《孟子·尽心下》)这是在叙述一个圣圣相传的历史，确实是后来编排道统的发端。至于孟子是否借此有心将自己纳入道统，还有争议，比如焦循曰：“孟子思王者之不作，而不欲徒托诸空言，其辞逊，其旨婉。或乃以孟子道统自居，夫道无所为统也。为道统之说者，失孟子之教矣。”②可以肯定的是，孟子以前的尧、舜、禹、皋陶、汤、文王和孔子的道统是孟子所确信不移的。但吾人据此说，孟子便是道统建构之第一人，也未必可信，其尧舜禹汤的观念缘何凭空而

① 孙奇逢：《日谱》卷八三月二十三日条。

② 焦循：《孟子正义》卷二十九。

起，尧舜禹禅让时，是否有任道的自觉，已不可得知。但《尚书》中尧舜禹皋陶益稷的编次，虽无明言，其尊德传道的意味是极为明显的。何以我们便可以认为《尚书》所言便是历史的真实，而非道统的建构？蔡沈曰："二帝三王之治本于道，二帝三王之道本于心，得其心，则道与治固可得而言矣！"①蔡沈作为朱子道统观的拥护者，当然也是基于明显的建构意识。同时，他这句话给我们带来巨大的提示，即如果承认孟子的道统观，那么我们便不无理由相信从《尚书》的作者(们)那里开始，就已经有这种天道传承之意识了，这种意识也正是孟子道统观的来源。

因而，其后的道统建构者，所要从事的便是从历史中发现那些以道统自任并且胜任者，并以胜任者优先。比如孟子说："夫天未欲平治天下也。如欲平治天下，当今之世，舍我其谁也？吾何为不豫哉？"(《孟子·公孙丑下》)可谓以道自任的表征，韩愈称"孟氏醇乎醇者也"②，是韩愈认为孟子胜任的表现。扬雄、韩愈如此认定以后，宋儒进一步表彰，孟子成为孔子的后继者。至于荀子和扬雄，荀子既没有自任道统，扬雄也并不认为身任道统，他说："尧、舜、禹，君臣也而并；文、武、周公，父子也而处；汤、孔子数百岁而生，因往以推来，虽千一不可知也。"③韩愈认为二者"大醇而小疵"④，"择焉而不精，语焉而不详"⑤。

在北宋五子的时代，道统的观念方兴未艾，学界对于道统谱系并没有一个明晰的界定，如邵雍《梦林玄解》认为程颢"明理学、接道统，为奕世大儒"⑥。朱熹一代去世以后，关于道统人物的排定，亦是各有见解。比如，包恢《旌表门闾记》曰："惟陆氏五世而有文达文安两大儒，以人品之高，道术之明，特起东南，上续道统，实以师表四海，非仅以师表一家。《大学》致知、诚意、正心、修身、

① 蔡沈：《书经集传序》。
② 韩愈：《读荀子》，载《昌黎先生文集》卷十一。
③ 扬雄：《五百篇》，载《扬子云集》卷一。
④ 韩愈：《读荀子》，载《昌黎先生文集》卷十一。
⑤ 韩愈：《原道》，载《昌黎先生文集》卷十一。
⑥ 邵雍：《梦林玄解》卷四。

齐家、治国、平天下之全体大月具在是矣。”[①]视陆九渊为道统的接续者。郑唐卿等祭吕祖谦，称‘先生之学，道统正传，精粗本末，浑然大全”[②]。各家弟子都自认为师门为道统之传。应当说，只有朱子对道统有一个比较精心的建构。道统间架的建构是朱子努力的直接结果。陈荣捷曾指出朱子所厘定的且为新儒家广泛接纳的道统正宗为：伏羲—神农—黄帝—尧—舜—禹—汤—文、武—周公—孔子—颜、曾—子思—孟子—周子—二程子—朱子。朱子创立道统的贡献有三：排除汉唐诸儒于正统之外；特尊二程；特择周敦颐于二程之先。他认为周敦颐可以跻身孟子和二程之间，乃基于“道统授受之哲学性发展”。[③] 也就是说，道统的择定是依据哲学的演进，明显区别于历史之本然。张亨在《朱子的志业——建立道统意义之探讨》中进一步说明朱子联结周子与二程是其晚年的工作，其建立道统的哲学理据是“心体自身没有自发的道德要求，也不能决定以谁为主，只有求之于外，道统之传就成为必要的了”[④]。他认为，朱子的道统观先是沿袭伊川之说，而后补充而成。《二程遗书》载：“孔子没，曾子之道日益光大。孔子没，传孔子之道者，曾子而已。曾子传之子思，子思传之孟子，孟子死，不得其传，至孟子而圣人之道益尊。”

朱子拟定的道统统绪除没有明言自己之外，大体上如张亨所说。具体而言，朱子在不同的场合，其道统承传微有不同。比如《中庸章句集注》中，列尧、舜、禹、成、汤、文、武、皋陶、伊、傅、周、召、孔、颜、曾、思、孟、二程，而无濂溪；《邵州州学濂溪先生祠记》中，列孔、孟、周、程；[⑤]《沧州精舍告先圣文》

---

① 袁燮：《年谱》，《象山集》卷三十六，中华书局 2008 年版，第 528 页。

② 吕祖谦：《东莱集》附录卷三。

③ 陈荣捷：《朱熹集新儒学之大成》，《朱学论集》，华东师范大学出版社 2007 年版，第 12~18 页。

④ 张亨：《朱子的志业——建立道统意义之探讨》，《思文之际论集——儒道思想的现代诠释》，新星出版社 2006 年版，第 240 页。

⑤ 朱熹：《邵州州学濂溪先生祠记》，《晦庵集》卷八十，《朱子全书》册二十四，上海古籍出版社、安徽教育出版社 2002 年版，第 3803 页。

中，列羲、轩、孔、颜、曾、思、周、程、邵、张和司马光。夏峰关于《中庸章句集注》不言周敦颐、张载、邵雍、薛瑄作了一些解释："盖三子各自为书，或详于性命道德象数之微，有非后学造次所能窥测。二程则表章《大学》《中庸》《语》《孟》，述孔门教人之法，使皆由此而进。自洒扫应对孝弟忠信之常，以渐及乎精义入神之妙，循循有序，人得而依据。此朱子以二程子上继孔孟之统而不及三子欤！然朱子于《太极图》《通书》则尊周子，于《西铭》《正蒙》则述张子，于《易》则主邵子，又岂不以进修之序？"①

朱子以后，门人顺理成章地将朱子纳入道统正宗。此道统的厘定直接影响治统的主导者，通过治统认可的学统——从祀反过来影响着学界。到明代，此一道统观几乎确定。在此背景下，阳明对此能全然接受，并以道统自任，其曰："洙、泗之传，至孟子而息；千五百余年，濂溪、明道始复追寻其绪；自后辨析日详，然亦日就支离决裂，旋复湮晦。吾尝深求其故，大抵皆世儒之多言有以乱之。守仁早岁业举，溺志辞章之习，既乃稍知从事正学，而苦于众说之纷扰疲病，茫无可入，因求诸老、释，欣然有会于心，以为圣人之学在此矣！然于孔子之教间相出入，而措之日用，往往阙漏无归，依违往返，且信且疑。其后谪官龙场，居夷处困，动心忍性之余，恍若有悟，体验探求，再更寒暑，证诸《五经》《四子》，沛然若决江河而放之海也。然后叹圣人之道坦如大路，而世之儒者妄开窦径，蹈荆棘，堕坑堑，究其为说，反出二氏之下。"②阳明虽自以为直承周程而不列朱子，但朱子厘定的道统秩序俨然已经成为某种后世遵循的法则。

更为重要的是，不仅道统的统绪是朱子所厘定的，三纲五常的道统内容也是由朱子所规定的。这是以往的研究者们所忽视的。韩愈最早将儒家之道与三纲联系起来，韩愈曰："孟子云：'今天下不之杨，则之墨，杨墨交乱而圣贤之道不明，则三纲沦而九法斁，

① 孙奇逢：《理学宗传》卷八。

② 王守仁：《朱子晚年定论》戊寅，吴光、钱明、董平、姚延福编校《王阳明全集》上编一卷三，浙江古籍出版社2011年版，第139页。

礼乐崩而夷狄横，几何其不为禽兽也。'故曰：能言距杨墨者皆圣人之徒也。"①而最早以三纲五常规定道统的是朱子，他晚年在给陈卫道的信中谈到："故凡古圣贤说性命，皆是就实事上说。如言尽性，便是尽得此君臣父子、三纲五常之道而无余；言养性便是养得此道而不害。"②这已经很明确地说明了他视三纲五常为天道与人性的结合点。君为臣纲，奠定了知识分子在权力结构中的尴尬地位，使这一阶层永远无法合法地成为权力的拥有者，因而在以道统影响治统的过程只能发挥非常有限的作用。这也成为后面所说政统与治统的症结所在。但造成这一结果的原因，我们却不能归咎于朱子。历史是非常复杂的，臣子接受既定的政治秩序，在朱子的时代已经是一个事实，朱子厘定三纲五常只是以君主集权制的现实为基础所作的顺应。也许恰恰相反，正因为士人本来在政治权力的结构层中地位不高，所以朱子才执定君为臣纲的法则。而三纲五常中君为臣纲一目，正好是与孟子的观点相左的。按照孟子的观点，"君之视臣如手足，则臣视君如腹心；君之视臣如犬马，则臣视君如国人；君之视臣如土芥，则臣视君如寇仇"(《孟子·离娄下》)，"贼仁者谓之贼，贼义者谓之残，残贼之人，谓之一夫。闻诛一夫纣矣，未闻弑君也"(《孟子·梁惠王下》)。在孟子看来，道义面前，君臣是平等的，则臣子随时可以合法地成为君主的对抗力量，这并不是朱子道统的内容。尽管如此，明初朱元璋见孟子草芥寇仇之说，仍惶惶不安。

明清时期学术界的道统谱系中，关于宋以前的道统间架基本上意见一致，即无论程朱学者，还是陆王学者多数能接受孔、孟、周、程、朱子这样的排定。

二、《理学宗传》与夏峰之道统谱系

夏峰同时代的学者，其交游及弟子后学也几乎都有据自己理解

---

① 韩愈：《朱熹考异》，《朱文公校韩昌黎先生集》卷十八。

② 朱熹：《答陈卫道》，《晦庵集》卷五十九，《朱子全书》册二十三，上海古籍出版社、安徽教育出版社2002年版，第2843页。

的道统谱系而编撰的相关著作，如张沐的《道一录》、窦克勤的《理学正宗》和马时芳的《风烛学钞》等。

(一)《理学宗传》之道统序列

夏峰曾自言"《理学宗传》叙列从古名卫修德讲学之事，明道统也"①。其中叙列十一子，周敦颐、程颢、程颐、张载、邵雍、朱熹、陆九渊、薛瑄、王阳明、罗钦顺、顾宪成为道统的承继者，乃以学界公认的韩愈《原道》所厘定的尧舜禹汤周孔颜曾思孟为前提。《理学宗传》汉儒部分不录扬雄，而孟子以下，周程张朱也是确定的，仅就朱子以下，道统争议较多的部分做一补充。此一意见他早已表达在《理学宗传》的前身《圣学录》序言中，他对于道统序列的完整理解是：

> 三代以前，治统即道统也；三代以后，有治统而无道统，道统于是乎归之儒。韩子愈《原道》曰："尧以是传之舜，舜以是传之禹，禹以是传之汤文周孔，孔子传之孟轲，轲之死，不得其传焉。"周程张朱乃所以传孔孟者也。递及于明，薛子瑄、陈子献章、王子守仁，其最著已。如邹守益、罗洪先、顾宪成、冯从吾皆醇儒。溯其源渊，盖缘明二祖列宗心学之密，直接一中之传，真以身行道于天下者也。②

由此可见，在十一子中间，夏峰所重除周程张朱之外，主要还有王守仁，薛瑄、陈献章和王守仁三人以子称之，罗洪先、顾宪成则为醇儒次之，十一子以外为更次之。正如孟子在《尽心下》中将圣人分为闻知和见知，夏峰说："孟子叙列道统，闻知见知，寥寥几人，诸儒即有所窥，亦犹贤者识其大，不贤者识其小，莫不有文武之道焉，不可谓非闻，亦难以语尧舜汤文孔子之闻也。东汉名节与圣人之道略无仿佛，孔明、君实亦行焉不著，习焉不察，则闻道

① 孙奇逢：《日谱》卷十二之十月二十二日条。
② 孙奇逢：《夏峰先生集》卷四；《日谱》卷十五之正月十一日条。

岂易言哉？"①圣贤众多，划为道统，其标准为何？按照夏峰的说法，如果按照功业，则后世无人可与尧舜禹媲美，但并不能说道统就一直是晦隐的。识大识小，闻知见知不同而已。

道统的首要标准是本天之学。既然后世道统皆是由三皇五帝时下传，那么，伏羲、轩辕氏又是受谁之传呢？夏峰认为，羲轩以上授自于天，天是道统之源。此外，承担道统的人物往往五百年一出，相互无师承，何以谓之传？道统乃本天之学，既解释了道统人物之间的联结，又说明了择定接续道统人选的标准。

夏峰说："文武以前，道统在上，治统即道统也。孔子以后，道统在下，学统寄治统也。大人之实事，圣人之训述，显晦殊途，本源一致，总不出圣学本天一语，不本于天则异端耳。"②所谓异端是指儒学以外的佛老之学。圣学本天的另一个涵义是严儒释之辨。明道曾经说："圣人本天，释氏本心。"③夏峰据此说："本天者性善也，本心者无善无恶也。"④他在《理学宗传》中将王畿等六子作为补遗卷，以示分别。其实，夏峰以慎独学说为宗旨，最后不过是要存纯一不杂的道心，从而与圣人无二心，与道为一，所谓尽心知性知天。道统是夏峰学的归宿。他说："孔子从心所欲不逾矩，盖所以严其防而不使之放荡无归，道统之宗意在斯乎？"⑤说到底，道统的传承也即心的传承。如果治统清明，君臣民之心同然，则治统即道统；若道统实现，四海之内人心同然，道统即治统。夏峰所谓"心法即是治法，治统即是道统也"⑥。夏峰说圣人本天时，只是强调心传道统的背后还有一个客观的根据。

---

① 孙奇逢：《日谱》卷二十之九月二十五日条。

② 孙奇逢：《夏峰先生集》卷七。

③ 程颢、程颐撰，王孝鱼点校：《二程集》河南程氏遗书卷第二十一下，中华书局1981年版，第274页。

④ 孙奇逢：《日谱》卷七之九月十六日条。

⑤ 孙奇逢：《日谱》卷九之七月初一日条。

⑥ 孙奇逢：《四书近指》卷十三 尧曰咨舜章。

其次，道统的标准是理学与从祀。① 这在吴澄、方孝孺和黄道周三位没有录入《理学宗传》一事中有所体现。不录方孝孺和黄道周，夏峰的看法是："孔子曰：贤者识其大，不贤者识其小，莫不有文武之道焉。孰谓周程得与斯道之传，余皆为门外人哉？忠节亦学也，事功亦学也，文章亦学也，莫不有孔子之道焉。是岂可以执一论哉？"②凡有节烈、事功者都是道统门内者，只是其理学和节烈、事功比较而言，二人以后者偏胜。不过夏峰对二人的钦佩之情，于《五人传宗录》中亦可见之。不录吴澄，则主要是由于明嘉靖九年罢祠。"或曰：'吴草庐自负甚伟，元儒无出其上，何以不列？'曰：'从祀孔子庙庭者皆理学之最著者也。弘治朝，祭酒谢铎请进宋儒杨时从祀，斥元吴澄，考理学者正以备从祀之采择，澄既斥矣，何敢再收。'"③夏峰已经明白道出其中原委。可见治统指挥下的从祀对于士人影响之大，此乃治统对学统影响之一例。下文有详细讨论。此外，夏峰虽体谅他著察的苦心，终认为吴澄"仕元，诚不可"④。

吴澄"自负甚伟"，指的是吴澄自居道统一事。此外，吴澄前言、后语不统一也颇为人诟病。汪舜民在告程敏政信中指出："吴先生之言如此，似乎崇陆而抑朱矣，然而考其《学基》所述，皆尊德性之事；《学统》所述皆道问学之事，未尝专主尊德性而不道问学。考其《道统之图》，上至伏羲，下至朱子，未尝一字及乎陆氏。且曰：'近古之统，周子其元，程张其亨也，朱子其利也，孰为今日之贞乎？'亦未尝一毫属意于陆氏焉。考其《谒赵判簿之书》，又曰：'我临川之邦前后人才，有王荆公之为人，非常人也，然与程子同时而不与程子同道。'有陆象山之为学，非俗学也，然与朱子同时而不与朱子同道。吾为此惧，呜呼！吴先生一人之身，何其先

---

① 详见拙作《论孙奇逢〈理学宗传〉的性质》，《武汉大学学报》(人文科学版)2009年第6期，第690~691页。

② 孙奇逢：《夏峰先生集》卷四。

③ 孙奇逢：《理学宗传》卷十九。

④ 孙奇逢：《日谱》卷二十六之十一月初八日条。

后着论不同一至于此。”①夏峰虽不明言，但这些都可能是其未入选的原因所在。

（二）阳明学——朱子学之展开

夏峰所说《理学宗传》明道统，目的在于纠正那些为争门户而将道统狭隘化的行为。因而，在《理学宗传》中，他合会汉、唐、宋，程朱、陆王各家。其实，在夏峰以前的序明道统类的著作中，能融会汉唐宋诸儒及朱王者也有其人，如王圻《道统考》八卷②，但是这样明确表出十一子，突出阳明承接周子的统绪，夏峰是第一人。他说：“自孔子而后，道统归儒，颜、曾、思、孟、周、程、张、朱九人而已。周之前，江都、河汾、昌黎不与焉。予谓三子者衍学脉而传世系，厥功不小。”③因而，《理学宗传》收录董仲舒、王通和韩愈，融汉儒、宋儒为一炉。更重要的是，他将阳明直接承濂溪之绪，认为阳明学是朱子学的展开，④ 此乃一大创见。在他的心目中，阳明才是濂溪的真正继承者，夏峰《十哲两庑诗》称：“有若何为居庑下，濂溪明道已升堂。姚江猛力留孤柱，抑者非尼却是扬。”⑤直接没有列朱子。学界能赞同者大概只有黄道周、鹿善继。同样，黄道周亦谓：‘阳明全是濂溪学问，做出子静事功。”⑥夏峰于明末清初着力发明此意，恐怕不仅意在使阳明学不至于沉沦后世，更要使阳明学能升列正统之绪中。

---

① 汪舜民：《静轩先生文集》卷四。

② 荒木见悟：《道统论的衰退与新儒林的展开》，载吴震、吾妻重二《思想与文献》，华东师范大学出版社 2010 年版，第 19 页。

③ 孙奇逢：《日谱》卷十五之二月初五日条。

④ 岛田虔次在《朱子学与阳明学》的后记一文中也表达了类似的观点，他说：“我的立场是：排斥历来的一般的见解——将阳明学当作‘陆王学’即作为陆象山的学问的单纯的继承来把握、作为同朱子学开门见山地对立的形而上学来看这样历来的见解，而将阳明学作为朱子学的展开来看，而这个立场是一贯的。”（岛田虔次著、蒋国保译：《朱子学与阳明学》，陕西师范大学出版社 1986 年版，第 127~128 页。）

⑤ 孙奇逢：《日谱》卷三十一之正月二十一日条。

⑥ 孙奇逢：《理学宗传》卷七。

夏峰同时代的朋友，张沐和魏裔介，亦分别辑撰道统类著作，前者为夏峰引为同调，后者则专尊程朱。张沐撰《道一录》“录《朱子晚年定论》并阳明王子《传习录》”①，夏峰极为称同，喻之曰：“流水之为物也，万派千溪总归于海，适邦畿者，由陆、由山、由水，及其成功一也。”②魏裔介③《圣学知统录》书成，由魏莲陆代转请教夏峰。《圣学知统录》一书止于薛瑄，而不录阳明，魏裔介所忌者乃在于阳明“无善无恶心之体”一说，他说：“‘无善无恶’一语，曲狥其徒王龙溪之言，未免遗误后学。”④他认为无善无恶说与性善说相悖，他说：“谓‘无善无恶心之体’，亦可曰‘无善无恶性之体’乎？若曰‘无善无恶性之体’，是又一告子也。”⑤关于无善无恶说与心体性体之辨，前文已经分疏，此处不再细说。夏峰回信现已不存，从魏裔介复信中可见夏峰竭力称赞阳明之学问功业辉煌灿烂，为其在《知统录》中谋一席之位。他在《与魏莲陆》中比较魏裔介《知统录》和自己《理学宗传》中道统的序列，虽感到遗憾，并谓魏裔介“见之不大”，但终不为二者意见相左而称异，而称“有《知统》之敦化，正不可无《宗传》之川流”⑥。对柏乡能坚守程朱学，他甚至颇为赞赏，在与魏莲陆的另一封信中，夏峰说：“所云柏乡于朱王不无抑扬，此正见柏乡之定力。昔阳明于罗整庵手书面论，倍为详切，而整庵之守朱说益坚，两人者，固各有得也，不必强而同也。仆患遵紫阳者不能尽紫阳，能尽紫阳，又复何憾？”⑦夏峰所关注者，还在于最终能否打起全副精神贯彻到实行上，如果柏乡能

---

① 孙奇逢：《道一录序》，《夏峰先生集》卷四。

② 孙奇逢：《道一录序》，《夏峰先生集》卷四。

③ 夏峰和宰相魏裔介（1616—1686）的结识，大概通过共同的友人贺宣三和夏峰弟子魏莲陆，二人生平不曾谋面，但有书信往来。

④ 魏裔介撰，魏连科点校：《答孙征君钟元书》，《兼济堂文集》卷九，中华书局2007年版，第232页。

⑤ 魏裔介撰，魏连科点校：《答孙征君钟元书》，《兼济堂文集》卷九，中华书局2007年版，第232页。

⑥ 孙奇逢：《与魏莲陆》，《夏峰先生集》卷七。

⑦ 孙奇逢：《复魏莲陆》，《夏峰先生集》卷七。

行如程朱，即便是不赞同阳明，实际上也是对阳明知行合一学说的支持。

尽管明中后期，阳明学大兴，但庙堂之上朱子学仍处于权威。在各种道统类书籍中，即便阳明学者，以周、张、程、朱继孔、颜、曾、思、孟，乃视之为当然。而朱子学者，动辄排斥阳明入道统，亦是常事。这种情况引起夏峰等人的忧虑。明末时期阳明学声名狼藉，朱子学强势，学者不读《传习录》，尊阳明者不敢公然推崇阳明，叙列道统者往往模糊其词。因而，李二曲在《答范彪西征君》中称赞《理学宗传》："集内明目张胆宗主姚江，不瞻前顾后徇流俗，不效乡愿道学畏非刺。非学务着里，心有独契，乌能如是卓哉！钟元可谓独具只眼，超出门户拘曲之见万万矣。"①《理学宗传》公然尊阳明，也是对学界阳明学者的一大慰藉。

由于程朱、陆王门户问题突出，夏峰会合汉唐宋儒的一面不如其会合程朱陆王受到更多的关注。不过，后者确实是夏峰编撰《理学宗传》的重点所在，阳明位列道统之中，可以说成为该书一贯的线索。十一子中，罗念庵、顾宪成二者同为程朱陆王的和同者，也是他不拘门户之见的体现。唐君毅先生说："如以黄梨洲而论，则黎洲为明儒学案之学术史，重各家学术之特性，而不如孙奇逢、周海门之为理学宗传、圣学宗传之书，意在归宗于一同者。"②实乃一哲学眼光之审视。

夏峰对于朱子、阳明的态度从来不以一者之长丈量他者之短，他认为二者皆有短长，正好相互取资。夏峰常告诫子弟，"东昌有言：建安没而天下之实病不可不泄，姚江没而天下之虚病不可不补"③，所谓"实病"是朱子在尊德性和道问学二者中过分偏重于道问学，而有沉溺于博物之危，易执而不化，胶固迂阔而走入伪学；

① 李颙撰，陈俊民点校：《答范彪西征君》，《二曲集》卷十八，中华书局1996年版，第199~200页。

② 唐君毅：《中国哲学原论》（原教篇），中国社会科学出版社2006年版，第454页。

③ 孙奇逢：《日谱》卷八之正月十九日条。

所谓"虚病"，则是众所周知的工夫过于高明，导致玄虚蹈空。① 不过，实际上，所谓虚实，皆非朱子学与阳明学之本有者，而是学者用力不实，工夫间断所致，如牟宗三先生所说，是人病，不是法病。

夏峰认为，学者如果不能躬行实践，受益于身，在词句之间争朱王之同异本身其实无意义。既然尧舜禹汤等圣人面目也各不相同，何必强求朱王之同？所以，夏峰并不是如有些学者所说要作刻意的调停②，他首先肯定二者的差异，而并不是要扭曲其原本有差异的思想，强说其为同。他提倡不必刻意立异，也不要刻意求同。同者自同，异者自异。若二者果真有相同的地方，他又不避讳言之，还能善于发现。

关于朱子和阳明学说在学理上的相通之处，前论已详，而夏峰于此融通者前文也已多有讨论。此处就夏峰当时学者分歧颇多的朱子和阳明的格物问题，再略述一二。宋明时期，尤其是阳明以后，格物之说如牛毛茧丝，论者甚众。

"杨晋庵曰：'格物之义，后贤见注释未妥，各出意见，有谓格如格去非心之格，谓去其障蔽而知体自明也，有谓格至也，至物犹言到物，谓知不可悬空而致必到物上方可实用其功也，有谓格正也，其物之不正以归于正也。'愚以诸说曾质之复所杨先生。先生曰：'各有攸当，要在实用其力，并可据以入德耳。'愚以为此亦未定之辞也。圣贤立言，常指道为物，如明德新民道也，而命之曰物有本末，则知此'物'字即前'物'字，故致知之功，即格此明德新民之物而已。此学问简易明白之功，入大学者不必惑于纷纷之说也。晋庵之意固定一说矣，愚谓'各有攸当'四字八面玲珑，活泼泼地。如格其不正以归于正，须先格其非心，亦必到物上实用其力，方能去物之不正以归于正，三说非截然三件也。正所谓一致而同归耳。大通之见而泥字句之迹，遂分歧路而成聚讼矣。此朱陆、

① 申涵光：《荆园进语》，商务印书馆1939年版。

② 唐鉴：《学案小识》张伯行。

朱王至今为口实也。”①

夏峰言此三说非截然三件，格其不正以归于正、去其蔽障，知体自明及致必到物上三说确实都可以在阳明的学说中找到依据。《传习录》记曰：“格者，正也。正其不正，以归于正也”，“格物如孟子大人格君心之格，是去其心之不正以全其本体之正”，“爱昨晓思格物的物字即是事字，皆从心上说。先生曰：然。身之主宰便是心，心之所发便是意，意之本体便是知，意之所在便是物，如意在于事亲，即事亲便是一物，意在于事君，即事君便是一物，意在于仁民爱物即仁民爱物便是一物，意在于视听言动即视听言动便是一物，所以某说无心外之理，无心外之物，《中庸》言不诚无物，《大学》明明德之功，只是个诚意，诚意之功只是个格物”，“知是理之灵处，就其主宰处说便谓之心，就其禀赋处说便谓之性，孩提之童无不知爱其亲，无不知敬其兄，只是这个灵能不为私欲遮隔充拓得尽，便完完是他本体，便与天地合德。自圣人以下不能无蔽，故须格物以致其知”。可见这三说乃从阳明学发展而来的一体之说。

同样，对于朱子格物即穷理和阳明格物即正物二说，夏峰认为：“紫阳姚江大段符合，其不符者不过格物三两言，亦各存其所见而已。”②且果真能实行躬亲，未必不能探其曲折通幽之处。“紫阳格物，人谓属知，阳明格物，人谓属行，又有谓穷理则格致诚正之功皆在其中，正物则必兼举致知、诚意、正心而功始备而密，则是二子之说未尝不合而为一。”③夏峰以知行合一、尊德性与道问学合一的观点看，则无论穷理还是正物，都是包举了格致诚正的修身之道，内在正心与外在接事不离，非格致诚正不能穷得真理，非致诚正不能格物。阳明以正己来正物，而正物即致知，穷理包含在致知内，阳明致良知也即明天理，二者如何不能沟通？夏峰说：“总之穷理者，圣学之首事；正物者，圣学之结局。某与吾友鹿江村论

① 孙奇逢：《日谱》卷三十之十月二十六日条。

② 孙奇逢：《日谱》卷八之三月二十三日条。

③ 孙奇逢：《答魏石生》，《夏峰先生集》卷七。

格物，朱王入门原有不同，及其归也。总不外知之明、处之当而已。至用功先后，虽有次序，其实合天下国家身心意知以为物，不离乎治修齐诚正以为格也。此处求信于心共偕大道而已。”①本质上，夏峰是以阳明的格物致知之说融摄了朱子的格物穷理论，因为朱子的穷理说根本上仍然是尊德性，因而这种融摄是可能的。所以夏峰说：“姚江真紫阳功臣，只在子心信得及；如信不及，何妨从紫阳。”②他认为即便不能于此融合有所自得，笃实遵行其中一家学说者也是值得赞许的。他一贯尊信阳明《朱子晚年定论》所言朱子晚年悔悟之说，总体上，夏峰的合同论是立足阳明学说去融合朱子学。

至于“接周子之统者，非姚江其谁与”一说，实乃宏论。从夏峰的著述中难以找到这一论断的直接理据。但我们发现这一说法其实来自阳明自己。上文已经提到阳明在《朱子晚年定论序》中说道：

> 洙、泗之传，至孟子而息；千五百余年，濂溪、明道始复追寻其绪；自后辨析日详，然亦日就支离决裂，旋复湮晦。吾尝深求其故，大抵皆世儒之多言有以乱之。守仁早岁业举，溺志辞章之习，既乃稍知从事正学，而苦于众说之纷扰疲病，茫无可入，因求诸老、释，欣然有会于心，以为圣人之学在此矣！然于孔子之教间相出入，而措之日用，往往阙漏无归，依违往返，且信且疑。其后谪官龙场，居夷处困，动心忍性之余，恍若有悟，体验探求，再更寒暑，证诸《五经》《四子》，沛然若决江河而放之海也。然后叹圣人之道坦如大路，而世之儒者妄开窦径，蹈荆棘，堕坑堑，究其为说，反出二氏之下。③

① 孙奇逢：《答常二河》，《夏峰先生集》卷七。

② 孙奇逢：《日谱》卷十七之四月十五日条。

③ 王守仁：《朱子晚年定论》，载吴光、钱明、董平、姚延福《王阳明全集》上编一卷七，浙江古籍出版社 2011 年版，第 255、256 页。

此番话语明显表现出阳明以道自任并且胜任的心迹，而且其所传承者直接周子、明道，越过朱子。“日就支离决裂”之说，也不免暗示朱子。夏峰熟读《朱子晚年定论》，当然于此了然，日久揣摩体会便以为真。其后，十一子中选择罗念庵和顾宪成实在是循朱王融贯的路线下来顺理成章的，因为二者在诸多的融合者中确实真诚、杰出。

夏峰尊重二者的差异，而且并不是阳明学结合了朱子学，就可以说阳明学高于朱子学，这两种不同的路径经由两个精彩的生命走出，都是高明的，也都是笃实的，二者不分伯仲。否则，我们就不能解释为什么吾人的生命常常要从圆融的阳明学回到二分的朱子学，这恐怕不光是大多数人不可企及阳明的一体境界以及人本身到晚年要回归朴实的自然现象所可以解释的，其中的根本原因应该是，朱子学的魅力在于他始终保持原始的中庸精神，而避免使人走向求道的悖论。朱子未能“极高明”却“道中庸”，阳明可以“极高明”而却可能无法保持“道中庸”。夏峰以孔孟为标准，则二者皆不能尽道，正好相互取资。

夏峰首先默认了程朱、陆王的路径区别和传统中程朱、陆王的既定划分，但他又总是着眼整个儒学，试图在二者中探求其共同之处，这刚好给我们提供一个合理反思的视角。程朱陆王的关系恐怕远远不止程朱、陆王二分那样简单，程颢的思想可以合理地被归为陆王学派，阳明学对于程伊川和朱子思想的吸收也不容被忽视。至于字句的差别之间，不领会其精神实质者常生歧见，不足为怪。以阳明与伊川的思想为例，二者对于未发之中的理解，有人问阳明未发之前是否可以求中，伊川和延平的意见有些字句的不同，阳明也是竭力说明他们和自己取意在本质上的一致，伊川所谓“不当于喜怒哀乐未发之前求中”，是“恐人于未发前讨个中，把中做一物看”①。阳明不作解释者更多。但在精神气质上，阳明承袭了伊川、朱子一贯的道德自然的面向，表现在本体的自然和工夫的自然两方

① 王守仁：《传习录》上，载吴光、钱明、董平、姚延福《王阳明全集》上编一卷一，浙江古籍出版社 2011 年版，第 25 页。

面，本体的自然和工夫的自然是自周敦颐以下，程朱陆王的共同追求。工夫的自然包含了两个层次，首先是工夫自身不要把捉，要自然。比如伊川说敬只是敬，不是要另外去寻一个敬。更深一层的是，相对于本体和工夫的关系而言，正因为本体是自然的，工夫不可以着在本体上。此道德之自然面向保证了儒家的道德本质要求，摆脱道德的功利主义，维持道德的纯粹性。这才是可能融合的关键所在。

(三)夏峰自身在道统中之定位

由上所论，我们可知那些断言但凡排定道统便是排斥他学，树立己学的说法有些武断，至少《理学宗传》并不符合这样的判定。夏峰虽学本阳明，但并没有直接的传承。或者说，他意欲挽阳明学于不坠，并非自己是阳明后学的关系。夏峰的道统确实有正统和补遗、大宗和小宗的区分，相对于佛教而言，他具有某种排他性。但在儒学的内部，他恰恰是要通过道统的重排取消门户，因而是开放的。他不仅向阳明开放，也向那些被视为只务章句训诂的汉儒开放。

至于是否要给自己在道统中立一个位置，似乎从《理学宗传》中看不出有这种迹象。但夏峰在《赠张冲西》诗中云：

> 濂溪无欲方能静，明道识仁自认真。会得贞元消息处，姚江之后属何人？
>
> 弦歌雅化已三年，仕学何尝分后先。千载薪传谁认取，乾坤此日又开天。①

这首诗读起来有宏大的气魄，似乎要担当道统，以下一些书信中可能更为清晰：

《答戴道默书》："窃念江村云：'亡仆以儒骨孤学独肩危

① 孙奇逢：《日谱》卷二十五之二月十四日条。

绪，日夕殒越是惧。’不意道翁虚怀遘甚，以能也而助我之不能，以多也而益我之寡，是天之不忍泯泯江村也。”①

《复崔承一书》：“仆耄而病，自江村没后，知己寥寥，孤力肩承此不绝之一线三十余年，颠蹶困惫者屡矣。”②

《岁寒居答问》：“鹿伯顺亦自谓读《传习录》而有得也。则接阳明之传者，是惟伯顺一脉相传，各有攸近。”③

《陈国镇临路手书为别》：“宇宙间，江河可使变迁也，代可使兴替，人物可使凋谢，惟此学不可使一日而不明。吾稽诸唐虞而得尧舜，稽诸诸代而得禹汤文武，稽诸春秋战国而得孔孟。汉唐之世，寥寥乏人，天人《原道》之篇犹在朦胧之记。宋周程诸儒出，而天下寐者始稍醒矣。明代阳明崛起，振铎斯文，子之师江村先生独得其宗，为吾党开晦昧之传，一时远迩穷达浸浸兴起，此莫非私淑江村先生也。江村得力姚江，而一时有志之士皆知私淑江村。余闻昔人有持海方异种者，遗一粒于中国。初则共相讶之矣，久则美而爱，爱而传，不数年□满中国矣。故明学者布德之意也。又何患其久而治乎！尊闻行知光大师门之业，不能不厚望于吾子于其行，特睠睠焉。”④

可见，夏峰认为阳明之后，鹿善继应该承其绪，但鹿善继牺牲后，只有自己独自承担文化的统绪了。尤其是清政权建立后，不仅是文化命脉传承的问题，还有用夏变夷的问题，使得他具有强烈的文化使命感和责任感。如何使汉文化在清代光大，夏峰念兹在兹。清初遗民中，夏峰年纪最长，也声望最高，北方学人大都出自其门下，如果说他独肩学统和教统于一方，也不为过。但《理学宗传》十一子中既无鹿善继承阳明之后，则夏峰自负道统便也不能成立

① 孙奇逢：《日谱》卷二十七之三月初二日条。
② 孙奇逢：《日谱》卷二十八之十二月十六日条。
③ 孙奇逢撰，魏一鳌编：《岁寒居答问》卷一。
④ 孙奇逢：《日谱》卷三十之十二初十日条。

了。夏峰弟子有漆世昌者，编《理学传心纂要》①，将夏峰作为第十二子，恐怕不能谓解夏峰之心。也没有得到学界的认可。② 漆氏表彰师学，其心可感，但此番曲解恐尊师亦是诬师。不过夏峰命魏一鳌编《北学编》和汤斌编《洛学编》，其后学尹会一③增定《北学编》《洛学编》，将夏峰补录其中，将之作为清初北学的开山，亦只是在教统而非道统的意义上。

三、道统、学统与治统

夏峰认为，明初的政治即是治统的体现，是与道统合一的，甚至明中后期的政治也是与治统相符的，这从他对"大礼议"的态度也可以看出来。而实际上，治统对学统的影响导致了道统的异化，使不能得君行道的知识分子在现行的政治体制之外寻求开辟外王的途径，以发挥乡绅的作用。在遗民的出处问题上，夏峰主张"用夏变夷"，支持子弟入仕新政权。

(一)出与处

夏峰说："文武以前，道统在上，治统即道统也。孔子以后，道统在下，学统寄治统也。大人之实事，圣人之训述，显晦殊途，本源一致，总不出圣学本天一语。"④又说："天佑下民，作之君，作之师，文武以前道统在上，以君道兼师道也。孔子以后，道统在下，以师道兼君道也。"⑤可见，在夏峰看来，道统是包含治统和学统的，三代以上学统、治统不分，因而治统、学统都是道统；三代以后，学统、治统分裂，道统寄于学统之中，道统也即学统。他所谓学统仅限于儒统。夏峰说："《两大案录》叙列从古君臣开创守成

① 永瑢：《四库全书总目》卷九十七子部七《理学传心纂要》。

② 徐珂：《清稗类抄》第二十八册，商务印书馆 1918 年版。

③ 尹会一(1691—1748)，字元孚，号健余，博野(今属河北)人。见方苞：《尹元孚墓志铭》，《望溪集》卷十一。

④ 孙奇逢：《夏峰先生集》卷七。

⑤ 孙奇逢：《理学宗传》卷二。

之事，明治统也。《理学宗传》叙列从古名卫修德讲学之事，明道统也。”①其所谓道统即学统。治统是君道、大人开创守成之实事，学统是师道、圣人之训述，二者同源。他在明亡时曾作文曰：

> 孟子叙列道统，自尧舜至孔子，见知闻之者若而人，而以见知自负。此段识力真孔子后一人耳。宰我曰：以予睹于夫子，贤于尧舜，远矣。有若、子贡曰：自生民以来，未有孔子，此言在当时，人莫不以为大而夸，就今日观之，始谂孔庭一席地，配哲两庑，以及乡贤名宦祠，收尽天下贤俊，然非孟子见得真，信得及，乌能早早捻出，以示天下后世耶。孔子以前，治统即道统也。孔子以后，儒统系道统也。帝之不能不王，王之不能不伯，至伯而道统绝矣。先儒谓汉唐宋，王不足而伯有余，此言非无据也。明先正，又谓高皇帝，德比尧舜，功过汤武，语虽近便，亦非无据，予谓高皇帝，其庶几乎王矣乎！汉高何足□之，太宗艺祖又不可同日语矣。明二祖列宗，亦多知学，胡阴儒亦盛，儒统系道统，道统在，而治统即在矣。②

在夏峰的观念中，道统与治统是合一的，且整体的道统必须经由治统来实现的。“或曰问为邦，问大道之行天下为公之道统，治统也。夫子告之云云不数语，而圣帝明王礼乐刑政无不具备。盖夫子祖述尧舜而兼举禹汤，宪章文武而兼举周公，此其事也，非专为颜渊言也。亦以见夫子舍治统无道统也。”③在这个意义上，治统即道统。事实上，这仍然是以三代的情况来规制孔子以后的社会现实。孔孟汲汲以求开明的统治者，正是在作求转治统入道统的努力。

在现实中，治统与道统的分离是常态，即便孔子在世，也不得

① 孙奇逢：《日谱》卷十二之十月二十二日条。

② 孙奇逢撰，魏一鳌编：《岁寒居年谱》崇祯十六年癸未六十岁条。

③ 孙奇逢撰：《四书近指》卷十一 行夏之时章。

不退而修诗书六艺之学。就个人出处而言，一般的士人如果不能加入权力阶层，就不会影响权力阶层。这不意味着与道统离，因为治统之外，学者还可以学统求道。孟子所谓“达则兼济天下，穷则独善其身”。但也不必避世隐逸，归之佛老。夏峰说：“遁世与避世别，避世必隐遁，世不必隐，君子有中庸之德，不大声色，人自与之相违，如天山之两相望而不相亲，故曰遁。圣人只不悔而已，老氏知希我贵，便多一层意思，去中庸道理远甚。”①明确地表示他不赞同归隐。

夏峰两朝征聘十一次，不赴公朝。世人亦常以隐者视之，其实不必。夏峰乃明遗民，不仕二朝是情理之中；此外，他每以病辞，也是事实。夏峰自父母去世，居丧时落下夏秋之秋不能饮食的病根，终年身体欠佳。所以，以己之心体人之心，一方面，他始终希望士人能参与政治，以正直的道统理想影响政治现实的愿望始终不变；另一方面，对于在两朝之间忠贞不渝的遗民也极为敬佩。所以，他虽无仕进，但在清初北方弘扬先贤学术，化民成俗，贡献很大。同时，他训诫子弟积极从政，“举业与德业”共进。宋儒对于尽弃举业投身圣贤之学者常能大为赞赏，但二程、朱子都身居官宦，虽时间不长，但在位谋事不小。② 功业巨大的阳明也认为举业习与不习皆可，关键是在于见性，他说：“虽勉习举业，亦自无妨圣贤之学。”③又说：“今之习艺者有师业，举者有师，至于性分之未明则不肯以从师。夫技艺之不习，不过无养生之术，举业之不习，不过失进身之阶耳。”④夏峰以举业、德业相互促进，互相成就。举业不仅不妨碍德业，相反，对于个人而言，“儒而不达于政，曲士也，腐儒也”⑤。他认为，关键在于以进德业之心务举业，

① 孙奇逢：《四书近指》卷二 索隐行怪章。

② 张亨：《朱子的志业——建立道统意义之探讨》，载《思文之际论集——儒道思想的现代诠释》，新星出版社 2006 年版，第 253~259 页。

③ 王守仁：《寄闻人邦英邦正》，载吴光、钱明、董平、姚延福编校《王阳明全集》上编一卷四，浙江古籍出版社 2011 年版，第 182 页。

④ 王守仁：《阳明先生则言》上。

⑤ 孙奇逢：《理学宗传》卷二。

发圣贤之蕴，则举业、德业不相妨碍。①

此外，他还说："夫举业与学果两事乎哉？阳明谓学正有益于举业。迩木忻亦谓举业无妨于学。予谓无一时而非学，无一事而非学。况举业以吾之心灵发圣贤之蕴而谓其有妨于学也，岂不谬与？不知非举业与学异，而举业之心与学异，遂成歧向耳。"②

毕竟举业不妨德业由作为遗民的夏峰口中说出，与阳明又有一番不同的意蕴。夏峰子弟中，其弟孙奇彦顺治中期以贡士知武城县，其孙孙洤(字静紫，望雅子)于康熙二十一年中进士授内阁中书，其曾孙孙用桢(字以宁)康熙三十五年中举人；门人中有顺治三年进士魏裔介，顺治九年进士授国史院检讨汤斌，顺治九年进士授庶吉士耿介。他能包容子弟参加新政权的建设，至少说明他对于清政府的认可和接受。不过，就家法而言，他又赞同鹿善继认为不必俱发登科，只本分孝弟力田，不失前辈书香，也可以做天地间第一等人。

牟宗三先生说："一个民族可以被淘汰，亦可以被侵略而丧失其政权(所谓亡国)，然只要此民族继续生存且独立，则政权即是定常不变。"③夏峰能赞同举业和德业并进，亦是为定常不变的民族考虑。他认为，士人通过举业参与政治，进而可以汉民族的文化影响清政府的决策，用夏变夷。

他曾说："某曩辑先儒传宗者，独于吴许之苦心不能释手。"④其所谓体谅吴澄、许衡的"苦心"，即因通由学统敦化治统的宏愿，甘愿背负二臣的千古骂名，行王道之实。若不是为了卖身求荣，而因为恐文化陨落，遗民出仕比遁隐以自洁声誉需要更大的气魄，也付出更大的代价。但是，他称赞"元有三儒，耶律晋卿之止杀，许平仲之兴学，刘静修之不仕皆有用夏变夷之意，良工心独苦。"⑤

---

① 孙奇逢：《日谱》卷十八之九月初九日条。

② 孙奇逢：《日谱》卷十八之九月初九日条。

③ 牟宗三：《政道与治道》，广西师范大学出版社 2006 年版，第 18 页。

④ 孙奇逢：《日谱》卷七之八月十八日条。

⑤ 孙奇逢：《尚论篇》下，《夏峰先生集》卷三。

“元刘静修、许平仲，当世道荆榛，倡明教统，厥功尤大。”[①]但对于不仕元朝的容城同乡先贤刘因，他更为感佩，以之为醇儒。

夏峰体谅吴、许存道统于天下而身仕元朝，与同时期的王夫之、傅山等人极为鄙夷二者的态度截然不同。夏峰主张“用夏变夷”，王夫之耻“鬻道统于夷狄盗贼”[②]，他们又同是在夷夏之辨的思维框架下讨论出处的问题。全祖望则认为许衡、刘因“两先生皆非宋人，仕元无害”[③]。赵园论曰：“在全祖望看来，即孙奇逢也仍未全出易代之际夷夏论的语境。”[④]夏峰的文化宽容态度确实存在大汉文化的强势义的问题，这同样体现在夏峰《渡江赋辩》[⑤]一文中。邱濬认为刘因《渡江赋》是“幸宋之亡”，夏峰起而辩护，认为刘因只是“用夏变夷”，而非“以夷而灭夏”，对此商聚德在《〈渡江赋〉析》[⑥]中已有细致精辟的评析。夏峰谓：

> 议静修者谓《渡江》一赋，幸宋之亡，此四字甚伤先生之心也。以哀悯之意而为幸，误矣！误矣！予已有《辨》载邑志中矣。至谓平仲语其子曰：我平生虚名所累竟不能辞官，但书许某之墓。议者谓临终之际，天理发见，夫平仲岂俟临终而始有天理之发见哉！斯言亦过矣！过矣！伤平仲之心也。二老同时被召，平仲过容城，访静修，静修曰：公不出，则道不行；予亦出，则道不尊。二老自祖父以来，世金元人，于宋无故土故主之谊，而虞廷猾夏之严，孔门尊周之律，二老身行道明。道之责者，此岂不闻焉？盖渡江之赋，许某之墓，而满腔悲恸，可对天地，可泣鬼神，而议者浅之乎窥两先生矣！元儒未

① 孙奇逢：《中州人物考》卷五。

② 王夫之：《读通鉴论》卷十三《成帝》。

③ 全祖望：《书刘文靖公退斋记后》，《鲒埼亭集外编》卷三十三。

④ 赵园：《论许衡、刘因》，《明清之际士大夫研究》，北京大学出版社1999年版，第235~239页。

⑤ 孙奇逢：《渡江赋辩》，《夏峰先生集》卷三。

⑥ 商聚德：《〈渡江赋〉辩》，载《刘因评传》，南京大学出版社1996年版，第61~65页。

经明儒表章，遗失者甚多，故于二老有深慨焉。孟子曰："尚论古人"，是以论其世也，此之谓尚友。①

实在是以夷夏分辨的心，误向其他因夷夏分辨而生的误解辩驳，何以能澄得清？但这种出于理解和同情的善意维护实在是一番苦心。

（二）明代政治对夏峰道统观的影响

夏峰所谓道统即是三纲五常。"问圣人之道。曰：三纲五常而已。问帝王之道。曰：三纲五常而已。问天地之道。曰：三纲五常而已。道原于天而允迪于帝王，修明于圣人六经、廿一史，皆三纲五常之事。"②士人不能出仕，也可以通过身体力行学统到达道统。夏峰说："从来言治统、道统，莫不骇为神奇高远之事，不知总只在父慈子孝兄友弟恭上。盖天下最深远之事，正从最平易中做出。人人亲其亲、长其长而天下平此治统也。尧舜之道，孝弟而已矣。此道统也。故曰：天德、王道一而已矣。"③每个人即便无君臣一伦，还有父子、夫妇、兄弟、朋友四伦，四伦中又以父子、兄弟为大，所谓"孝悌乃人之本也"。

通过夏峰的生平和学术，我们不难看出其特重孝悌。究其因，除了北方一贯的忠孝学风，以及其谨严的家学影响之外，还有一个重要的思想史背景是明世宗的"大礼议"问题及其引发的"夺情"讨论，这一事件直接推动社会上下更加关注孝悌问题，并引发阳明后学注解《孝经》的风潮，④ 延续到清初，更加重了夏峰对于孝悌的重视程度。事实上，政治上的偏向确实影响到夏峰，他说："窃尝思

① 孙奇逢：《日谱》卷二十八之十月初四日条。

② 孙奇逢：《日谱》卷十三之六月三十日条。

③ 孙奇逢：《日谱》卷十五之三月十四日条。

④ 根据张崑将《晚明孝经风潮与中江藤树思想的关系》（文载张宝三、杨儒宾编《日本汉学研究续探：思想文化篇》，华东师范大学出版社 2008 年版，第 86 页。）一文的统计：阳明以前，有关《孝经》的"序文"及"跋文"的数量为 2，有关《孝经》的专著数量为 14；阳明以后，前者为 36，后者为 43。

之，我明太祖经纬天下，首重孝经，递及孝宗、世宗、神宗测其濬源，实资茂本，至烈皇帝颁布学宫，申饬诰教，累经祖宗培养，始笃生一能读孝经之人，是岂偶然？"①因而，他令家族子弟各手录诵习黄道周《孝经辨义》。

《春秋公羊传注疏序》云："昔者孔子有云：'吾志在春秋，行在孝经。'"徐彦疏云："赏善罚恶之书，见善能赏，见恶能罚，乃是王侯之事，非孔子所能行，故但言志在而已。孝经者，尊祖爱亲，劝子事父，劝臣事君，理关贵贱，臣子所宜行，故曰行在孝经也。"②因而，人不分贵贱皆可身体力行孝悌之道。夏峰在《孝友堂家训》首段云："家运盛衰，亦何常之有？父父子子兄兄弟弟，元气固结而家道隆昌，此不必卜之"，提倡孝悌之道的教育要从孩童开始。

如果能人人孝悌，则天下可不经由统治，而不治而治。所以，不参与政治，而能真身体力行孝道，同样可以阐圣学之蕴。在夏峰看来，理想的治统和学统总是能殊途同归。一人孝悌，其实可以风教一方，孝悌不兴，一地风俗自然浇薄，故而夏峰除身范之外，常旌表孝子孝妇，"其重孝弟、谨礼法的教育理念既是清初朝野理学传统的主要价值，也成为上述四所书院(引者按：河南地区的嵩阳书院、朱阳书院、南阳书院和紫云书院)的教育指导原则。"③

需要注意的是，明后期的政治环境使孝悌的讨论本身并非独善其身那么简单，而是政治与学术混杂、治统与学统相互对立和影响的重要一例。明世宗继堂兄明武宗后即位，围绕明世宗应该定考为明武宗之父明孝宗还是自己的生父兴献王及其一系列相关问题，明世宗与朝廷内的大多数大臣形成对峙的两派，明世宗坚持以自己的生父为帝，以皇太后礼迎自己的母亲入京，遭到群臣反对。④ 按照

① 孙奇逢：《孝经辨义序》，《日谱》卷八之三月十八日条。

② 何休：《春秋公羊传注疏序》，何休解诂、徐彦疏《春秋公羊传注疏》。

③ 吕妙芬：《清初河南的理学复兴与孝弟礼法教育》，载高明士编《东亚传统教育与学礼学规》，华东师范大学出版社 2008 年版，第 127 页。

④ 详见胡凡：《明代大礼议与儒教宗法文化传统》，载朱诚如、王天有主编《明清论丛》第 8 辑，紫禁城出版社 2008 年版。

传统的宗法观念，明世宗为小宗，即位后应归到大宗，以明孝宗为父。正如尾形勇所说："古代帝国的皇帝具有'天子'和'皇帝'两种称号。应该认为，这种情况是由当时的国家秩序构造本身必然产生出来的。首先，'天子'是以'某家'的形式体现的整个国家的代表者，这种'某家'是在消除全部'私家'的基础上建立起来的(也即'天下一家'等同于'天下无家')。同时，又是自'某家'这个家出身而'臣'从于天帝(地神)的属'臣'。可以说这正是天子称号，第一临于天地鬼神；第二对'外国(蛮夷)'使用的原因所在。"[①]通俗地说，就是小家服从大家，家服从国。当然，如果纯粹从同样是宗法制度内的亲亲尊尊的原则，明世宗应该以自己的身份的改变为生父母正名。此处不拟按照礼制讨论孰是孰非的问题，因为政治权力永远是主动的，有议者谓明世宗不过是以此为借口清除一批朝臣而已。结果是当明世宗的政权稳固下来，确实一大批包括邹守益在内的反对党被诏下狱，当然事件是以明世宗作为胜利者而告终。而他以孝为名(或者实)的这一举措，确实使这个荒淫昏庸的皇帝统治下的朝野愈发重视孝行。明中后期风行注疏《孝经》亦与此不无关系。因为政治的干预，原本可能仅仅是学统的问题也受到了极大的关注，所以说，治统与学统其实并没有一个截然分开的界限，而且，治统常常能以强统治权或者强话语权的方式影响学统。比如，夏峰在这件事中尊奉"继统非继嗣"，说明他对于世宗的既有决定的全部理解和支持。不过这个"继统非继嗣"的观点，用于道统中，正好可以说明道统人物的传递不必在意直系师承，无需家族承继中类似的继嗣的关系，而是以统来传承。

夏峰认为明代的政治现实与道统合一，其评判的标准是三纲五常，父子君臣的统绪合乎秩序。而在现在看来，明代的政治中君主尸位、宦官当权、党争混乱，问题众多，明太祖更不似夏峰所说"德比尧舜、功过汤武"[②]。这也是夏峰在君臣框架下讨论治统所产

① 尾形勇：《中国古代的"家"与国家》，张鹤泉译，中华书局 2010 年版，第 229~230 页。

② 孙奇逢：《尚论篇》下，《夏峰先生集》卷三。

生的不可避免的局限。

现实的道统观念也确实在浑浊的政治的影响和利用下，逐渐被异化。本来道统的建立是为了揭示天理的所在，去帮助人们找到文化的方向，虽不排斥多元，但毕竟有一定的标准。但事实上，道统在与治统结合的过程中，异化为一种话语霸权，甚至涉及政治权力，因而，历史上出现学派争夺、排挤、倾轧，完全违背道统建立的初衷。葛兆光说道统"是指思想史中承担着真理传续的圣贤的连续性系谱，被列入这一系谱就意味着思想的合理性，凸显了这一系谱，也就暗示了由这一系谱叙述的道理，一定优先于其他的道理，是应当尊崇的普遍真理"①时，即异化后的道统。所以他说在20世纪的第二个十年以后，以儒家传统为中心建立起来的思想史遭到历史学家的激烈批判②，甚至人们在提到道统时也往往带有轻蔑的语气。所以道统在客观上具有两面的性质，一方面是士人共同的文化信念和精神家园，这种信念积极地指引着知识分子恪守道德，自我约束；另一方面，又会被别有用心地利用，成为话语权力及政治权力下的工具。因而，道统与治统的结合，既可能是学术发展的幸运，也可能成为斯文的不幸。这很大程度上取决于治统的王与霸，也就是理想中的道统与治统干预下的建构的道统是否一致的问题。

与理想的道统一致的政统也是理想的，如尧舜禹的圣王时代，道统与治统合一，此治统是治道的体现。孔子以后，道统与治统分裂。但道统的实现势必要通过清明的政治，才能普惠社会，所谓外王。而正直的知识分子也有意识去寻找机会通过建构的理想的道德谱系去影响当世统治者的政治行为。而事实上，鲜少有大公无私的统治者可以达到这样的境界。统治者往往借助知识分子对于道统的坚定信念，使道统成为政统指挥学统的一种手段。不仅如此，真诚

① 葛兆光：《道统、系谱与历史：关于中国思想史脉络的来源与确立》，载许纪霖、朱政惠编《史华慈与中国》，吉林出版集团有限责任公司2008年版，第357页。

② 葛兆光：《道统、系谱与历史：关于中国思想史脉络的来源与确立》，载许纪霖、朱政惠编《史华慈与中国》，吉林出版集团有限责任公司2008年版，第360页。

的求道者与道统的捏造者也往往被混为一谈，致使前者的真诚信念也会无端遭到质疑，学统也因而发生混乱。知识分子为了避免受到治统的利用和控制，往往会选择离开，以独善其身。这时，其实也是道统和治统分离的过程。即便士人不离开，实际上理想的道统与治统也是分离的状态，只是离开以后，知识分子连以道统影响治统的机会都没有了。在费孝通的《文人当官》一文的最后结论中，文人由最初不主动影响政事的卫道者成为政治的妥协者，“自韩愈起，中国之士不再议论皇帝的是非。作为士，他们的作用是侍奉皇帝，他们成了只不过是诵读圣谕的所谓的师儒①。”②费先生所说也不尽然，韩愈以后敢于与皇帝相抗衡的将相也大有人在，虽然往往成为牺牲，但在中国的历史上，道统与治统常常存在着形式上的结合和实质上的断裂。

统治者们常常通过道统的建构粉饰当朝的前王，以证明其统治的合法性；而知识分子也愿意帮助去粉饰政史，以激励当世的帝王。这种双重的合作往往并不能对统治者构成激励，却可以成功地欺骗后世的知识分子。明代的一个有趣的现象即士人普遍认为明代的治统合乎道统，并竭力赞颂明太祖朱元璋。③ 明士人中从阳明到耿定向、罗汝芳、邓元锡、何塘、顾宪成、高攀龙，乃至王夫之等人无不对朱元璋推崇膜拜。从这个思想的背景来看，夏峰颂扬高皇帝朱元璋的话，现在看来并非完全不可思议。据他们留下的文字，这种崇拜朱元璋的观念的形成，主要有两个原因。如戴铣在《朱子实纪》中所言：“高皇帝统驭乾坤，维新海宇。既设殿庑以奉圣贤，复建祠宇以祀儒先，或官其后，或禄其家，加隆于两京之胄，即通

① 刘师培说：“明道统者谓之师，明六艺者谓之儒，总师儒之学者谓之史。”(《攘书·史职篇》)

② 费孝通：《中国士绅》，生活·读书·新知三联书店 2009 年版，第 49 页。

③ 罗汝芳亦盛赞高皇帝，吴震先生认为是近溪儒家思想的政治化倾向。(吴震：《罗汝芳评传》，南京大学出版社 2005 年版，第 504~509 页。)其实是治统对于学统的影响的一个表现。

尊于天下之学宫，其崇德报功之典，可谓至矣！尽矣！”①首先如前文所言，明王朝的建立推翻了蒙古族的统治，知识分子中夷夏之辨的观念在作祟。其次，因为他们对政治理想有所寄托，也反映他们对三纲五常的道德观念和人间秩序的认同。朱元璋所著《资世通训》对于士农工商各阶层、行业都有所规定；《大诰》几篇谨训三纲五常，对于明代政治、法律、风俗的训诫都起到典范的作用。明亡以后，明初的政治更是寄托了士人太多祈愿，进而转化为他们对于现实改造无力的哀怨和对现实政治的点刺。

(三)另一种外王之道

学统以外，中国高度集中的集权制和底层的民间之间还存在着某些罅隙，故而自任学统或者教统的知识分子可以在某种程度上游离于政治之外发挥影响。明末的东林党和复社就是皇权政治以外的政治结盟，他们通过体制外的议政试图控制国家权力，干预国家政治。② 另一种情况是一些没有政府的官职和权威，凭借着曾经居于官位所存的政治影响力、功名、家族、年长、知识或者人格魅力的乡绅，赢得当地民众的信任和心灵归附。③ 这部分知识分子能在道德上起模范作用，在乡村的实际事务方面也起着职能作用，有时甚至超过政府的职能部门。就明代而言，“大体说来，明代前期，乡村社会权力结构的基本框架是里甲制度，出自富民阶层的粮长、里长、老人等作为民间权威发挥社区领导的作用。但到明代后期，在日益沉重的赋负担的压迫下，粮长、里长、老人等的经济状况和社会地位日趋衰落，以绅士为主体的新型地方精英成为乡村社会的主要支配阶层，此外族大丁众和占地较多的非身份性豪强地主的活动能量也显著增强。在绅士阶层的权力不断膨胀的情况下，地方政府

① 戴铣：《朱子实纪》卷九。

② 张宪博：《东林党、复社与晚明政治》，《晚明社会变迁问题与研究》，商务印书馆2005年版。

③ 吴晗、费孝通等：《皇权与绅权》，上海观察社1948年版，第157~158页。

的职能范围却呈现出总体性的收缩趋势。”①权力范围扩大的“经世济民型”②乡绅对下而言通过宗族的影响以及家族以外的乡约，在灾害救济、乡村防御好水利建设等方面都起到重要的作用；对上又可以作为代表民权的阶层与统治阶层周旋。③ 夏峰倡孝悌，修祠兴坊，携宗族乡党入五峰山约“一严同心、一戒胜气、一备器具、一肃行止、一储米豆”④，可以在临终前作《维风议》《救时议》《荒田议》，正人心，维风易俗，莫不可以在明末的环境下士人寻求另一种“外王”之道的框架中得到解释。

在中国历史上，道统虽发生异化，而且其建构表面上呈现出衰退的情况，⑤ 但实际上，道统是中国知识分子的信念和使命所在，也是中华文化的依托，本身是不应打破，也无法打破的。只是现代多以传统文化命之，不必有道统之名，正如夏峰所谓“道学之实不可无，道学之名正不必有”⑥。

① 高寿仙：《晚明的地方精英与乡村控制》，载《晚明社会变迁问题与研究》，商务印书馆 2005 年版，第 256 页。

② 森正夫在《日本的明清时代史研究における乡绅论について》(《历史评论》第 308、312、314 号）中将晚明的地方乡绅分为“升官发财型”和“经世济民型”，见高寿仙：《晚明的地方精英与乡村控制》，《晚明社会变迁问题与研究》，商务印书馆 2005 年版。

③ 高寿仙：《晚明的地方精英与乡村控制》，《晚明社会变迁问题与研究》，商务印书馆 2005 年版。

④ 汤斌：《征君孙先生年谱》崇祯十五年壬午五十九岁条。

⑤ 荒木见悟：《道统论的衰退与新儒林的展开》，载吴震、吾妻重二《思想与文献》，华东师范大学出版社 2010 年版；张寿安：《打破道统・重建学统——清代学术思想史的一个新观察》，《“中央研究院”近代史研究所集刊》第 52 期。

⑥ 孙奇逢：《日谱》卷三之八月二十二日条。

结　语

夏峰学作为明末清初北学的代表，其实已不能挽救理学在清代的命运，但他以自身学行振起和带动一方，确实给学界注入一股清新的空气。而其人格之振拔，即便是反理学者亦不敢轻訾。夏峰所统合者在理学，而其着眼点其实是整个儒学。他不仅要解决统摄理学各家学说时所面对的冲突，更重要的是，他试图从面目各异的理学学说中寻绎一致的理学精神，并进一步说明这种精神和整个儒学乃至中国文化的精神是一致的。他崇古、笃实和宽容的学说特点也正是顺此精神而来，夏峰以真实的为己之学的工夫联结理学与儒学。

他主张孟子的性善论，从本体论上证得为己之本体根源，说明其可能和必然。慎独学说作为其思想的宗旨，统合一切工夫，不过是提醒本心时时为己的工夫，既不可疏忽，又不能刻意。这种兢惧的态度，从根本上说，源于对天命的敬畏，它以承认天命人性之相通为前提，本身说明天道与人之不离，从而构成了以儒学为生活方式的儒者丰富的精神生活的来源。而且，这种精神生活直接秉承颜子箪食瓢饮的自得和简单，是真实的、纯粹的。

夏峰为己之学的关键在于慎独，其工夫是不分动静、已发和未发的，其要在于不杂不离。不杂即意念之纯，不离即一息不与道离，指慎独工夫之切实和不间断，也可谓纯一不已。此纯一不已的慎独工夫，正体现了夏峰知行合一、本体与工夫合一、天人合一的圆融思想特色。在夏峰看来，知行合一、本体与工夫合一、天人合一的工夫，是以行道来体道、以工夫复本体和尽人以合天，是以后者积极主动求合于前者而实现的。归结起来，三者都体现一个“行”字。

阳明的知行合一主要包含两层含义：一种是通常所言的道德意识和践行；一种是道德意识的存有和活动，一念发动便是行，即知即行。工夫在于保证知之良以及推扩良知的致知工夫。夏峰的知行亦包含以上两种意义，因而他有“口里说一丈，不如身上行一尺”的说法，同时主张克己的工夫。两者是不间断的，前者之行是行之于身，后者之行是形之于心。而夏峰不以良知言之，更偏重后者。因而，他的慎独工夫有挽回法，一念发动后，还可以迁善改过。他所谓知即明道，行即行道而已。子曰：“道不行，乘桴浮于海”(《论语·公冶长》)，子路闻之喜，夏峰认为：“由不明，故不行。既不行，则思其所以明之者，此正知行合一之旨。”①夏峰慎独的工夫一者在于使不知者觉知，一者在于使知者能行。使知者能行，也即工夫之实与不间断，主要取决于意志；而使不知者觉知乃是转下愚为上智的变化气质，是反过来要以行促知的。因而，他的知行合一是先承认知行相分，可以由知而入知行合一或由行而入知行合一的。

知行合一在夏峰看来终归太高，他说：“知行合一，是圣者事。知及之仁不能守，分而为二，须用择善固执功夫。所谓尽人以合天，是思诚者事，中庸曲能有诚。”②夏峰所谓尽人以合天，非尽人心以合天意，尽人情以合天理，或如其友鹿善继在《四书说约》中所说尽人事之当然而合天理之本然。在夏峰看来，尽人以合天是尽人之存养之功而合天命本然之性，即诚之的复性工夫，通过保有天地之心不失而复天命之于我的本然之性，所以他称在静而养其动之源、在动而察其静之机是谓尽人以合天之道，闲邪存其诚即尽人以合天，也即慎独。在他看来，尽人以合天只是学知利行的慎独，而生知安行、困知勉行也都有慎独的工夫。总体上，夏峰的工夫学说呈现出极其收敛的内在性特征，本质上即为己，是阳明和朱子学都涵具的。

从意义上看，他的尽人以合天之说就是尽工夫以回复人之本体

① 孙奇逢：《道其不行章》，《四书近指》卷二。

② 孙奇逢：《日谱》卷六之五月初三日条。

的本体工夫合一说，知行合一是直指本体做工夫。他说："论本体，要是人人具足；论工夫，未必一一皆是。"①工夫在于一心之常见在，不放失，正是求之于一心，以心复显性。本体虽常具，然无工夫则无本体之显现，在这个意义上，工夫所在即是本体所在，无工夫即无本体，夏峰常常以"体用一源，显微无间"来说明本体与工夫无一毫一息间离的关系，同时也说明工夫之境界。针对初学时，本体工夫不能合一的问题，夏峰认为需要真实下手工夫。只有持戒惧工夫久而无间，才会本体日充、工夫转密。至于行所无事和至乐之心体，是工夫渐次所达的境界，不是一开始便可以企望的。达到这一境界，既非慎独工夫的动机也非目的，只是与道不离之自然而然的结果。

总体上，夏峰的学说在承认既定的至善本体的前提下，面对现实中知行、本体工夫及天人不一的情况，强调下学的工夫，根本上，乃在于求之一心常在，使纯一不已，与道不离。此一工夫，夏峰名之曰慎独。明末清初时期，不少理学家都以慎独为学说宗旨，虽然他们的慎独学说在动静、未发已发等工夫路径上偏重不同，但作为向内求己的工夫基本上是一致的。一方面体现他们实现外王之道的局限，转而求之内圣之学；另一方面，也反映慎独学说自身确实是儒学的精义所在。牟宗三先生讲"乾道变化，各正性命"时，说是"慎独上的大洒脱，大自在，全体放下的彻底推开"，"不是向外的抓紧把持，而是归于自己作德性的觉醒"，② 以慎独推教化，不仅仅使个人的德性达到完满，而是物物各得其所，各正性命，反过来将慎独推到绝对和无限。此义在朱子的《经筵讲义》中亦有明白的表达。③ 慎独工夫直面本体之至善本性，涵养本源，在现代的个人修养中仍有着积极的意义。

夏峰学说在清初北学中开风气之先，尤其是其慎独思想和笃行

① 孙奇逢：《夏峰先生集》补遗卷上。

② 牟宗三：《政道与治道》，广西师范大学出版社 2006 年版，第 27 页。

③ 朱熹：《经筵讲义》，《晦庵集》卷第十五，《朱子全书》册二十，上海古籍出版社、安徽教育出版社 2002 年版，第 691 页。

的学风，一直到民国时期，仍然潜在地发挥其巨大影响。不过如王源所说“北方学者多暗晦，寡交游，著述亦不传于天下”，“燕赵之士之持高节、抱经世大略，负绝学，不愧通儒，而名不出乡里者，固多也。”[①]因而，文献多不足征。通过王源的记述，我们可以总结两点：整个清世在夏峰以后，北方学者声名之大无出其右者；能承夏峰之学者，有通儒，也多暗晦不彰，以致迹没无闻。

① 王源：《李孝悫先生传》，《居业堂文集》卷四。

余论　夏峰后学

夏峰常言弟子问学切磋，能于其学问有进益之功，弟子学问性情各异，夏峰有《怀友诗》曰：

> 孔圣有四友，又复借六侍。顾我耄而病，同人望更亟。
> 匡我之不逮，诸贤时寤寐。端亮曰孔伯，当仁不肯避。
> 明达莲陆氏，到手无棘事。(新安)玉阶勇向学，识力何超异。
> (沧州)道默讼往愆，晚节抉其秘。宽夫善补过，力为明学地。
> 垂老轻去乡，荐馨其旅食。渥城有五修，答问借笔记。
> 习仲能知几，介祺称高寄。子新饶侠肠，仪甫具识器。
> 构斯安贱贫，守身明大义。浑穆称保汝，不以穷失意。
> 退步震之贤，虚怀亦夔智。骙臣有气魄，熙侯无俗累。
> 子石称孺慕，含真严指视。天章多慧根，子亮本美质。
> 振公孝友人，乾真羡笃志。友兰与裕卿，问学渐有次。
> 皃盟荆园语，鄂州辨学字。廉幹推逸庵，此度博综备。
> 进德而修业，努力各自治。我年已九十，烛光安足炽。
> 愿言日有长，助我勿失坠。①

夏峰向来不喜讲学，但也不反对学友中有讲求学问者。他在世时，弟子魏莲陆、王余佑等便于易州双峰书院讲习。去世以后，其

① 孙奇逢：《日谱》卷三十三之四月二十九日条，诗中提及弟子二十七人，皆为字，对应名详见本文附录一《夏峰先生弟子名录》。

后学主要在河南、河北两地讲学。王余佑主献县治西献陵书院，钱佳选①讲学密县超化，耿介、冉觐祖复兴嵩阳书院，窦克勤在柘城东郊建朱阳书院，田兰芳主睢州道存书院。其中耿介所主嵩阳书院，其盛况可比夏峰。

夏峰学术宽容平和，不专主阳明或者朱子，弟子中承继者大致可分为三支：一支以申涵光、殷岳为代表，学说多能持平朱陆两家，同调之人有夏峰挚友张沐；一支以赵御众、耿极为代表，为平民之士，主王学，讲求心之本体；一支以汤斌、耿介为代表，多为清廷重臣，主程朱官学，与夏峰相与问学者魏裔介、魏象枢等亦是汤、耿交游。三支中，以汤斌、耿介等影响最大。

申涵光、殷岳与永年张盖，人称"畿南三才子"，其中申涵光为河朔诗人之首，②《郎潜纪闻》称："三人行谊自以涵光为得中，而逸执贞操均非尘壒所有宜，河朔人士至今称道不衰也。"③申涵光，字和孟，一字凫孟，永年人。他从学夏峰以后，便一意究心性命之学，不再作诗，夏峰见之恨晚。他认为"朱陆之辨，各以所见相质，正良友相成之谊"④，并进一步发明说"朱语有近陆者，阳明择出以为《晚年定论》；陆语亦有近朱者，但无人择出耳"⑤。对于无善无恶之辨，他说："良知即性善也。"⑥其言"工夫是逆溯之法"⑦，即夏峰工夫皆逆之说。对于夏峰"无事不可生事，有事不可怕事"，申涵光解释为"无事作有事时警惕，有事如无事时镇定"⑧，可见其深知夏峰慎独之义。

赵御众字宽夫，号惕庵，滦州人。著《困亨录》，有《山晓堂

---

① 钱佳选，字升阶，号习斋，密县人。

② 关于申涵光的文学，详见王小舒《清初的河朔诗派》，《厦门教育学院学报》2006年第4期。

③ 陈康祺：《郎潜纪闻》卷五。

④ 申涵光：《荆园进语》，商务印书馆1939年版，第4页。

⑤ 申涵光：《荆园进语》，商务印书馆1939年版，第5页。

⑥ 申涵光：《荆园进语》，商务印书馆1939年版，第1页。

⑦ 申涵光：《荆园进语》，商务印书馆1939年版，第8页。

⑧ 申涵光：《荆园进语》，商务印书馆1939年版，第9页。

集》问世。其云："人之事心如事天，但敬吾心，使之洁净光明，遇事即此应之。"[1]又云："千难万难，只是打叠此心。"[2]"心本无物，无物则虚，虚则公，公则无所偏私。任天下纷纭杂赜，遗大投艰，不过如其理分物数，应之更有何事？而第一在识本心，存养得精神强固后，睁眼便看见，开口便说着也。"[3]宽夫之心学本色，可见一斑。在工夫论方面，宽夫贵收敛，尝云："慎独不是把捉，但认得独时，自然知慎。"[4]此一收敛之意，又是自然适意，与同门耿介的工夫路径正好相反。

耿介为汤斌同年进士，经汤斌引见，于康熙十二年(1673)拜夏峰为师。但吾人或可注意，逸庵之学在从学夏峰之前即定其规模，后奉夏峰"戒惧操存，久而不放"之语为圭臬[5]，亦是其主程朱之"敬"的工夫的体现。逸庵之主敬，与宽夫之收敛正好成两路。夏峰曾于二者之间作一调停，他说："宽夫所云收敛非谨慎之谓，须要求此心恬适，使生机盎然，勿坠枯槁一路。台旨所谓体认天理而要之以主敬，本体上工夫一了百当，正与宽夫之意互相发明。"[6]即所谓本体乃谨慎与自然两面。

耿介之学重忠孝，他认为"诸生欲求为圣贤，先要求为孝子"[7]，"孝始于事亲，中于事君，终于立身，吃紧是立身二字。"[8]其所谓立身，即不睹不闻中之戒慎恐惧之意。耿介弟子窦克勤，字敏修，柘城人。亦承其师，尊程朱。曾书"学宗孔、孟，法在尧、

---

① 赵御众：《困亨录》，徐世昌编，陈祖武点校《清儒学案》卷一，河北人民出版社 2008 年版，第 44 页。

② 赵御众：《困亨录》，徐世昌编，陈祖武点校《清儒学案》卷一，河北人民出版社 2008 年版，第 44 页。

③ 赵御众：《困亨录》，徐世昌编，陈祖武点校《清儒学案》卷一，河北人民出版社 2008 年版，第 44 页。

④ 赵御众：《困亨录》，徐世昌编，陈祖武点校《清儒学案》卷一，河北人民出版社 2008 年版，第 44 页。

⑤ 耿介：《上夏峰先生书》，《敬恕堂文集》卷二，第 118 页。

⑥ 孙奇逢：《日谱》卷三十六之正月初八日条。

⑦ 黄舒昺：《中州名贤集》卷三 三十七下。

⑧ 黄舒昺：《中州名贤集》卷三 三十七下。

舜，而其要在慎独”十四字进康熙。敏修有《理学正宗》一书，以许衡、薛瑄直接朱子正宗，耿介称其：“非平日知言穷理，安能权衡如是？”①

夏峰称“洛学之兴有厚望焉”②，即指汤斌与耿介二人。《清儒学案》评汤斌之学：“潜庵为夏峰弟子，夏峰之学以陆、王为宗，潜庵承师法而兼宗程、朱。”③又说：“先生笃守程、朱，亦不薄陆、王，身体力行，不尚讲论。”④先是说其“承师法”，“以陆、王为宗”，又说“笃守程朱”，为何会出现这样两条前后不一致的评价呢？其实，汤斌随夏峰学，先是宗心学，曾说“学问之道，全在收拾此心”⑤。但晚年受官学影响，有所转变，其《答陆稼书书》云：

> 仆少无师承，长而荒废，茫无所知。窃尝泛滥诸家，妄有论说，其后学稍进、心稍细，甚悔之。反复审择，知程朱为吾儒正宗，欲求孔孟之道而不由程朱，犹航断港绝潢，而望至于海，必不可得矣。故所学虽未能望程朱之门墙而不敢有他途之归。若夫姚江之学，嘉隆以来，几遍天下，近有一二巨公倡言排之不遗余力，然海内学术浇漓日甚，其故何与？盖天下相尚以伪久矣。⑥
>
> 故仆之不敢诋斥阳明者，以为欲明程朱之道者，当心程朱之心学，程朱之学穷理必极其精，居敬必极其至，喜怒哀乐必

---

① 黄舒昺：《中州名贤集》卷三 三十七下。

② 孙奇逢：《日谱》卷三十三之二月初六日条。

③ 徐世昌编，陈祖武点校：《清儒学案》卷九，河北人民出版社2008年版，第391页。

④ 徐世昌编，陈祖武点校：《清儒学案》卷九，河北人民出版社2008年版，第392页。

⑤ 徐世昌编，陈祖武点校：《清儒学案》卷九，河北人民出版社2008年版，第394页。

⑥ 徐世昌编，陈祖武点校：《清儒学案》卷九，河北人民出版社2008年版，第403页。汤斌：《汤子遗书》卷五。较之《汤潜庵集》(商务印书馆1936年版)、《清儒学案》所记微有出入，二书于“近有一二巨公”句以下，多“姚江之学遂衰，可谓有功于程、朱矣”。

求中节，视听言动必求合礼，子臣弟友必求尽分，久之人心咸孚，声应自众，即笃信阳明者亦晓然，知圣学之有真也，而翻然从之。若曰能谩骂者，即程朱之徒，则毁弃坊隅节行，亏丧者，但能鼓其狂舌，皆将俎豆洙泗之堂矣。非仆所敢信也。①

可见，潜庵最后以程朱为宗，但不薄阳明，是很清晰的。② 潜庵之学，特主力行，主敬工夫，克己甚严。尝曰："君子之心，无时而不敬畏也"，"敬外无圣人"。③ 他以戒惧为用力和得力处，说："离了戒惧内省，何处讨复性工夫?"④其戒惧、敬即朱子提醒此心工夫，也是阳明所谓常见在。他解释阳明之"无善无恶心之体"之说，认为孟子从情上看出性善，性之善其实不可说，阳明知性善，但言无善无恶是恐人执着，宋儒所言之敬，教人只是提醒良知，涵养未发，勿过执着。⑤

此外，他以性言心，是融阳明学于朱子学的明显例证。他说："本性自有明觉，而非作聪明也。本性自有正见，而非执意见也。本性自有光辉，而非逞精采也。"⑥无论朱子、阳明，都仅言心之知觉灵明，认为性有明觉、正见是汤子之发明，故而汤子以为心性合一乃无有疑义。

他认为事功要从心性上发出，做得心性上毫无亏欠；为学要有拔乎流俗，坚如铁壁铜墙之心，不为所动；强调切己躬行，都与夏峰之教导直接相关。

汤斌、耿介、崔蔚林，以及当时的魏裔介、魏象枢等为清廷之重臣，其中魏裔介在位时间长，言路最广，对时局政治影响很大。

① 汤斌：《汤子遗书》卷五。

② 史革新：《"廉吏"汤斌理学思想略议》，《郑州大学学报》(哲社版) 2008 年第 6 期。

③ 徐世昌编，陈祖武点校：《清儒学案》卷九，河北人民出版社 2008 年版，第 398 页。

④ 汤斌：《答耿亦夔书》，《汤子遗书》卷五。

⑤ 汤斌：《常语笔存》，商务印书馆 1936 年版，第 4 页。

⑥ 汤斌：《答耿逸庵书》，《汤子遗书》卷五。

夏峰与他们交往过从甚多,[①] 其弟子张果中曾经致书夏峰，称夏峰不宜时时与士大夫相见。申涵光称："其说甚正，然而惟先生无妨也。先生道统在身，以教为任，虽冠盖踵接于门，而澄之不清，挠之不浊，愈见其大耳。愚尝谓先生如沧海，无所不包涵，我辈学人，第如池鱼盆草，若一清彻底，尚可把玩，稍杂泥滓，便难位置，盖教之与学，相去远也。"[②]夏峰能容众，他常说"耐俗方能移俗"，也是以在野影响在朝的一种途径。

主夏峰之学者，无论尊朱还是尊王，都看重切身照所尊做去，自省慎独，尤重孝道，笃实践行。夏峰学融通的特色在其后学的思想中表现明显。尽管这三支学术归属不同，但总体上能于门派之间有着平和的态度，主程朱者并不贬抑阳明，主陆王者亦不非薄程朱。大体上，尊朱学者的思想中不乏王学印迹，尊王者亦必参酌朱学。

夏峰之私淑弟子中有胡具庆者，为夏峰容城后学，孝友笃学，学夏峰甚似。胡具庆，字余也，号俟斋，先世为容城人，康熙庚子举人，乾隆壬戌明通榜。《清儒学案》称其："屏除门户之见，于晦庵、阳明两家殊途同归，反复推阐，作为论辨。其义甚详，大旨以慎独为进修之要。"[③]

他尝云编："意者心之初萌，独者性之本体。"[④]"君子终身工夫，只是一个慎独。"[⑤]可见其以慎独为宗旨。不仅如此，他更阐夏峰慎独学说之余蕴，对时人疑惑慎独不能兼知行的疑问有一番解

---

① 参见史革新：《孙奇逢理学思想综论》,《郑州大学学报》(哲社版) 2007年第4期；李凤全：《清朝前期の心学について》，九州大学中国哲学研究会《中国哲学论集》第19辑，1993年，第36~53页。

② 申涵光：《荆园进语》，第8页。

③ 徐世昌编，陈祖武点校：《清儒学案》卷一，河北人民出版社2008年版，第52页。

④ 徐世昌编，陈祖武点校：《清儒学案》卷一，河北人民出版社2008年版，第53页。

⑤ 徐世昌编，陈祖武点校：《清儒学案》卷一，河北人民出版社2008年版，第53页。

释，他说：

“吾谓圣学只在慎独，而或有疑其偏者，以为圣学必兼知行，而慎独不足尽之也。不知后觉效先觉之所为，惟欲明善复初，而吾独体之真，即所谓性善之初体也。明善者，明此而已，复初者，复此而已。故必用慎独之工夫，致其精明，使本体无一毫之蔽，然后可以明善。致其专一，使本体无一息之离，然后可以复初。是则圣学兼知行，而慎独即兼知行也。吾谓圣学只在慎独，夫岂一偏之说哉？”①

可见疑者只是从朱子的知行出发，而未领略阳明一念发出便是行的意旨。但即便如此，余也还是从知识与践行的角度，说明慎独工夫可致真知，有真知之体，则行用便在其中。其体即性善之体，故而对于夏峰统宗会元之说，余也亦统之于性善说之中，所谓："集义者必以性为主脑，而后终义归其宗。积善者必以性为主脑，而后万善会其元。"②总之，胡具庆之学虽为私淑，但不愧夏峰后学，于其要旨皆能尽其余蕴。

此外，清初颜元之学亦近夏峰，钱穆先生曾说："夏峰忠孝之大节，礼乐兵农之素行，正习斋《四存编》中理想之人物，所谓'吾儒一线之真脉'者。"③夏峰学播及习斋有一个铁证，就是习斋《四存编》中所录《上征君孙钟元先生书》。陈祖武先生在此基础上，做了进一步的调查。结论为习斋走过了一条由早年受到夏峰的影响到之后摆脱北学走向自我创造的道路。他认为，早年的习斋之学属于夏峰的北学系统，但对于对待夏峰学术主张的态度，颜元则走了一

① 徐世昌编，陈祖武点校：《清儒学案》卷一，河北人民出版社 2008 年版，第 54 页。

② 徐世昌编，陈祖武点校：《清儒学案》卷一，河北人民出版社 2008 年版，第 54 页。

③ 关于习斋之学与夏峰学的渊源，详见钱穆：《中国近三百年学术史》，商务印书馆 1997 年版，第 198~203 页。

条从服膺到分道扬镳的路程。[①] 并且，他认为颜元因为受到陆世仪的六艺之学的影响，否定了夏峰缝合朱王的努力。杨培之的《颜习斋与李恕谷》专辟一节“颜习斋思想与孙夏峰学说”讨论二者的关系，也认为习斋学术思想渊源于夏峰，是有一定根据的，同时，也看到习斋对于夏峰的批评。

诚然，对于历史因果之研究，历史之事实证明要高过思想之推理证明，思想观点的变化也不能作为学派归属的唯一根据。但就思想历史发展之研究而言，思想之前后联系的探索必是不可或缺的。如果从习斋之学主要的三方面：气质皆善说，倡六艺六行说和反汉唐宋明儒的口耳纸笔说，[②] 剥茧抽丝，二者之学看似相差很远，究其脉络，习斋所论却可以在夏峰的学说中牵出端绪，尤其气质之学说，是习斋反程朱陆王口耳之学的根本学说，我们不难发现其与夏峰学的内在联系。最终习斋之学“仍未能画然与理学分疆割席”[③]，也不是彻底将纸笔之学丢掉。这里可以举两件事说明一下。一则《年谱》“乙卯四十一岁”条记载“正月增常仪”，又“讲书”一则，“每日早晨试书毕，讲《四书》或经，及酉时讲所读古今文字。”《四书》虽然是孔孟思曾的书，但表彰出来，则不能不说是宋儒的功劳，将《四书》选出来与经同读，其实也是对宋明儒所列的学术秩序的认可。一则习斋晚年主持漳南书院，同时不废程朱学，除经史六艺之外，设“理学斋，课静坐，编著程朱陆王之学”。[④] 举其朝夕相砥砺的好友，也都是理学门中人物。习斋反理学之举正是对于理学流弊之救赎。

早期的夏峰后学主要是中州八先生中除夏峰自己、同调张沐和张伯行以外的汤斌、耿介、窦克勤、冉觐祖和李来章五人。后来夏峰“祖姚江而祧伊洛”之学始终在中州之地保有传统，湘潭黄舒昺

① 陈祖武：《清初学术思辨录》，中国社会科学出版社 1992 年版，第 185 页。

② 戴望：《颜氏学记》卷一。

③ 钱穆：《中国近三百年学术史》，商务印书馆 1997 年版，第 183 页。

④ 颜元：《漳南书院记》，《习斋记余》，第 18 页。

刊刻《中州名贤集》，在中州八先生后增李棠阶、倭仁，称十先生。正如郑永福所说尽管清中季考据学大盛，但在河南影响甚微，河南学者大多“恪守前轨，不为时风众好所转移”①。

清中晚期理学有所复兴，河南学者为其中主力，如马时芳、李棠阶、倭仁都可谓夏峰后学。夏峰于道光八年(1828)从祀孔庙，其著作《理学宗传》先后在道光二十二年(1842)和光绪六年(1880)年重刻，《夏峰先生集》也于道光二十五年(1845)刊刻。②

倭仁之学早年因河南会课环境熏染，与李棠阶、王鈐③等人交游，主要受夏峰之学影响，主王学。其后倭仁师从唐鉴，与吴廷栋、曾国藩等为友，学术转向程朱学。④ 后来刘廷诏纂《理学宗传辨正》，倭仁不仅参与校订，并直接推动该书的出版。“倭艮峰侍郎为近代名儒，往予见邵位西与人手札，言侍郎学涉陸王而躬行有余，竹如先生亦言侍郎从陸王入手，朴实做工夫，做得行不去时，乃深知程朱之是。所著日记无不从反身实践而得真暗然君子也。”⑤李细珠称“倭仁理学中的王学底子即使在中年的‘笃守程朱’思想定型后仍然偶尔会无意识地稍有流露”⑥。其实，因夏峰之学兼融程朱的特质，即便后来倭仁理学转向程朱，不影响其一直承夏峰学遗绪。

倭仁之学的为学大旨有五：立志为学、居敬存心、穷理致知、察几慎动、克己力行，⑦ 实际上是为学的五步。他认为学乃学为

① 郑永福：《嵇文甫先生旧学师承渊源考略》，载《史学月刊》1995年第6期。

② 张昭军：《清代理学史》下卷，广东教育出版社2007年版，第282~284页。

③ 王鈐，字宝儒，号淡泉，河南新郑人。

④ 李细珠：《晚清保守思想的原型——倭仁研究》，社会科学文献出版社2000年版，第15~19、26~27页。

⑤ 方宗诚：《柏堂师友言行记》卷二。

⑥ 李细珠：《晚清保守思想的原型——倭仁研究》，社会科学文献出版社2000年版，第14页。

⑦ 倭仁：《为学大指》，《倭文端公遗书》卷三。

人，他引程、张、朱、谢，说明“人须先立志，志立则有根本”。他所谓学，是“求复其初，求全天之所以予我者”，[①] 因而立志为学是求复其初之志。既立志后，便应该居敬存心，涵养本源。他认为居敬则可以息邪思，他说：“提醒此心如日之升，则群邪自息，他本自光明正大，只着些子力唤醒他便是，不用苦着力，着力反不是。”“敬非万虑休置之谓，只要随事专一谨畏不放逸耳。尝谓敬字与畏字恰相似。”他说：“本原既养，则天理之全体固浑然于吾心矣。然一心之中，虽曰万理具备，天秩天叙品节灿然，苟非稽之，圣贤讲之，师友察之，事物验之身心。此大学诚意必先格物致知，中庸笃行，必先学问思辨也。”[②]可见，他认为先涵养本源，复格物穷理验之身心，乃在于发挥朱子“学以穷理为先，穷理以虚心静虑为本”。同时他认为“穷理只就自家身上求之，都无别物事，只有个仁义礼智”。毕竟还是融合了阳明的穷理说，认为穷理只是求自家良知，而非向外作探求。这正是夏峰融合朱子、阳明工夫学说之处。倭仁以察几慎动为为学紧要处，更是承继夏峰学遗绪而来。察几慎动，于念虑萌动之处，察其善恶之分途，抉善剔恶，是在将发既发之间的工夫。与朱子的慎独说如出一辙。他明知朱子慎独之义有两节之蔽，仍主张恪尊朱注，由戒惧分别达至内外两面，庶几也能达中和之境。[③] 此一察几慎动的工夫结合克己力行，迁善改过，恰恰合乎夏峰之以涵养为本，防闲在先，补过在后的慎独之旨。其倡导力行之勇，直是北方之强的表现。他说：“克己别无巧法，譬如孤军猝遇强敌，只得尽力舍死向前而已。”[④]倭仁之学只言穷理，不言事心，可谓专主程朱之学。但其不薄陆王之学，并提倡撇开门户之辨，仿陆王经济事功而行，求其实用。[⑤] 总体上，他是苏门之学汤斌、窦克勤一派的后学。不过必须承认的是，李细珠所指出的

① 倭仁：《为学大指》，《倭文端公遗书》卷三。
② 倭仁：《为学大指》，《倭文端公遗书》卷三。
③ 倭仁：《答于絅斋》，《倭文端公遗书》卷八。
④ 倭仁：《答于絅斋》，《倭文端公遗书》卷八。
⑤ 倭仁：《答王子洁》，《倭文端公遗书》卷八。

倭仁之保守思想的局限，也正是夏峰学发展面对西学冲击的必然结果，夏峰学作为倭仁思想的渊源难辞其咎。

李棠阶(1798—1865)，字树南，号文园，又号强斋，谥号文清，河南河内人，清朝道光壬午科进士。方宗诚述文园求学之经历，曰："得孙夏峰、汤潜庵之遗教焉，犹以为未足也。闻盛京侍郎倭艮峰先生为程朱之正脉，欲往求之，至彰德阻于贼。因遍访中州贤士苏菊村、李又哲，并滥及于予。盖诚笃如此。家本中资而颇自刻厉，时当秋冬之交，只身远行，衣衾单薄而毫无困苦之色，所交皆正学之士，一意以求道为事。"①文园学不偏主程朱陆王，而"潜修内勘，要以'克己'两言为把握，故凡问学者皆以实做工夫"②。其所谓格物去此心之蔽，显然融会朱王学，《怡志堂文初编》谓其"以程朱之学为学"③不确。

李棠阶后学王铬(1810—1891)，字少白，河南武陟人。少白从李棠阶研习理学，亦尊程朱不薄陆王，被称"经师人师，俱臻绝顶"。④ 王少白弟子李时灿(1866—1938)，字敏修，号暗斋、筱斋，卫辉人。他是第一位在河南推行新式教育的教育家，曾编撰一系列中州文献书刊，包括《中州先哲传》。⑤ 嵇文甫先生从其游。嵇文甫先生子嵇道之称其父"处人处事以孙夏峰为师"⑥。夏峰学乃嵇文甫先生之学重要渊源之一。

此外，近代学者中唐君毅先生之理学颇近夏峰。唐君毅先生自谓年十四五岁，其父唐迪风公授以《理学宗传》一书，见象山宇宙

---

① 方宗诚：《柏堂师友言行记》卷二。

② 李时灿编：《中州先哲传》卷七 九下。

③ 朱琦：《跋倭艮峰为学大指卷后》，《怡志堂文初编》卷六。

④ 王锡彤：《抑斋自述》，郑永福、吕美颐点注，河南大学出版社 2001 年版，第 37 页。

⑤ 高尚刚：《李时灿与河南近代教育报刊》，《中州今古》1994 年第 5 期，第 22~23 页。

⑥ 嵇道之：《嵇文甫传略》，《中国现代社会科学家传略》第一辑，山西人民出版社 1982 年版，第 342 页。转引自郑永福：《嵇文甫先生旧学师承渊源考略》，《史学月刊》1995 年第 6 期，第 10 页。

即吾心之言，恍然有所见。① 唐先生理学由《理学宗传》入门，在大体上继承夏峰的综合特点，唐先生《中国哲学原论》(原教篇)与《理学宗传》在结论上，路径上，以及合会程朱陆王的态度方面皆相若。只是唐先生学贯中西印，常能以异文化加以比类侧击，叩发更多，且于各家学说的会通处探源择幽，更能尽其曲折。但矩镬如此，吾人不必为之讳言。其在《中国哲学原论》(原性篇)附编《原德性工夫朱陆异同探源》中自道其会通朱陆与往贤不同，“大率昔之为会通之论者，皆自二贤之成学后之定论处用心，而未自二贤之学所以成之经过，所感之问题，与其成学之历史上的、理论上的渊源所自上用心，则会通之也难。”②此似对陈清澜《学蔀通辨》、张武承《王学质疑》、周海门《圣学宗传》研究取向之一总结评论，但实际上，正好道出他与夏峰《理学宗传》之不同，夏峰《理学宗传》正是基于阳明《朱子晚年定论》取朱子晚年学说之变化，会合与象山之同。唐先生与夏峰取径不同，不妨碍其态度、框架甚至结论的相似。而其他如唐君毅对白沙之“人争一个觉，才觉便我大而物小，物尽而我无尽”一说，及念庵学的感通，无不首先拜《理学宗传》之赐，他曾经点评《明儒学案》白沙学案无此句，不如《理学宗传》。《理学宗传》编构的思路及所录文摘无不影响着唐先生在理学研究乃至人生道路上的发展。

夏峰之学流风余韵绵长，对于河南学者的影响还在继续。据笔者所知，河北、河南两地不少学者正在致力于乡学，包括夏峰学及其后学的研究，其资料之完备为其研究提供近月之便，其学术之渊源更为研究之直接助益，吾人亦乐观其成。

---

① 唐君毅：《中国哲学原论》(原教篇)，中国社会科学出版社 2006 年版，第 259 页。

② 唐君毅：《中国哲学原论》(原性篇)，中国社会科学出版社 2005 年版，第 351 页。

参考文献

别尔嘉耶夫：《论谎言》，《美是自由的呼吸》，济南：山东友谊出版社，2005年。

蔡沈：《书经集传》，清文渊阁四库全书本。

蔡正孙：《诗林广记》，清文渊阁四库全书本。

常森：《论简帛〈五行〉与〈诗经〉学之关系》，《文学遗产》2009年第6期。

陈淳撰，熊国祯、高流水点校：《北溪字义》，北京：中华书局，1983年。

陈建辑：《皇明通纪集要》，明崇祯刻本。

陈康祺：《郎潜经闻》，扫叶山房。

陈来：《竹简〈五行〉章句简注——竹简〈五行〉分经解论》，《孔子研究》2007年第3期。

陈来：《宋明理学》，上海：华东师范大学出版社，2003年。

陈来：《有无之境——王阳明哲学的精神》，北京：人民出版社，1991年。

陈来：《朱子书信编年考证》，北京：三联书店，2007年。

陈来：《朱子哲学研究》，上海：华东师范大学出版社，2000年。

陈栎：《尚书集传纂疏》，清文渊阁四库全书本。

陈龙正：《几亭外书》，明崇祯刻本。

陈荣捷：《朱子新探索》，上海：华东师范大学出版社，2007年。

陈荣捷：《朱学论集》，上海：华东师范大学出版社，2007年。

陈僖：《燕山草堂集》，清康熙刻本。

陈献章：《白沙子》，四部丛刊三编景明钞本。

陈寅恪：《金明馆丛稿初编》，北京：生活·读书·新知三联书店，2001 年。

陈祖武：《清初学术思辨录》，北京：中国社会科学出版社，1992 年。

程颢、程颐撰，王孝鱼点校：《二程集》(上、下)，北京：中华书局，1981 年。

程端蒙：《性理字训》，清同治至民国间刻西京清麓丛书本。

戴望：《颜氏学记》，清同治冶城山馆刻本。

戴铣：《朱子实纪》，明正德八年鲍德刻本。

岛田虔次：《朱子学与阳明学》，蒋国保译，西安：陕西师范大学出版社，1986 年。

丁四新：《略论郭店楚简〈五行〉思想》，《孔子研究》2000 年第 3 期。

东方朔：《刘蕺山哲学研究》，上海：上海人民出版社，1997 年。

董金裕：《朱熹的气强理弱说及其地位》，载钟彩钧主编：《国际朱子学会议论文集》(上册)，台北：文哲研究所筹备处，1993 年。

董仲舒：《春秋繁露》，清武英殿聚珍版丛书本。

杜维明：《道·学·政》，载郭齐勇、郑文龙编《杜维明文集》第三卷，武汉：武汉出版社，2002 年。

方苞：《孙征君传》，《望溪集》，清咸丰元年戴钧衡刻本。

方宗诚：《柏堂师友言行记》，民国十五年京华印书局铅印本。

费孝通：《中国士绅》，北京：生活·读书·新知三联书店，2009 年。

冯达文：《宋明新儒学略论》，广州：广东人民出版社，1997 年。

冯椅：《厚斋易学》，清文渊阁四库全书本。

冯友兰：《中国哲学史新编》(下卷)，北京：人民出版社，1999 年。

傅山:《霜红龛集》，清宣统三年丁氏刻本。

冈田武彦:《王阳明与明末儒学》，吴光等译，上海：上海古籍出版社，2000 年。

高攀龙:《高子遗书》，清文渊阁四库全书本。

高尚刚:《李时灿与河南近代教育报刊》，《中州今古》1994 年第 5 期。

高寿仙:《晚明的地方精英与乡村控制》，《晚明社会变迁问题与研究》，北京：商务印书馆，2005 年。

高廷珍辑:《东林书院志》，清雍正刻本。

葛瑞汉:《中国的两位哲学家——二程兄弟的新儒学》，程德祥等译，郑州：大象出版社，2000 年。

葛兆光:《道统、系谱与历史：关于中国思想史脉络的来源与确立》，载许纪霖、朱政惠编《史华慈与中国》，长春：吉林出版集团有限责任公司，2008 年。

耿介:《敬恕堂文集》，梁玉玮等点校，郑州：中州古籍出版社，2005 年。

耿介:《中州道学编》，清康熙三十年嵩阳书院刻本。

顾宪成:《顾端文公遗书》，清康熙刻本。

顾炎武:《亭林诗文集》，四部丛刊景清康熙本。

郭齐勇:《中国儒学之精神》，上海：复旦大学出版社，2009 年。

郭齐勇:《中国哲学智慧的探索》，北京：中华书局，2008 年。

国家文物局古文献研究室编:《马王堆汉墓帛书》(一)，北京：文物出版社，1980 年。

韩愈:《昌黎先生文集》，宋署本。

韩愈撰，朱熹考异:《朱文公校韩昌黎先生集》，四部丛刊景元刊本。

何休解诂，徐彦疏:《春秋公羊传注疏》，清阮刻十三经注疏本。

何晏:《论语集解》，四部丛刊景日本正平本。

何晏集解，邢昺疏:《论语注疏》，清阮刻十三经注疏本。

贺涛：《贺先生文集》，民国三年徐世昌刻本。

侯外庐、邱汉生、张岂之主编：《宋明理学史》(下卷)，北京：人民出版社，1987年。

胡凡：《明代大礼议与儒教宗法文化传统》，载朱诚如、王天有主编《明清论丛》第8辑，北京：紫禁城出版社，2008年。

荒木见悟：《道统论的衰退与新儒林的展开》，载吴震、吾妻重二主编《思想与文献》，上海：华东师范大学出版社，2010年。

黄炳厚：《黄梨洲先生年谱》，清同治十二年刻本。

黄幹：《勉斋集》，元刻延祐二年重修本。

黄金裕：《朱熹的气强理弱说及其地位》，载钟彩钧主编《国际朱子学会议论文集》，台北：文哲研究所筹备处，1993年。

黄舒昺：《中州名贤集》，清洛学书院光绪十九年版。

黄文焕：《楚辞听直》，明崇祯十六年刻清顺治十四年续刻本。

黄震：《黄氏日钞》，元后至元刻本。

黄宗羲撰，沈善洪主编：《黄宗羲全集》，杭州：浙江古籍出版社，2005年。

黄宗羲撰，沈芝盈点校：《明儒学案》，北京：中华书局，1985年。

黄宗羲撰，全祖望补修，陈金生、梁运华点校：《宋元学案》，北京：中华书局，1986年。

嵇曾筠：《(雍正)浙江通志》，清文渊阁四库全书本。

嵇文甫：《晚明思想史论》，开封：河南大学出版社，2008年。

嵇文甫：《孙夏峰学派的后劲——马平泉的学术》，《学原》1948年第1卷第10期。

贾乾初、陈寒鸣：《被忽略的晚明王学重镇：鹿善继及其儒学思想初论》，《燕山大学学报》(哲社版)2010年第3期。

姜广辉：《朱熹哲学余论》，载钟彩钧主编《国际朱子学会议论文集》(上册)，台北：文哲研究所筹备处，1993年。

焦循：《孟子正义》，清焦氏丛书本。

焦循：《孟子正义》，沈文倬点校，北京：中华书局，1987年。

金春峰：《朱熹哲学思想》，台北：东大图书公司，1998年。

靳大成：《成圣之道——清初孙奇逢理学思想述评》，《学人》第3辑，南京：江苏文艺出版社，1992年。

荆门市博物馆编：《郭店楚墓竹简》，北京：文物出版社，1998年。

鸠摩罗什译：《维摩诘所说经》，大正新修大藏经本。

计六奇编：《明季北略》，清活字印本。

劳思光：《新编中国哲学史》三卷上，桂林：广西师范大学出版社，2005年。

黎靖德辑：《朱子语类》，明成化九年陈炜刻本。

李白撰，朱谏注：《李诗选注》，明隆庆刻本。

李凤全：《清朝前期の心学について》，九州大学中国哲学研究会《中国哲学论集》第19辑，1993年。

李明辉：《从康德的实践哲学论王阳明的“知行合一”说》，《中国观念史》，郑州：中州古籍出版社，2005年。

李明辉：《四端与七情》，上海：华东师范大学出版社，2008年。

李明辉：《刘蕺山论恶之根源》，载钟彩钧主编《刘蕺山学术思想论集》(一)，台北：文哲研究所筹备处，1998年。

李时灿编：《中州先哲传》卷十九，国家图书馆古籍馆编：《中国古代地方人物传记汇编》河南卷五，北京：北京燕山出版社，2008年。

李细珠：《晚清保守思想的原型——倭仁研究》，北京：社会科学文献出版社，2000年。

李颙撰，陈俊民点校：《二曲集》，北京：中华书局，1996年。

李元度：《国朝先正事略》，清同治刻本。

李之鉴：《孙奇逢哲学思想新探》，郑州：河南大学出版社，1993年。

梁启超：《中国近三百年学术史》，北京：中国书店1985年。

刘师培：《攘书》，民国刘申叔先生遗书本。

刘述先：《朱子哲学思想的发展与完成》，台北：学生书局，1982年。

刘宗周撰，吴光主编：《刘宗周全集》，杭州：浙江古籍出版社，2007年。

刘宗周：《学言》，清文渊阁四库全书本。

刘宗周：《刘蕺山集》，清文渊阁四库全书本。

刘宗周：《圣学宗要》，清文渊阁四库全书本。

刘宗周：《论语学案》，清文渊阁四库全书本。

陆九渊：《象山集》，北京：中华书局，2008年。

陆陇其：《三鱼堂日记》，清同治九年浙江书局刻本。

鹿善继：《四书说约》，清道光二十四年刻本。

鹿善继：《无欲斋诗钞》，四库全书存目丛书本。

罗洪先：《念庵文集》，清文渊阁四库全书本。

罗钦顺：《困知记》，明万历刻本。

罗汝芳：《一贯编》，明长松馆刻本。

吕留良：《四书讲义》，清康熙天盖楼刻本。

吕妙芬：《清初河南的理学复兴与孝弟礼法教育》，载高明士编《东亚传统教育与学礼学规》，上海：华东师范大学出版社，2008年。

吕柟：《泾野子内篇》，清文渊阁四库全书本。

吕祖谦撰：《东莱集》，民国续金华丛书本。

孟轲撰，赵岐注：《孟子》，四部丛刊景宋大字本。

牟宗三：《从陆象山到刘蕺山》，长春：吉林出版集团，2010年。

牟宗三：《心体与性体》，上海：上海古籍出版社，1999年。

牟宗三：《政道与治道》，桂林：广西师范大学出版社，2006年。

庞朴：《竹帛〈五行〉篇与思孟“五行”说》，《竹帛〈五行〉篇校注及研究》，台北：万卷楼图书有限公司，2000年。

彭国翔：《良知学的展开——王龙溪与中晚明的阳明学》，2005年。

彭国翔：《良知异见——中晚明阳明学良知观的分化与演变》，载《哲学门》第2卷第2册，武汉：湖北教育出版社，2004年。

Pierre Hadot, Translated by Michael Chase. *Philosophy As a Way of Life*, Blackwell Oxford UK & Cambridge USA, 1995.

钱穆:《中国近三百年学术史》，北京：商务印书馆，1997 年。

钱穆:《阳明学述要》，北京：九州出版社，2010 年。

钱仪吉:《衎石斋记事稿》，清道光刻咸丰四年蒋光焴增修光绪六年钱彝甫印本。

秦家懿:《王阳明》，台北：东大图书公司，1987 年。

全祖望:《鲒埼亭集》，四部丛刊景清刻本。

全祖望:《鲒埼亭集外编》，清嘉庆十六刻本。

容肇祖:《容肇祖集》，济南：齐鲁书社，1989 年。

商聚德:《刘因评传》，南京：南京大学出版社，1996 年。

申涵光:《聪山集》，上海：商务印书馆，1936 年。

申涵光:《荆园进语》，长沙：商务印书馆，1939 年。

邵雍:《梦林玄解》，明崇祯刻本。

史革新:《"廉吏"汤斌理学思想略议》，《郑州大学学报》(哲社版)2008 年第 6 期。

孙奇逢:《答问》，清光绪五年定州王氏谦德堂刻畿辅丛书本。

孙奇逢:《读易大旨》，清文渊阁四库全书本。

孙奇逢:《理学宗传》，清康熙六年刻本。

孙奇逢:《岁寒居年谱》，载周和平主编《北京图书馆藏珍本年谱丛刊》第 65 册，北京：北京图书出版社，1999 年。

孙奇逢:《孙征君日谱录存》，清光绪十一年刻本。

孙奇逢:《周易十卦解》，台北：文海出版社，1974 年。

孙奇逢:《夏峰先生集》，清道光二十五年大梁书院刻本。

孙奇逢:《书经近指》，清道光二十五年大梁书院刻本。

孙奇逢:《四书近指》，清文渊阁四库全书本。

孙奇逢:《晚年批定四书近指》，清道光二十五年大梁书院刻本。

孙奇逢:《中州人物考》，清文渊阁四库全书本。

孙淦:《夏峰先生集纪事》，《孙奇逢集》中册，郑州：中州古籍出版社，2003 年。

孙奇逢撰，张显清主编：《孙奇逢集》，郑州：中州古籍出版社，2003年。

汤斌：《汤子遗书》，清文渊阁四库全书本。

汤斌：《汤潜庵集》，上海：商务印书馆，1936年。

汤斌：《常语笔存》，上海：商务印书馆，1936年。

汤斌：《征君孙先生年谱》，清康熙间刻道光间增刻孙夏峰全集本。

唐鉴：《学案小识》，清道光二十六年四砭斋刻本。

唐君毅：《中国文化之精神价值》，桂林：广西师范大学出版社，2005年。

唐君毅：《中国哲学原论》(原教篇)，北京：中国社会科学出版社，2006年。

唐君毅：《中国哲学原论》(原性篇)，北京：中国社会科学出版社，2005年。

唐长孺：《魏晋南北朝史论丛续编》，北京：生活·读书·新知，1959年。

陶渊明：《陶渊明集》，宋刻递修本。

王汎森：《明末清初思想十论》，上海：复旦大学出版社，2004年。

王夫之：《读通鉴论》，清船山遗书本。

王夫之：《四书笺解》，清光绪刻本。

王畿：《王畿集》卷一，吴震编校，南京：凤凰出版传媒集团，2007年。

王念孙：《读书杂志》，清道光十二年刻本。

王守仁撰，陈荣捷辑：《传习录详注集评》，上海：华东师范大学出版社，2009年。

王守仁撰，吴光、钱明、董平等编校：《王阳明全集》，杭州：浙江古籍出版社，2011年。

王守仁：《王文成公全书》，四部丛刊景明隆庆本。

王守仁：《阳明先生则言》，明嘉靖十六年薛侃刻本。

王锡彤撰，郑永福、吕美颐点注：《抑斋自述》，郑州：河南大学出版社，2001 年。

王小舒：《清初的河朔诗派》，《厦门教育学院学报》，2006 年第 4 期。

王源：《居业堂文集》，清道光十一年读雪山房刻本。

汪舜民：《静轩先生文集》，明正德刻本。

汪学群：《清初易学》，北京：商务印书馆，2004 年。

尾形勇著，张鹤泉译：《中国古代的“家”与国家》，北京：中华书局，2010 年。

魏一鳌辑，尹会一续辑：《北学编》，清光绪十四年四川尊经书院刻本，载《四库禁毁书丛刊》史部第六三册，北京：北京出版社。

魏裔介撰，魏连科点校：《答孙征君钟元书》，《兼济堂文集》，北京：中华书局，2007 年。

倭仁：《倭文端公遗书》，光绪元年六安求我斋刊本。

吴澄：《吴文正集》，清文渊阁四库全书本。

吴根友：《明清哲学与中国现代哲学诸问题》，北京：中华书局，2008 年。

吴晗、费孝通等著：《皇权与绅权》，上海：上海观察社，1948 年。

吴秀玉：《杨东明学行与其〈饥民图说疏〉研究》，台北：师大书苑有限公司，2003 年。

吴震：《罗汝芳评传》，南京：南京大学出版社，2005 年。

吴震：《明末清初劝善运动思想研究》，台北：台大出版中心，2009 年。

向世陵：《理气性心之间——宋明理学的分系与四系》，北京：人民出版社，2008 年。

萧萐父：《吹沙集》，成都：巴蜀书社，2007 年。

徐复观：《中国人性论史》（先秦卷），上海：上海三联书店，2001 年。

徐珂：《清稗类抄》第二十八册，上海：商务印书馆，1918 年。

徐世昌编，陈祖武点校：《清儒学案》，石家庄：河北人民出版社，2008 年。

薛瑄：《读书录附续录》，清文渊阁四库全书本。

颜元：《习斋记余》(一、二)，上海：商务印书馆，1936 年。

颜元：《存性编》，清康熙刻本。

扬雄：《扬子云集》，清文渊阁四库全书本。

杨国荣：《心学之思——王阳明哲学的阐释》，北京：生活·读书·新知三联书店，1997 年。

杨培之：《颜习斋与李恕谷》，武汉：湖北人民出版社，1956 年。

佚名：《性命圭旨》，清康熙刻本。

永瑢：《四库全书总目》，清乾隆武英殿刻本。

俞樾：《诸子平议》，清光绪二十五年刻春在堂全书本。

张亨：《思文之际论集——儒道思想的现代诠释》，北京：新星出版社，2006 年。

张锦枝：《论孙奇逢〈理学宗传〉的性质》，《武汉大学学报》(人文科学版)2009 年第 6 期。

张崑将：《晚明孝经风潮与中江藤树思想的关系》，载张宝三、杨儒宾编《日本汉学研究续探：思想文化篇》，上海：华东师范大学出版社，2008 年。

张伟然：《学问中的证与悟——陈寅恪、唐长孺先生对〈桃花源记〉的解读》，《中国政法大学人文论坛》第一辑，北京：中国社会科学出版社，2004 年。

张宪博：《东林党、复社与晚明政治》，载万明主编《晚明社会变迁问题与研究》，北京：商务印书馆，2005 年。

张载：《张子全书》，清文渊阁四库全书本。

张昭军：《清代理学史》下卷，广州：广东教育出版社，2007 年。

赵园：《论许衡、刘因》，《明清之际士大夫研究》，北京：北京大学出版社，1999 年。

郑玄撰，王应麟辑：《周易郑注》，清湖海楼丛书本。

郑永福：《嵇文甫先生旧学师承渊源考略》，《史学月刊》1995

年第6期。

郑宗义：《明清儒学转型探析——从刘蕺山到戴东原》，香港：中文大学出版社，2000年。

郑宗义：《大陆学者的宋明理学研究》，载刘述先主编《儒家思想在现代东亚(中国大陆与台湾篇)》，台北："中央"研究院中国文哲研究所筹备处，2000年。

钟泰：《荀注订补》，上海：商务印书馆，1936年。

周敦颐：《周元公集》，宋刻本。

周汝登：《王门宗旨》，明万历刻本。

朱琦：《怡志堂文初编》，清同治四年运甓轩刻本。

朱熹撰，朱杰人、严佐之、刘永翔主编：《朱子全书》，上海古籍出版社、安徽教育出版社，2002年。

朱元璋：《资世通训》，明刻本。

朱元璋：《大诰》，明洪武内府刻本。

邹守益撰，董平编校：《邹守益集》，南京：凤凰出版社，2007年。

附录一　夏峰先生弟子名录（共计 210 人）

他的弟子中有信奉朱学，有信奉王学。到八十岁以后，南方从游弟子增多，说明他在南方的影响增大。夏峰 89 岁有《怀友诗》，中有对其弟子的评价。

万历三十七年（1609 年，夏峰时年 26 岁）

张果中（生卒年不详），字于度，新城人。先受业鹿伯顺，后奉母命从学钟元。天启乙丑，与鹿太公正、钟元同救党祸，人称“范阳三烈士”。与蠡县彭之灿、西华理鬯和并称“苏门三贤”。

万历四十年壬子（1612 年，夏峰时年 29 岁）

贾三槐（生卒年不详），字正卿，固安人。从母命受业鹿善继，性质朴，经贫富患难流离死生，志弥坚，从钟元四十年。

万历四十四年丙辰（1616 年，夏峰时年 33 岁）

薛凤祚（1599—1680），字仪甫，号寄斋，益都人（山东淄川人）。先后从游鹿善继和孙钟元，著《圣学心传》发明善继《四书说约》和钟元《四书近指》之学。因不满世人重内心性而无实际外用学问，故学究天文历算精深，先后就教于意大利传教士罗雅各天文学名士波兰人穆尼阁（为第一个在中国传播哥白尼《天体运行论》者）和德国在华传教士汤若望（又名道未，曾与修《崇祯历书》）。有《两河清汇》八卷，《车书图考》一卷，《气化迁流》八卷。

贾尔霖（生卒年不详），字用汝，清苑人。明布政使贾鸿洙孔澜之子。少即与弟尔梅尔启负才名，人比三凤。钟元以长女妻之。

壮年感病卒。著有《笔眺集》，《澹宁轩诗集》数十卷。

天启五年乙丑（1625年，夏峰时年42岁）据《清儒学案》夏峰学案补

李天笃，容城人。

阎顾行，容城人。

阎国宾，容城人。

张泰阶，容城人。

李鸣雷，容城人。

洪月评，容城人。

蔚云会，容城人。

王宏圻，容城人。

王际明，容城人。

崇祯二年己巳（1629年，夏峰时年46岁）

牛光祚（生卒年不详），容城人。

刘之跃（生卒年不详），新安人。

崇祯三年庚午（1630年，夏峰时年47岁）

鹿立雅，鹿善继子，定兴人。

鹿奏雅，鹿善继子，定兴人。

鹿望雅，鹿善继子，定兴人。

鹿度雅，鹿善继侄。

鹿量雅，鹿善继侄。

鹿维雅，鹿善继侄。

鹿抱雅，鹿善继侄。

崇祯六年癸酉（1633年，夏峰时年50岁）

刘师因（生卒年不详），字范修，容城人。崇祯十二年举人，曾任天台知县。

张维德（生卒年不详），字文峰，容城人。

崇祯八年乙亥(1635年，夏峰时年52岁)

王尔禄，清苑人。崇祯十六年进士，入清，累官刑部侍郎。

王尔禧，王尔禄弟，清苑人。

崇祯十一年戊寅(1638年，夏峰时年55岁)

郭卫明，字扶阳。

耿权，字是经，定兴人。武举人。迎钟元于百楼，居四年，随钟元及弟子返双峰，尽出已粮供之。甲申后随钟元入双峰山，时百姓趁乱抢劫富人产，耿是经想出一条奇计："取自成伪檄增数条禁之。"与钟元次子奏雅传，及数百里，皆敛手不敢动，众以保全。钟元称其能济变。钟元著有《三耿合传》，即权与太康孝子耿耀及弟耿炳。有《是经诗稿》一卷。

崇祯十二年己卯(1639年，夏峰时年56岁)

耿好讷，定兴人。

耿好訒，定兴人。

崇祯十三年庚辰(1640年，夏峰时年57岁)

耿极，字保汝，号诚斋，定兴人。耿是经弟。自幼老成持重，初游杜越门，后从钟元学。其学以慎独为宗，以存诚为要，以日用伦常为准绳，谨守师说。钟元称之"知之真、信之笃、行之勇"。并认为苏门"以经济著者曰汤斌、魏一鳌，以学行著者耿介、王余佑、崔蔚林，以文章著者薛凤祚、费密、高鐈、赵御众、以介节著者张果中、马尔楹，而学品端粹兼众人之长者，则保汝一人而已"。所著有《古本大学绎言》《古本中庸绎言》《存诚集》。

田存芝，字侪兰，定兴人。

顺治二年(1645年，夏峰时年62岁)

高鐈，字荐馨，清苑人。擅草书，好游名山水，竟日忘返。从钟元手录《问答语》，精研性命之学。著有《陆舟庐中依雪浮家》《渊颖集》4卷，《借间斋》《绣佛楼》为内编，赋24篇，《义烈编》《金兰谱》《寸草春晖》《渔村家语》为外编。从钟元修《新安县志》。

魏一鳌，字莲陆，新安人。从钟元游前即为忻州知州。闻钟元倡道北城，以道在是，从游。莲陆居官惠政廉清，钟元尝云：为官之日短，为人之日长。弃官以后，从钟元游三十二年。是苏门中经济著者。著有《四书偶录》《诗经偶录》《北学编》《夏峰年谱》《雪亭梦语》《雪亭诗草》。魏裔介赞容城之学有传，认为魏莲陆是夏峰学的传人。可见，夏峰学中，莲陆是内修派。

李知新，字晋亨，新安人。

马之驯(1614—1683)，字君习，一字习仲，雄县人。志高洁，交友多奇士。无子。门人臧振奇葬之。著有诗、文、琴谱各一卷。

孙凤立，字备九，容城人。与高荐馨、王五修录《问答语》。早卒，钟元以诗哀之。

顺治三年丙戌(1646年，夏峰时年63岁)

金镜，字仲远，京师人。

仇宪稷，字异渥，新安人。

顺治四年丁亥(1647年，夏峰时年64岁)

王家祯，字盂山，淮安山阳人。曾任新安知县。

顺治五年戊子(1648年，夏峰时年65岁)

于鸿渐，字杜若，安肃人。顺治九年进士。家无储，能以千金助友人。夏峰著有《于杜若行略》。

谢皇锡，字彝甫，安肃人。

王延褒，字誉之，清苑人。钟元称其为“当世伟男子”。励之于枯槁中立足，戒之以血气任士事。

顺治六年己丑(1649年，夏峰时年66岁)

李艾兰，字符梦。在祁州，钟元与之谒横渠张子祠。后遗书，有《寄李符梦书》。早殁，钟元深惜之。

卢兆唐，易州人。

顺治七年庚寅(1650 年，夏峰时年 67 岁)

王余佑(1616—1684)，字申之，又字介祺，新城人。父延善，明末散万金产结士。介祺为仲子，兄余恪、余严，先从游善继，后从钟元游。又从定兴杜越讲学。以明体达用为宗，闲邪存诚为要。其学问范围天文地理礼乐兵农耕桑医卜，一时山右河北学者都慕与之交。博野颜元见介祺则折服，以父道事之。有《居诸编》十卷，集历代兵略为《乾坤大略》十卷。

马尔楹，字构斯，定兴人。父洁，崇祯九年与善继同牺牲。任侠好义。侍苏门久，问答语多，与望雅编《夏峰游谱》。

李之藻，字含生。成安人。

王元镖，字玉乘，成安人。康熙三年进士，授中书。文章德行为一时之望，行谊端节，钟元书为“淡泊明志，宁静致远”。

李体天，字性甫，新安人。李童(鹿善继高弟，钟元作《李逸士传》“志士不忘在沟壑”所指。)之子。

李合天，字仁甫，新安人。李童之子。

李明天，字信甫，新安人。李童之子。

马胤锡，字振公，安邑人。

马载锡，字宜公，安邑人。

顺治八年辛卯(1651 年，夏峰时年 68 岁)

景应熊，字乾祯，安邑人。

孟瑶，字二青，汲县人。

王一廉，王尘洲子，雄县人。

顺治十一年甲午(1654 年，夏峰时年 72 岁)

耿耀，字太炤，太康人。

耿帝德，字亦夔，太康人。

李贞吉，字元善，肥乡人。博闻强记，善天文。其书多不传。

顺治十三年丙申(1655 年，夏峰时年 73 岁)

杭世拯，字行麓，武陟人。

顺治十四年丁酉(1656 年，夏峰时年 74 岁)

殷岳，字伯岩，鸡泽人。

申涵光，字凫盂，广平人。

杨行健，字乾行，新安人。

郭迓熙，字骙臣，新乡人。

郭遇熙，字骏臣，新乡人。

李滋，字奕倩，大兴人。李经国之子。经国先钟元居苏门与之商订《诸儒传宗录》诸书至相得也。

黄载，字载公，大梁人。

顺治十五年戊戌(1657 年，夏峰时年 75 岁)

王际三，字君佐，阳武人。

张灿然，字天章，原武人。

郭治化，字熙侯，新乡人。

顺治十六年己亥(1658 年，夏峰时年 76 岁)

田迺亩，字治埏，易州人。与魏一鳌论子夏子张之论交，钟元曰：一则学毋友不如己者，一则学泛爱众而亲仁。

赵炎，安肃人。

刘始菖，字菖石，杞县人。崇祯甲戌状元刘理顺之孙。

王国鼎，武城人。任汲县丞。

顺治十七年庚子(1659 年，夏峰时年 77 岁)

赵御众，字宽夫，号锡翁，滦州人。志圣贤之学，绝意仕进，于饱学经史典籍，多所发明，并自律端严。钟元尝曰：吾门中若汤孔伯之端亮，赵宽夫之善补过，求之古人中亦不可多得。与钟元学说之传绪，贡献甚大。辑《夏峰遗书》《传信录》25 卷，《奇逢粹语》《夏峰答问》5 卷，《弗措录》《困亨录大旨》《山晓堂集》。以事心为主，事心如事天，但敬吾心，使之燏然不滓，遇事即以此应之，一切顺逆成败惟天所命，不敢以畔援希冀之意参之。钟元与之论道，书最多，尝告之以一定之理与不定之理，自得与不自得之分，集义与义袭之辨，诚与不诚之消息。宽夫好言了悟，奇峰以此进之。初明季大乱，大河以北多被寇掠，御众避地河南密县之超化村，与钱西斋佳选之所居，地据溱洧上游，钟元弟子张沐、汤斌、耿介、耿极、马尔楹等与钱西斋讲学其中，后马时芳立超化十一子祠。

韩鼎业，字子新，卢龙人。

王埙，字伯生，卢龙人。子新与伯生皆久侍钟元者。

钱佳选，字升阶，密县人。

陈向敏，光州人。

王永康，字有年，宿州人。

陈澎，字半千，安州人。

顺治十八年辛丑(1660年，夏峰时年78岁)

郭世昌，河内人。

顾琮，河内人。

沈大中，河内人。

张嵩岩，卢龙人。

李鼎新，延津人。

康熙元年壬寅(1661年，夏峰时年79岁)

任宅心，字含真，汲县人。

李中节，字合符，汲县人。

康熙二年癸卯(1662年，夏峰时年80岁)

刘鸿声，字震之，辉县人。

郑传，字其可，大兴人。

张兴泰，字叔大，涿州人。

吴姗，字嵩三，淮安人。

康熙三年甲辰(1663年，夏峰时年81岁)

耿振采，字子亮，范阳人。

陈奉敕，字子石，沧州人。

孙立勋，字鼎甫，容城人。康熙十一年举人，官至邢台教谕，其父孙尔祯，钟元之老友。

李瑞征，字吉占，又字中峰，容城人。康熙十五年进士，广西宕昌知县，康熙十八年户部主事。著有《篦余草》。徐元正序曰：中峰负光明俊伟之才，沉郁下僚，历险涉难，出入烟岚雨瘴中，向之穷愁，愤发燕云，慷慨悲歌之气，时时泄露于笔端，观《古意》一篇，可以知其所托矣。

李昌宗，字公杰，又字郧蕃，容城人。康熙元年贡生，官山海关教谕。钟元尝曰：“方寸属我，天下事无不可为者。”

李发长，字虬生，容城人。康熙十七年副贡生。孝友直谅，任柏乡唐教谕。

崔若泰，字鲁望，易州人。

田迺理，字界埏，易州人。

刘统，字公理，清苑人。

高侃，字荩臣，蒲州人。

管有度，字公式，新安人。

杨尔嘉，字亨子，新安人。杨行健之子。

杨尔淑，字湛子，新安人。杜越之子。康熙十五年进士，官至通政使。天性温粹，每廷议纷纭，徐出一言，是非立判，都称服。康熙三十八年祀乡贤。

管嗣音，字振声，新安人。

周维翰，字御五，新安人。

陈大廷，字宪五，新安人。

杜郊，字孟南，新安人。夏峰题以“耐庵”二字令公勇题其渥城书斋之额。

康熙四年乙巳(1664年，夏峰时年82岁)

王方谷，字济美，又字金粟。新城人。明贡生。康熙十八年，授内阁中书，以年老听其回。家贫苦，工诗善书，典字糊口，片纸数十金。好饮酒，为幽燕志高士。

刘鼎新，字重华，容城人。顺治十七年举人。

戴明说，字严荦，号定园，沧州人。

王绥，沧州人。戴明说之子。

王絜，沧州人。戴明说之子。

戴晏，沧州人。戴明说之孙。

陈遇尧，沧州人。

赵时泰，沧州人。

孙扬陛，沧州人。

刘重庆，沧州人。

徐梦松，字兆麟，邯郸人。康熙元年贡生。孝亲，好性理之学，著《管见佐议》6卷。钟元之成安，拜师钟元后，成希贤社，著《独知集》。与邑举人郝渊辨定音律，能入精微。

赵应文，成安人。

赵廷灿，成安人。赵应文之子。

阎廷儒，成安人。

阎廷秀，成安人。

唐文龙，成安人。

王特简，成安人。

尚重，字威如，新乡人。

梁廷援，字以道，鄢陵人。

马千秋，鄢陵人。

王馀厚，鄢陵人。

申宣国，延津人。

康熙五年丙午(1665年，夏峰时年83岁)

汤斌，字孔伯，别号荆岘，晚号潜庵。

张汝霖，山东人。

常大忠，山西人。

王志旦，上蔡人。

康熙七年戊申(1667年，夏峰时年85岁)
程起凤，字来仪，西华人。
韩坤业，字子厚，卢龙人。
沈甘来，山阴人。
方馥，徽州人。
李玉铉，沧州人。
王柔，获嘉人。
段廷琯，新乡人。
孙瓒绪，新乡人。
张琰，新乡人。
张璘，新乡人。
郭景晖，新乡人。
刘若武，新乡人。
杜晋卿，新乡人。

康熙八年乙酉(1668年，夏峰时年86岁)
李希文，密县人。
郑有四，密县人。
郭晋熙，新乡人。

康熙九年庚戌(1669年，夏峰时年87岁)
李居易，字松友，东阿人。曾任密县知县。
吕源，字原水，莱芜人。
熊九畴，字洛叙，大名人。
刘兴秀，沧州人。
郭承休，新乡人。
郭景旸，新乡人。
郭琰，新乡人。
段四知，新乡人。
畅泰征，新乡人。

刘孳樗，新乡人。

王郱，辉县人。

王郃，辉县人。

朱艺，辉县人。

康熙十一年壬子(1671年，夏峰时年89岁)

尹幡然，保定人。

陈坦，保定人。

张欲翕，字动子，新乡人。

王攀桂，获嘉人。

郭采，获嘉人。

赵溶，获嘉人。

胡公绪，原武人。

康熙十二年癸丑(1672年，夏峰时年90岁)

费密，字此度，成都人。

耿介，字逸庵，登封人。

姜子尧，姜定庵(刘宗周的弟子)之子，山阴人。

王荷兴，临漳人。

孙尔棫，临漳人。

康熙十三年甲寅(1673年，夏峰时年91岁)

安邑马允锡与育德书院同学周世泽、吴君炤、薛良瑾、杨震初、郭瓒汾、杨念祖、张宏宪、王昊之、王奎斗、南初谦、乔宏德、景之瑄、刘日益、陈所蕴、谢鼎、南二谦、郭绳汾、刘枋龄、张宿焜、刘乔龄、王一中、马蕙、杨天爵遥称拜弟子。

康熙十四年乙卯(1674年，夏峰时年92岁)

熊梦飞，熊洛叙之子，大名人。

宋拱微，广平人。

步翔，安阳人。

李对，李梅村之子。

刘绎祖，新安人。

王体健，曲周人。

陈章，永年人。

靳暗然，安平人。

李炼庵

张一贯，字万通，自号漳滨逸叟，肥乡人。为苏门私淑弟子。治家严肃，以正道率人，力辟二氏写说，年九十四卒。

《年谱》弟子补遗：

王文征，字五修，新安人。与孙备九、高荐馨等录夏峰《问答语》。

漆士昌，江陵人。补《理学宗传》，列奇逢于顾宪成后，为古今第十二人。(据徐珂《清稗类抄》补)

李懋绪，字汝时，号正所，江陵人。生卒年均不详，约清圣祖康熙十年前后在世。与赵御众、漆士昌为友，宗姚江之学。

徐邻唐，商丘人。

张燗，张沐之子。(据徐世昌主编《清儒学案》卷三十补)

张煓，张沐之子。(据徐世昌主编《清儒学案》卷三十补)

王学诗，字全四，完县人。以孝节闻名。(据《颜元年谱》补)

附录二　夏峰思想研究资料及近百年来研究成果目录

古籍类：

孙奇逢：《孙夏峰全集》(《书经近指》《读易大旨》《四书近指》《孙子晚年批定四书近指》《理学宗传》《夏峰先生集》《孙钟元先生答问》《游谱》《孙征君日谱录存》《中州人物考》《畿辅人物考》《孝友堂家规家训》)，清道光二十五年大梁书院刻本。

孙奇逢：《答问》，清光绪五年定州王氏谦德堂刻畿辅丛书本。

孙奇逢：《读易大旨》，文渊阁四库全书本。

孙奇逢：《理学宗传》，清康熙六年刻本。

孙奇逢：《理学宗传》，《续修四库全书》五一四，上海：上海古籍出版社，1995—2002 年。

孙奇逢：《岁寒居年谱》，载周和平主编《北京图书馆藏珍本年谱丛刊》第 65 册，北京：北京图书出版社，1999 年。

孙奇逢：《孙征君日谱录存》，《续修四库全书》。

孙奇逢：《岁寒居年谱》，载周和平主编《北京图书馆藏珍本年谱丛刊》第 65 册，北京：北京图书出版社，1999 年。

孙奇逢：《孙征君日谱录存》，清光绪十一年刻本。

孙奇逢：《夏峰先生集》，清道光二十五年大梁书院刻本。

孙奇逢：《四书近指》，清文渊阁四库全书本。

孙奇逢：《中州人物考》，清文渊阁四库全书本。

孙奇逢撰、张显清主编，《孙奇逢集》，郑州：中州古籍出版社，2003 年。

孙奇逢：《孙夏峰先生语录》，台北：广文出版社，1960 年。
孙奇逢：《孝友堂家训》，台北：艺文出版社，1966 年。
孙奇逢：《孝友堂家规》，台北：艺文出版社，1966 年。
孙奇逢：《答问》，台北：艺文出版社，1966 年。
孙奇逢：《理学宗传》，台北：艺文出版社，1969 年。
孙奇逢：《周易十卦解》，台北：文海出版社，1974 年。
孙奇逢：《孙夏峰先生笔记》，台北：文海出版社，1975 年。
孙奇逢：《四书近指》，台北：商务印书馆，1976 年。
孙奇逢：《书经近指》，台北：商务印书馆，1976 年。
孙奇逢：《读易大旨》，台北：商务印书馆，1983 年。
孙奇逢：《畿辅人物考》，台北：艺文出版社，1991 年。
孙奇逢：《中州人物考》，台北：艺文出版社，1991 年。
孙奇逢：《孙征君日谱录》，台北：商务印书馆，2000 年。
孙奇逢：《游谱》，台北：艺文出版社，2000 年。
孙奇逢撰、万红点校：《理学宗传》，南京：凤凰出版社，2015 年。

相关著作类：

徐世昌主编：《清儒学案》，北京，1938 年，黄纸本。
徐世昌主编：《大清畿辅先哲传》，出版地不详，民国年间（1912—1949）。
谢国桢：《孙夏峰李二曲学谱》，上海：商务印书馆，1934 年。
段忱彦：《清初大儒孙夏峰之学术思想》，香港：存萃学社，1971 年。
邓之诚：《清诗纪事初稿》，北京：中华书局，1965 年。
张显清：《孙奇逢评传》，载《孙奇逢集》中册，郑州：中州古籍出版社，2003 年。
王坚：《无声的北方——清代夏峰北学研究》，北京：商务印书馆，2018 年。
杨向奎：《清儒学案新编》，济南：齐鲁书社，1985 年。
侯外庐、邱汉生、张岂之主编，《宋明理学史》（下卷），北京：人民出版社，1987 年。

陈鼓应、辛冠洁、葛荣晋主编,《明清实学思潮史》第三卷,济南:齐鲁书社,1989年。

陈祖武:《清初学术思辨录》,北京:中国社会科学出版社,1992年。

王茂、蒋国保等:《清代哲学》,合肥:安徽人民出版社,1992年。

李之鉴:《孙奇逢哲学思想新探》,开封:河南大学出版社,1993年。

陈鼓应主编:《明清实学简史》,北京:社会科学文献出版社,1994年。

钱穆:《中国近三百年学术史》,北京:商务印书馆,1997年。

苗润田:《中国儒学史·明清卷》,广州:广东教育出版社,1998年。

卢广森、卢连章主编:《洛学及其中州后学》,开封:河南大学出版社,1999年。

赵园:《明清之际士大夫研究》,北京:北京大学出版社,1999年。

汪学群:《清初易学》,北京:商务印书馆,2004年。

劳思光:《新编中国哲学史》三卷上,桂林:广西师范大学出版社,2005年。

吕妙芬:《清初河南的理学复兴与孝弟礼法教育》,载高明士编《东亚传统教育与学礼学规》,上海:华东师范大学出版社,2008年。

梁启超:《中国近三百年学术史》,北京:人民出版社,2008年。

郑宗义:《明清儒学转型探析——从刘蕺山到戴东原》,香港:中文大学出版社,2000年。

学位论文类:

(一)硕士学位论文

陈振和(Chan Chun-wo):《孙奇逢研究》,香港大学硕士论文，1989。

吴柏林：《孙奇逢理学研究》，东海大学中文所硕士论文，1993。

许志信：《孙夏峰思想研究》，高雄师范大学国文所硕士论文，1993。

赵春霞：《孙奇逢的实学思想》，河北大学中国哲学硕士论文，2001。

宋宜林：《孙奇逢研究：历史地位、理学思想、学术史建树》，山西大学中国古代史硕士论文，2005。

王坚：《无声的北方——夏峰北学及其历史命运》，华中师范大学历史文献学硕士论文，2006。

王永灿：《孙奇逢心性论思想研究》，陕西师范大学中国哲学硕士论文，2007。

张枫林：《孙奇逢〈理学宗传〉研究》，河南大学中国哲学硕士论文，2007。

张锦枝：《孙奇逢慎独思想研究》，武汉大学哲学学院硕士论文，2007。

刘紫云：《孙奇逢〈读易大旨〉研究》，高雄师范大学国文系硕士论文，2008。

程飞：《孙奇逢实学思想研究》，湖北大学中国哲学硕士论文，2011。

陶英娜：《孙奇逢理学视域下的易学思想研究》，山东大学中国哲学硕士论文，2012。

王佳：《孙奇逢〈理学宗传〉的道统观》，湖南大学专门史硕士论文，2013。

杨爱姣：《孙奇逢〈四书〉学思想研究》，陕西师范大学中国哲学硕士论文，2013。

刘新：《孙奇逢理学思想探究》，复旦大学中国哲学硕士论文，2014。

(二)相关博士论文

杨瑞松：*A New Interpretation of Yen Yuan*（1635—1704）*and*

early Ching Confucianism in North China, Los Angeles: PH. D dissertation, University of California, 1997。

陈严坤:《明清之际北方儒学发展研究》, 台湾淡江大学中国文学学系博士论文, 2008。

张锦枝:《统宗会源——孙奇逢理学思想研究》, 武汉大学中国哲学博士论文, 2011。

陈瑞波:《孙奇逢理学思想研究》, 山东大学中国哲学博士论文, 2012。

张枫林:《孙奇逢理学思想研究》, 南开大学中国哲学博士论文, 2013。

期刊论文类:

(一)中国大陆地区期刊目录

光:《少年龟鉴: 明末大儒孙奇逢》,《清华周刊》1917 年第 94 期。

皕诲:《开卷有益: 孙夏峰之生平与其思想》,《青年进步》1928 年第 117 期。

金絮如:《孙夏峰先生思想述略》,《人民评论》1934 年第 3 期。

丘陶常:《孙夏峰生平及其学术思想》,《现代史学》1942 年第 4 期。

嵇文甫:《孙夏峰学派的后劲——马平泉的学术》,《学原》1948 年第 10 期。

陈祖武:《孙夏峰与黄梨洲》,《清史研究通讯》1983 年第 2 期。

梁贵晨:《孙夏峰著述手稿简介(清初三大名儒之一)》,《中州学刊》1984 年第 3 期。

邱汉生:《孙奇逢的理学思想》,《中国哲学史研究》1986 年第 1 期。

张显清:《孙奇逢的"以实补虚"论》,《中州学刊》1986 年第 6 期。

智夫成：《孙奇逢与〈中州人物考〉》，《河南大学学报》(哲社版)1987年第1期。

李之鉴：《论孙奇逢的哲学逻辑结构和特点》，《河南师范大学学报》(哲学社会科学版)1987年第4期。

田卫平：《清初名儒孙奇逢》，《河北地方志》1988年第3期。

李之鉴：《孙奇逢心学体系中的辩证法思想》，《中州学刊》1989年第5期。

李之鉴：《论孙奇逢心学体系中“动静阴阳互为之根”的辩证法》，《河南师范大学学报》(哲学社会科学版)1990年第1期。

靳今：《中州鸿儒 一代名师——孙奇逢传论》，《许昌师专学报》(社科版)1990年第3期。

李之鉴：《孙奇逢主观唯心主义认识论简评》，《中州学刊》1990年第6期。

李之鉴：《论孙奇逢的心学宇宙观》，《黄淮学刊》(社会科学版)1991年第1期。

李之鉴：《孙奇逢“学术废兴系世运升降”思想浅评》，《河南师范大学学报》(哲学社会科学版)1991年第4期。

靳大成：《成圣之道——清初孙奇逢理学思想述评》，《学人》第3辑，南京：江苏文艺出版社，1992年。

李之鉴：《孙奇逢“严儒释之辨”思想论评》，《黄淮学刊》(社科版)1992年第1期。

李之鉴：《论孙奇逢“原情核理审时度势”的治学思想》，《河南师范大学学报》(哲学社会科学版)1992年第2期。

李之鉴：《论孙奇逢“理欲并域转换无停”的道德观》，《黄淮学刊》(社科版)1992年第4期。

李之鉴：《略论孙奇逢对于明亡的几点反思》，《中州学刊》1992年第4期。

张克伟：《清初大儒孙奇逢学术思想探析》，《江西社会科学》1992年第5期。

李之鉴：《论孙奇逢“学〈易〉全是用〈易〉”的学以致用思想》，《周易研究》1993年第1期。

李之鉴：《孙奇逢“居安则危”的人生辩证法》，《河南师范大学学报》(哲社版)1993年第2期。

张显清：《杰出教育家孙奇逢述论》，《清史研究》1993年第2期。

张显清：《简论孙奇逢兼容并包的治学方针》，《晋阳学刊》1993年第3期。

李之鉴：《试论孙奇逢“知行并进”思想》，《黄淮学刊》(哲社版)1993年第4期。

李之鉴：《孙奇逢的初步民主思想及历史价值》，《河南师范大学学报》(哲社版)1993年第5期。

陈祖武：《孙奇逢与〈理学宗传〉》，《清史论丛》，沈阳：辽宁古籍出版社，1994年。

李之鉴：《评孙奇逢〈易·大过〉“正君子处非常之时能戮力相与以有为”的建功立业思想：读〈读易大旨〉札记之一》，《黄淮学刊》(哲社版)1994年第1期。

李之鉴：《评孙奇逢“相反而相交以为用”的辩证法原理》，《湖南大学学报》(社会科学版)1994年第1期。

李之鉴：《评孙奇逢“相反而相交以为用”的辩证法原理》，《益阳师专学报》1994年第3期。

周筠：《孙奇逢传记著作二种》，《文武春秋》1994年第4期。

高建立：《八载送寒暑 四稿茹艰辛——李之鉴教授〈孙奇逢哲学思想新探〉一书评介》，《商丘师范学院学报》1994年第4期。

李之鉴：《孙奇逢“法天之学以为学”思想析理》，《河南师范大学学报》(哲学社会科学版)1994年第5期。

李之鉴：《论孙奇逢“戒心生”观点的实践价值和意义》，《殷都学刊》1995年第1期。

李之鉴：《评孙奇逢“天人合一”思想的实践意义——读〈读易大指〉札记》，《中州学刊》1995年第1期。

李之鉴：《评孙奇逢的象数观——读〈读易大指〉札记之七》，《信阳师范学院学报》(哲学社会科学版)1995年第4期。

李之鉴：《论孙奇逢“世路风霜经处铸”的人生哲学》，《河南师范大学学报》(哲学社会科学版)1995 年第 4 期。

王俊才:《试论孙奇逢的理学思想》,《河北学刊》1995 年第 5 期。

李之鉴:《评孙奇逢“随时而应动不失宜”的立世哲学——读〈读易大旨〉札记之十》,《黄淮学刊》(哲社版)1996 年第 1 期。

李之鉴:《孙奇逢〈读易大旨〉漫论》,《平原大学学报》(综合版)1996 年第 1 期。

李之鉴:《评孙奇逢“明于吾心之〈易〉”思想的历史和实践意义——度〈读易大指〉札记之六》,《周口师范学院学报》1996 年第 2 期。

高建立、徐志辉:《孙奇逢立德行世德人才思想及实践》,《天中学刊》1996 年第 3 期。

王煜:《深察夏峰道心:评介李之鉴〈孙奇逢哲学思想新探〉》,《河南师范大学学报》(哲社版)1996 年第 6 期。

李之鉴:《从孙奇逢到颜习斋》,《商丘师范学院学报》1997 年第 1 期。

洪宇:《两位经学大师的友谊佳话——傅青主拜访孙奇逢》,《沧桑》1997 年第 2 期。

李之鉴:《傅山和孙夏峰》,《周口师范学院学报》1997 年第 4 期。

李之鉴:《评孙奇逢“以人合天”思想的理论意义——度〈读易大旨〉札记之十二》,《河南师范大学学报》(哲学社会科学版)1997 年第 6 期。

陈祖武:《蕺山南学与夏峰北学:刘宗周、孙奇逢》,《中国社会科学院研究生院学报》1998 年第 5 期。

李之鉴:《评孙奇逢“大道为公”的〈易〉学思想》,《周口师范高等专科学校学报》1999 年第 1 期。

李之鉴:《评孙奇逢“察人事之未然”的〈易〉学思想》,《中州学刊》1999 年第 4 期。

李之鉴:《评孙奇逢“事已得凶仍使之趋吉”的〈易〉学思想》,《洛阳大学学报》1999 年第 3 期。

瀚青:《论孙奇逢的教育思想》,《河北师范大学学报》(教育科学版)1999年第4期。

李之鉴:《评"一部〈易经〉括于'君子终日乾乾夕惕若'一爻"的〈易〉学思想》,《周口师范高等专科学校学报》1999年第5期。

孙聚友:《论孙奇逢的学术思想》,《齐鲁学刊》2000年第1期。

李之鉴:《评孙奇逢"天理中未尝无人欲"思想的理论意义》,《平原大学学报》2000年第1期。

李之鉴:《评孙奇逢"〈易〉专责人事"的〈易〉学思想》,《河南师范大学学报》(哲学社会科学版)2000年第3期。

成晓军:《孙奇逢与〈孝友堂家训〉:兼论明末清初燕赵文化的学术风格》,《河北地方志》2000年第5期。

李之鉴:《简论孙奇逢的社会历史观》,《商丘师范学院学报》2001年第1期。

李之鉴:《评孙奇逢"与天同一健"的〈易〉学思想的实践意义》,《平原大学学报》2001年第3期。

李之鉴:《孙奇逢光大朱熹〈易〉学思想精华的几个方面》,《洛阳大学学报》2001年第3期。

任德新:《孙奇逢的家庭道德教育思想初探》,《南京化工大学学报》(哲社版)2001年第4期。

李之鉴:《论孙奇逢"转否为泰之道"的易学思想》,《周口师范学院学报》2002年第1期。

李之鉴:《孙奇逢"随时随处体认天理"思想论评》,《中州学刊》2002年第2期。

刘卫东:《姚枢、赵复、孙奇逢与百泉书院的复兴》,《史学月刊》2002年第8期。

李之鉴:《孙奇逢"学〈易〉求端天地"的〈易〉学思想论评》,《平原大学学报》2003年第1期。

李烈辉:《学问与道德的典范》,《档案天地》2003年第2期。

郭彦玲:《中州大儒孙奇逢》,《中州古今》2003年第1期。

李之鉴:《简论孙奇逢的〈易〉学思想》,《江南大学学报》2003

年第3期。

卢子震、赵春霞:《孙奇逢的实学方法论》,《河北学刊》2004年第4期。

李之鉴:《评孙奇逢“贞以趋时”〈易〉学思想德理论和实践意义》,《零陵学院学报》2004年第9期。

段晓华:《“始以豪杰,终以圣贤”的孙奇逢》,《档案管理》2005年第1期。

宋宜林:《孙奇逢“心性论”思想评述》,《沧桑》2005年第5期。

李之鉴:《评孙奇逢“〈易〉道天人一体之道”的理论和实践意义》,《湖南科技学院学报》2006年第4期。

史革新:《孙奇逢理学思想综论》,《郑州大学学报》(哲社版)2007年第4期。

朱康有:《孙奇逢心性实学简论》,《中共宁波市委党校学报》2007年第4期。

宋宜林:《孙奇逢“工夫论”探析》,《辽宁行政学院学报》2007年第6期。

陈先宝:《论孙奇逢思想的两个层次及其价值》,《新乡学院学报》(社会科学版)2008年第3期。

刘鹏:《孙奇逢逸文一则》,《文学遗产》2008年第5期。

王永灿:《近十余年来孙奇逢哲学思想研究综述》,《社科纵横》(新理论版)2009年第1期。

王永灿:《孙奇逢“读有字书,要识无字理”深层哲学意蕴浅释》,《漯河职业技术学院学报》2009年第4期。

张锦枝:《论孙奇逢〈理学宗传〉的性质》,《武汉大学学报》(人文科学版)2009年第6期。

耿成鹏、张枫林:《孙奇逢对宋明理学三大公案的解读》,《郑州轻工业学院学报》(社会科学版)2010年第1期。

张枫林、石华灵:《孙奇逢本体论及认识论初探》,《商丘职业技术学院学报》2010年第3期。

张枫林:《孙奇逢生平简介及历史地位初探》,《濮阳职业技术学院学报》2010年第3期。

刘仲华：《孙奇逢与孙承泽撰写畿辅人物的学术异同和交往始末》，《石家庄学院学报》2010年第4期。

张佐良：《清初三孺与理学重建》，《中国社会科学报》，2011年6月9日。

张枫林：《孙奇逢〈理学宗传〉的编纂特点》，《南阳师范学院学报》2011年第5期。

万红：《〈理学宗传〉校点讹脱、误标订补》，《商丘师范学院学报》2011年第4期。

李金玉：《孙奇逢对清初中州学术的贡献》，《兰台世界》2011年第17期。

申红星：《试述孙奇逢的家庭教育思想》，《牡丹江教育学院学报》2012年第1期。

王胜军：《清初民间理学：以孙奇逢与张履祥为对象的考察》，《中州学刊》2012年第2期。

车冬梅：《刘廷诏与〈理学宗传辨正〉》，《华夏文化》2012年第1期。

陈瑞波：《心学视域下的天人贯通之道——孙奇逢易学思想探析》，《周易研究》2012年第4期。

王坚：《离异与回归：论颜李学派与夏峰北学的分与合——以孙奇逢与颜元"圣人论"为中心》，《人文中国学报》2012年第18期。

郑小华：《明清之际遗民学者的私家讲学活动——以三大儒为中心的考察》，《廊坊师范学院学报》(社会科学版)2013年第6期。

原瑞琴：《杜志亚、孙奇逢知行统一风格新议》，《河南理工大学学报》(社会科学版)2013年第1期。

桂涛：《从〈诸儒语录〉到〈理学宗传〉——试论孙奇逢〈理学宗传〉之成书过程》，《理论界》2013年第3期。

赵振：《孙奇逢〈孝友堂家规〉源流考》，《历史文献研究》2013年。

王记录、许二凤：《〈洛学编〉探析》，《历史文献研究》

2013年。

桂涛：《"元初—清初"的历史想象与清初北方士人对清朝入主的认识——以孙奇逢为中心的考察》，《清史研究》2013年第3期。

王坚：《中州夏峰北学浅论》，《中原文化研究》2013年第6期。

陈居渊：《清初三大儒"正名"》，《中国社会科学报》，2014年1月6日。

黄治国：《论孙奇逢诗作及其对清初中州诗歌的影响》，《河南科技大学学报》(社会科学版)2014年第1期。

李宪堂：《明末清初王学修正派社会政治思想述要》，《史学集刊》2014年第2期。

姜金顺：《试论孙奇逢〈理学宗传〉的政治理念》，《齐鲁学刊》2014年第2期。

刘万华：《明末清初实践礼学发微》，《商丘师范学院学报》2014年第8期。

张枫林：《孙奇逢道德实践的三个层面》，《平顶山学院学报》2014年第4期。

李婷：《明朝时期孙奇逢的教育观及其影响》，《兰台世界》2014年第27期。

杨佳鑫：《孙奇逢〈畿辅人物考》〉的史料价值与实学思想》，《北京社会科学》2014年第12期。

陈斯怀：《孙奇逢的畿辅人物评骘及其思想意蕴》，《河北师范大学学报》(哲学社会科学版)2015年第2期。

李春燕：《孙奇逢与汤斌交游考》，《六盘水师范学院学报》2015年第3期。

李莹莹：《从碑志、祭文和传记看孙奇逢的妇女观》，《河南科技学院学报》2015年第9期。

李春燕：《孙奇逢〈理学宗传〉源流考》，《兰台世界》2015年第27期。

张佐良：《孙奇逢与清初社会伦理秩序重建》，《中州学刊》2015年第10期。

王永灿：《论孙奇逢的知行观》，《唐山师范学院学报》2015年第6期。

申红星：《明清北方士绅群体的兴起与宗族的构建》，《河南师范大学学报》(哲学社会科学版)2016年第1期。

刘新：《论孙奇逢对朱熹与王阳明思想的调和》，《科教文汇》(下旬刊)2016年第2期。

徐胜利：《道与术：〈理学宗传〉异读源流考论》，《河南科技学院学报》2016年第3期。

王桢：《地缘、学统与士人心态——论孙奇逢与元代理学之互动》，《河南科技学院学报》2016第3期。

杨亮：《深造自得与内圣境界：孙奇逢晚年思想之取向》，《河南科技学院学报》2016年第3期。

李春燕：《求经世而言明道：理学视野下的孙奇逢诗文创作》，《河南科技学院学报》2016年第3期。

朱曦林：《〈清儒学案·夏峰学案〉纂修述略》，《清史论丛》2016年第1期。

王坚：《走向"王道政治"与汉唐儒学：费密对孙奇逢"道统论"的展开与重构——兼论清学形成的制度因素和思想基础》，《清史论丛》2016年第1期。

杨朝亮：《北学重镇孙奇逢学术取向再审视》，《清史论丛》2016年第1期。

王记录：《百余年来孙奇逢及夏峰北学研究的回顾与前瞻》，《清史论丛》2016第1期。

孔定芳：《孙奇逢〈理学宗传〉的道统建构》，《清史论丛》2016年第1期。

陈居渊：《孙奇逢学术思想研究的几个问题》，《清史论丛》2016年第1期。

林存阳：《〈夏峰歌〉流传小考——兼谈孙奇逢的立身为学旨趣》，《清史论丛》2016年第1期。

孔定芳：《以明道为究极：孙奇逢〈理学宗传〉的道统重构》，《西南大学学报》(社会科学版)2016年第5期。

张佐良：《孙奇逢讲学百泉书院子虚乌有考》，《河南科技学院学报》2016年第11期。

王坚：《孙奇逢与颜元、费密学术关系之探讨——以对知行合一的探索为中心》，《河南科技学院学报》2016年第11期。

马洪良：《孙奇逢与魏一鳌交游考》，《河南科技学院学报》2017年第1期。

邵婵：《孙奇逢史学著作及其史学思想浅论》，《郑州航空工业管理学院学报》(社会科学版)2017年第3期。

张佐良：《论孙奇逢的治生思想》，《黄河科技大学学报》2017年第4期。

周振华：《论阳明后学谱系的建构——基于三部理学史著的比较研究》，《江西社会科学》2017年第7期。

李春燕：《鹿善继对孙奇逢学术思想的影响——以孙奇逢与鹿善继的交游考察为切入点》，《历史文献研究》2017第1期。

王坚：《明清学术转换的桥梁与清初学术主流：论清初新理学》，《文史哲》2017年第6期。

王学斌：《清代北学谱系的建构与完善——以《〈北学编〉〈续北学编〉为中心的考察》，《史学月刊》2018年第1期。

张艳：《孙奇逢赵御众交游考》，《保定学院学报》2018年第2期。

(二)港台地区期刊研究目录①

张正藩：《清初讲学书院之三大师(孙夏峰、黄梨洲、李二曲)》，《反攻》1970年9月

余我：《孙夏峰之生平及其思想》，《学园》1971年8月。

余我：《孙夏峰之生平及其思想》，《学园》1971年9月。

王明荪：《读夏峰先生集》，《华夏月刊》1984年4月。

段忱彦：《清初大儒孙夏峰之学术思想》，《新北辰》第3卷8期，辅仁大学出版，香港崇文书店印行，1971年5月。

---

① 台湾地区期刊研究目录主要参考刘紫云，《孙奇逢〈读易大旨〉研究》(高雄师范大学国文系硕士论文，2008)

王煜：《评李之鉴〈孙奇逢哲学思想新探〉》，《汉学研究》1997年12月。

丁亚杰：《孙奇逢的生命风格》，《孔孟月刊》2001年12月。

陶清：《调和朱陆与贞一于儒学本旨——孙奇逢哲学思想的价值取向探微》，《鹅湖》2004年3月。

杨瑞松：Betwixt Politics and Scholarship：The Sun Ch'i-feng Circle in Seventeenth-Century North China（《学术与政治之间：十七世纪北中国的孙奇逢门派》），《辅仁历史学报》2004年7月。

王基西：《理学家小传（六十二）——夏峰先生孙奇逢》，《中国语文》2005年12月。

许志信：《孙奇逢"平易近人不立崖岸"学风之探析》，《高师大所友学术讨论会论文集》（第十二届）2004年5月。

张晓芬：《清初圣人学实行——试论孙奇逢"戒心生"的修养功夫》，《辅大中研所学刊》2007年第18期。

陈祖武：《清初蕺山南南学与夏峰北学之交涉》，载钟彩钧编《刘蕺山学术思想论集》，台北：文哲研究所筹备处，1998。

黎正甫：《孙夏峰生平及其思想》，大陆杂志社编《大陆杂志语文丛书》，台北：大陆杂志社，1963。

（三）国外研究目录

Thomas A. Wilson：*Genealogy and History in Neo-Confucian Sectarian Uses of the Confucian Past*，*Modern China*. Vol. 20，No. 1，Jan.，1994.

Thomas A. Wilson：*Genealogy of the Way*：*The Construction and Uses of the Confucian Tradition in Late Imperial China*，California：Stanford University Press，1995.

石田和夫：《孙夏峰小论》，《香椎潟》，2003年6月30日。

荒木见悟：《道统论的衰退与新儒林的展开》，载吴震、吾妻重二主编《思想与文献》，上海：华东师范大学出版社，2010年。

后　记

本书是在我2011年博士论文《统宗会源——孙奇逢理学思想研究》的基础上修改完成的。去年我在修改这篇论文时，经常感觉重游当时的思路，并与那时的我对话。虽然2010年初才开始写作，但之前准备的时间比较长，差不多从2006年开始反复阅读夏峰著作，并留意夏峰同时代的北方学人和夏峰后学的著作，生活日常中亦在琢磨夏峰的思想。六年的夏峰思想研究过程，是我学术训练的过程，也是我的思考方式乃至精神生命重塑的过程。夏峰不讲门户，习惯于在不同的思想之间求贯通，深深影响了我。夏峰侠义、忠孝、坚韧、包容、担当、平和的品质，也深深感动了我。从《理学宗传》入门理学，无疑是一种幸运。

博士论文完成以后，我曾经设想要续完夏峰北学在清代延续的脉络。直到民国，夏峰北学在北方的影响仍然很大，夏峰所提倡的工夫论仍然有学者在真实实践着。但另一方面，我又想追溯夏峰学的思想渊源，回到宋明时期的理学。毕业后的几年里，我主要选择了后者。原因是，宋明理学是夏峰一生的关心所在，我在研究夏峰思想时，时时与宋明理学照面，回到宋明理学让我感到熟悉和亲切。理学的世界浩瀚，也更为吸引我。继续向下探索的一个重要困难在于，明清之际思想界的状况极为复杂，即便是对夏峰这样完全持守理学的学者而言，他的第一代弟子精于文学、武术、天文、音律、书法、医学等，各有专攻，仅仅呈现他们的理学思想并不足以还原他们对于思想和学术的贡献。因而，对夏峰理学的探索，我暂时止于此。

本书较多地保留了博士论文的原貌，我想它是对我在武大求学岁月的最好纪念。回想起来，在珞珈山读书散养的日子仍然是我生命中最快乐的时光，自由、充实、无忧无虑。蒙恩师郭齐勇先生不弃，才有了在武汉大学继续求学的机会。先生因材施教，启发教诲，不才经历了几次珞珈山的春华秋实，山川日月的滋养之后，茅塞亦能渐开，心智慢慢成熟。先生不仅悉心指导我们做学问，在做人和做事方面更是给我们做出表率，并创造各种机会锻炼我们的实践能力。他给予学生充分的信任，所以学科每年大大小小的学术会议完全由一届一届的学生操办。他希望我们不拘一格，求教多师。读博期间，经先生推荐，我赴澳大利亚国立大学求学一年。经历异文化的冲击洗礼，当时虽有不少艰难困苦，但对我尽快成熟裨益良多。更为重要的是，经过这一年的反复体认和比较，我对于理学研究的意义更加确信。合作导师梅约翰教授平易亲和，一年中他给予我很多学习和生活上的指导。我记得他事先在 Sun Annex 帮我申请到一间独立的办公室，并一间一间敲开在读博士们办公室的门，让他们关照我，又专门请 Menzies 图书馆的管理员 Darran 给我讲解馆藏资源和查阅方式，我至今记忆犹新。

衷心感恩我的硕士生导师田文军先生建议我选定夏峰理学作为学位论文的题目，领我进入理学的园地，这是一个美丽世界！先生对我的硕士论文《孙奇逢慎独思想研究》进行了细致的审读和修改。先生对张载的思想情有独钟。还要非常感谢中国哲学教研室李维武先生、徐水生先生、吴根友先生、丁四新先生和文碧方先生等各位先生的教导，寒来暑往带领我们研读古典文献，讲授中国哲学史史料学和方法论。感谢同门师兄弟姐妹陈畅、陈乔见、廖晓炜、吴龙灿、胡春依、张志强的砥砺切磋和诸位学友的友好帮助。北京师范大学田智忠老师曾在百忙中抽出时间通读全文，提出许多有益的建议和意见，我在修改时吸收了他的很多建议。感谢哲学所历任领导的关照和同仁们的关心帮助，感谢方松华所长来所后对本书出版的大力支持。感谢夏峰先生第十五世孙孙敬洲先生，本书封首的两帧画像皆由他无私提供。尤其令我感佩的是，孙先生集结各地的夏峰研究学者和夏峰族人，每天在微信群研读《日谱》，讨论夏峰的思想以及交游、后学的思想，不遗余力地推广和传播夏峰乃至北方的思想和文化。特别幸运的是，本书在武汉大学完成，亦在武汉大学出版社出版，尤其感谢编辑胡国民先生竭力的帮忙和促成，使本书得以顺利出版。感谢我的父母、丈夫和女儿，他们是我完整的人生。

张锦枝

2019 年 1 月